조국사태로 본 586 정치인의 세계관

조국사태로 본 586 정치인의 세계관
— 유교적 습속과 행태

초판 1쇄 발행 2025년 4월 10일
지은이 채진원
펴낸이 김선기
펴낸곳 (주)푸른길
출판등록 1996년 4월 12일 제16-1292호
주소 (08377) 서울시 구로구 디지털로 33길 48 대륭포스트타워 7차 1008호
전화 02-523-2907, 6942-9570~2
팩스 02-523-2951
이메일 purungilbook@naver.com
홈페이지 www.purungil.com

ISBN 979-11-7267-042-9 03340

조국사태로 본 586 정치인의 세계관

유교적 습속과 행태

채진원 지음

푸른길

| 책을 내면서 |

'조국사태'에서 드러난 부조리와 시대착오적 세계관

2024년 12월 12일 대법원은 자녀 입시비리와 감찰무마 등 혐의로 재판을 받아온 조국혁신당 조국 대표에 대해 징역 2년의 실형을 선고했다. 이로써 조국 대표는 의원직과 당 대표직을 잃었고, 형 집행 종료 후 5년까지 총 7년간 피선거권이 제한되었다.

조국 대표는 "더욱 탄탄하고 맑은 사람이 돼 돌아오겠다"고 밝혔다. 법적 제한이 풀리면 다시 정치를 하겠다는 뜻으로 들린다. 유죄가 확정됐는데도 자신이 저지른 비리에 대한 구체적인 사과나 반성은 없다. 시간이 지나면 잊혀질 것이라고 믿는 듯하다.

이 책의 목적은 조국사태를 통해 드러난 조국 전 법무부장관과 586 정치인들의 부도덕·반민주적 행태와 세계관을 유교적 습속의 관점에서 비판적으로 진단하여 재발방지를 위한 새로운 대안으로 586 운동권의 재민주화 등 공화주의적 세계관으로의 인식전환을 촉구하는 데 있다.

조국사태가 무엇을 말하는지에 대해서는 여러 견해와 의견이 있을 수 있다. 이 글에서 조국사태는 2019년 8월 9일 조국 교수가 대한민국 법무부장관 후보로 지명된 이후 공정과 상식의 가치를 파괴한 '자녀 대학 입시비리 의혹'을 놓고 벌어진 '조국 지지파'와 '조국 반대파' 간의 격렬한 논쟁과 정쟁이 진영대결에 따라 엄청난 국론분열을 초래한 사건을 말한다.

주요 대학교를 중심으로 조국 법무부장관에 대한 임명 철회를 요구하는 학생들의 시위가 시작되었다. 그러나 문재인 대통령은 '조국 자녀 입시비리 의혹'에 대해 "본인이 직접적으로 책임질 불법행위가 드러난 것은 없다"고 정치적 판단 대신 사법적 판단을 하면서 조국 교수를 그대로 법무부장관으로 임명하였다. 그러자 국론분열이 심화되면서 대규모 집회로 확산되었고, 결국 법무부장관으로 임명된 지 67일 만인 2019년 10월 14일 조국 장관은 사퇴하였다.

조국 법무부장관의 임명부터 사퇴까지 67일간의 조국사태는 우리 사회가 값비싼 대가를 치르게 했다. 이 사건이 한국사회에 남긴 정쟁의 상처와 교훈은 매우 크고 무겁다. 조국사태는 과연 우리 정치에 무엇을 남겼을까?

불공정과 부정의에 분노하는 국민정서와 국민상식이 보수, 진보의 집단감정인 진영대결에 의해 파괴되면서 어떻게 파당적 대립과 국민분열에 도달했는지를 극명하게 보여준 것으로 보인다.

조국사태 때, 많은 사람들이 위선과 허물을 보인 조국 교수의 내로남불 행태를 비판했음에도 그와 그 지지자들인 586 운동권 출신 정치인들은 이런 비판을 거부했다. 조국과 그 지지자들이 비판에 적극적으로 동참하지 않고 잘못을 즉각 인정하거나 반성하지 않았던 이유가 뭘까?

이에 대해 여러 의견이 있을 것이다. 이것의 원인을 찾아내기 위해서는 조국 교수가 법무부장관으로 임명되기 전 청와대 민정수석 시절부터 조금씩 드러내기 시작한 그의 세계관과 신념문제를 살펴야 할 것이다. 핵심적으로 2019년 7월 한·일 갈등 때 드러난 조국 민정수석의 세계관과 신념행태를 들여다보는 게 필수적이다.

2019년 7월 일본이 반도체 관련 소재 수출규제 조치를 취하자 당시 조국 청와대 민정수석은 페이스북에 '죽창가'를 부르자는 글을 올렸다. '죽창가'는 동학혁명을 기리는 노래로 1980년대 운동권 노래이다. 이 글에는 당시 '죽창가'를 부르자며 '친일 대 반일'을 '이적 대 애국' 프레임으로 구분하려고 했던 조국 교수의 의도가 잘 드러나고 있다.

조국 민정수석은 '죽창가'를 페이스북에 공유하면서 자녀 입시비리 문제 등으로 자신을 비난하는 사람들을 친일파로 규정지으려는 글을 올렸다. 하지만 그 글은 곧바로 글로벌 지구촌으로 표현되는 21세기 시대상황에 부합하지 않는 국수주의적 시각이라는 점에서 역풍을 맞았다.

'죽창가'가 상징하는 반일 프레임을 통해 자녀 입시비리에 대한 국민들의 분노를 덮고 위기국면을 전환하려고 했던 조국 민정수석의 이런 행태와 신념구조를 어떻게 봐야 할까?

결과적으로 볼 때, 그 상황에서 드러난 조국 민정수석의 반일 프레임과 신념구조는 그동안 독립운동가와 586 운동권들이 일정 공유해온 민족주의 정서와 소중화 세계관을 닮았다는 점에서 시대착오적인 퇴행적 시각으로 보는 게 적절하다.

그의 시각은 핵심적으로 구한말 위정척사파(衛正斥邪派)를 닮았다. 구한말 위정척사운동을 통해 '성리학적 민족주의'를 앞세워 독립운동과 민주화운동까지 주도했던 화서학파의 세계관과 습속(習俗)을 닮았다. 이런 화서학파의 기원은 '리(理)=선(善)=중화, 기(氣)=악(惡)=오랑캐'의 이분법 구도로 구분하여 차별하는 송시열의 '소중화론(小中華論)'이다.

위정척사파는 '바른 것을 지키고 사악한 것을 배척하는 당파'라는 뜻으로, 구한말에는 개항과 외국과의 통상을 반대하는 활동을 전개하다 일제가 국권을 본격적으로 침탈하는 시기에는 항일 의병활동으로 바뀌었다. 이들의 항일 의병운동은 그 이후 독립운동에 큰 영향을 끼쳤다고 할 수 있다.

그렇다면 조국 민정수석의 그런 신념과 행태는 왜 국민적 역풍을 받고 비난을 받게 되었을까? 여러 의견이 있겠지만 그 핵심에는 조국 민정수석이 민주화 이후 개인의 자유와 권리를 주장하며 일상을 사는 보통사람들이 느끼는 상식, 경험, 도덕감정, 국민정서와 충돌한 만큼, 국민들의 정서를 공유하는 공감능력과 소통능력이 부족했기 때문으로 보인다.

그에게서 이런 공감능력의 발현을 방해하는 것은 무엇이었을까? 인지적으로 '확증편향'과 '인지부조화'가 있고, 그것을 자극하는 심연의 뿌리에는 선악의 이분법에 따라 위정척사(衛正斥邪)와 권선징악(勸善懲惡)을 이념으로 하는 '성리학적 사유구조'가 강하게 작동했기 때문으로 보는 게 적절하다.

위정척사론은 바른 것을 지키고 옳지 못한 것을 물리친다는 주자학적 윤리이다. 여진족의 핍박을 받던 남송에서 주자가 민족적 화이의식(華夷意識)을 근간으로 하여 이민족의 침략을 응징할 것을 역설하며 체계화한 세계관이다.

중국 중심의 화이적 보수성과 배타성이 그 바탕에 깔려 있다. 우리나라에서는 서세동점의 여파로 천주교가 전래되면서 유교질서가 흔들리는 상황에서 소중화의식에 근거한 위정척사론이 등장하였다. 이항로를 비롯한 유학자들은 주자, 송시열 등이 주창한 보수적인 화이사상을 기초로 민족주체성을 확립하는 성리학적 민족주의론을 정립하여 설파하였다.

결국 주자가 정립한 민족적 화이의식(華夷意識)에서 선을 권하는 권선(善)의 대상은 중화의식이고, 악을 징벌하는 징악(懲惡)의 대상은 오랑캐라 부르는 이민족들이 될 수밖에 없다. 12세기 남송에서 정립되어 조선에서 확산된 배타적 민족주의에 입각한 위정척사 세계관은 오늘날 시대상황과 충돌할 수밖에 없다.

이런 세계관은 이른바 세계화, 정보화, 탈냉전화, 탈물질주의화, 후기산업화 등으로 교류와 협력이 증진되어 지구촌이 하나가 되어가는 21세기 시대상황과 충돌할 수밖에 없다. 글로벌 지구촌이 되어가는 21세기 전환기적 시대상황에서 12세기 정세를 반영하는 위정척사 세계관을 사용하는 것은 얼마나 부적절하고 시대착오적인 것일까?

위정척사(衛正斥邪)와 권선징악(勸善懲惡)을 외치는 주체는 절대선의 성인군자이고, 상대를 사악함을 추구하는 절대악의 소인배로 보는 성리학적 사유구조는 왜 타인과의 공감능력을 저하시키고 아집과 독단에 기초한 자신만의 확증편향과 인지부조화를 강화시키는 것일까?

이런 위정척사적 세계관은 유사한 실수나 오류도 내 것은 작게, 상대는 크게 보는 인지부조화라는 방어기제를 장착하여 사용하게 된다. 그래서 상대방의 거악을 타도하는 절대선이 정의롭고 도덕적이기에, 그 일을 하는 주체는 악인이나 소인배가 돼서는 절대로 안 된다.

따라서 주체의 비리와 내로남불은 아주 사소한 것으로 취급되거나 문제가 되지 않도록 축소하고 정당화하는 방어적 논리구조와 사유구조를 가질 수밖에 없다.

이런 위정척사적 세계관에서 나온 논리구조와 사유구조는 신이 내린 도덕명령과 같은 절대불변의 진리이기에 주변에서 아무리 부조리와 내로남불을 지적하고 비판해도 주체를 악인으로 내모는, 내로남불을 수용할 수 없도록 거부하는 방어의 역설을 만들어낸다는 것이 특징이다.

그래서 이런 세계관은 국민들의 일반적인 정서나 상식과 괴리되는 엘리트들의 공감능력 부재를 드러내게 된다. 특히, 엘리트들은 자신의 독단과 선민의식으로 인해 타인이 지적하는 실수나 오류를 스스로 반성하거나 수정하도록 하는 성찰의 기회를 거부하거나 외면하는 모순을 지닐 수밖에 없다.

결국 내로남불을 부인하거나 거부할 수밖에 없는 성리학적 사유구조로 무장한 위정척사론자와 소중화론자의 신념구조는 자신의 실수나 오류를 끝까지 부인하거나 거부하다가 그것도 안 되면 자신의 위선과 허물을 묻거나 숨기기 위해 죽음이라는 극단적인 선택까지 몰고 간다는 점이 특징이다.

만약 조국사태에서 드러난 조국 법무부장관의 신념과 행태가 위정척사적 세계관에서 나온 논리구조와 사유구조를 닮았다면, 그것은 21세기 민주공화국의 헌법정신이 강조하는 민주공화주의 규범과 충돌한다는 점에서 이를 공론장에 올려 시대착오적인 습속을 깊이 성찰하고 개혁하는 것이 상식이다.

이 책에 실려 있는 글들은 저자가 정치학자로서 고민하고 고찰했던 연구의 결과물들을 새로 쓰거나 재구성한 것이다.

이 책 본문 중 2장의 "'조국사태'와 586 운동권의 유교적 습속" 그리고 3장의 "청교도 습속이 유교적 습속 개혁에 주는 교훈"은 각각 KCI 등재지 저널에 게재된 연구논문인 "586 운동권그룹의 유교적 습속에 대한 시론적 연구"(『오토피아』 35권 2호, 2020, pp. 41–79)와 "청교도 습속이

586 운동권그룹의 유교적 습속 개선에 주는 공화주의적 함의"(『동향과 전망』, 2022, pp. 151-188)를 대중적으로 풀어쓴 것이다.

이 책이 나오기까지 많은 분들의 지도와 편달 그리고 도움과 배려가 있었다. 부족한 글에 관심을 가져주시고 출판을 허락해주신 푸른길 출판사 김선기 사장님과 아울러 좋은 편집을 위해 애쓰는 이선주 선생님께 진심으로 감사드린다.

은사님이자 스승님으로서 항상 좋은 가르침과 공부하는 방법을 가르쳐주신 임성호 경희대 정치외교학과 명예교수님, 이동수 경희대 공공대학원 교수님, 김홍우 서울대 정치학과 명예교수님, 전상직 중앙대 특임교수님께 감사드린다.

또한 공화주의를 함께 공부하고 확산하기 위해 노력해온 21세기 공화주의 클럽, 공화주의아카데미, 한국정치평론학회, 한국주민자치학회 등 여러 동료들 그리고 함께 생활하면서 물심양면으로 여러 도움을 주고 있는 동지이자 아내인 김미경 씨에게도 감사드린다.

2025년 4월

경희대학교 교정에서

| 차 례 |

제1장

586 운동권 습속의 유교적 기원이란?

1. 민주공화국 106주년에 주는 조국사태의 교훈

민주공화국 탄생 100주년의 민낯, 조국사태

2025년은 민주공화국이 탄생한 지 106주년이 되는 해이다. 새로운 100년을 향한 전환점이 되는 시기인 만큼, 그동안의 갈등과 국가 분열상에 대해 성찰해보고 대안을 찾아야 할 것이다. 지난 2024년 한해는 나라 안팎을 엄습한 온갖 사태들이 많았던 게 사실이다.

특히, 윤석열 대통령이 입법폭주와 탄핵 등 야당의 압박에 거부권 행사로 맞서다가 12·3 비상계엄 선포로 국회로부터 탄핵소추를 당하는 참담함도 겪었다. 결국 윤 대통령 구속 이후 국민의 감정이 좌우 진영대결로 귀결된 만큼, 이제는 분열된 국민감정을 추스르고 정화하는 정치복원이 절실한 시점이다.

윤석열 정부 출범 이후 대한민국은 내우외환(內憂外患)의 위기 속에 있었던 게 사실이다. 미·중 간의 패권경쟁에서 보여준 첨예한 갈등과 북핵위기, 남북관계가 야기하고 있는 안보위기, 국내의 진보, 보수진영 간의 적대감과 진영 갈등, 정치권의 정치양극화 갈등, 소득불평등과 경제양극화 갈등, 공정, 공평, 정의에 대한 불신 등이 큰 문제였다.

민주공화국이 가야 할 새로운 100년을 설계하기 위해서는 이런 내우외환의 위기가 왜 생겼는지, 이것에 어떻게 대응할 것인지에 대한 깊은 성찰과 대안모색이 필요하다.

본질적으로 21세기 대한민국이 왜 민주국(democracy)이 아니라 민주공화국(republic)인지를 설명하고, 새로운 100년을 향한 21세기 민주공화국이 민주국이나 참주국(tyranny) 및 중우정(ochlocracy)으로 타락하지 않도록 어떻게 막아내야 하는지에 대해 국민적 공론을 모으는 작업이 필요하다.

이를 위해서는 민주공화국 탄생 100주년의 민낯과 비극을 극명하게 보여준 국가분열 사태, 즉 2019년 '조국사태'에 주목하여 그 시사점을 찾을 필요가 있다. '조국사태'에서 드러난 진영논리에 갇힌 대한민국의 갈등과 분열정치의 행태를 되새기고 진단하는 가운데 실천적 대안으로, 파괴된 상식과 민주공화주의 정신을 다시 복원하고 되살리는 정치적 노력이 필요하다.

'조국사태'에서 가장 심각하게 드러난 위험성은 조국 법무부장관의 개인적 자질도 문제였지만 더 큰 문제는 국민정서와 법감정에 기초한 상식적 판단이 통하지 않는 파당적 진영논리에 갇힌 대한민국의 국가분열상이었다. 특히 국가원수로서 국민통합과 국가통합의 중심을 잡아야 할 문재인 대통령까지 파당적인 진영논리, 진영감정에 갇힌 점이다.

변호사 경력 탓인지, 문재인 대통령은 국회의 견제를 받는 행정부 수반이자 국가원수로서 '정치적 판단'을 하지 않고, 대법원장처럼 실정법상의 '사법적 판단'을 중시하는 태도를 보였다. 이런 대통령의 태도는 박근혜 대통령의 국정농단에 대해 사법적 판단보다 정치적 판단으로 정치적 탄핵추진을 지지했던 국민정서와 법감정과 충돌하였다.

진영 간의 감정대립으로 변질된 '조국사태'는 마침내 '서초동'과 '광화문'이란 두 개의 광장을 만들었다. 서초동파와 광화문파로 갈리는 양측의 주장은 '조국수호=검찰개혁'과 '조국사퇴=문재인 대통령 퇴진'으로 압축돼 서로 극단적인 대결구도로 적대감과 증오심을 강화했다.

결국, 이 극단적인 진영대결 구도는 조국 사퇴에 동의하면서도 '검찰개혁'을 지지하는 다수의 중도층과 상식파를 소외시킬 수밖에 없었다. 각자의 진영깃발 안에서 서로의 증오감과 적대감을 증폭시키는 '광기의 진영논리'로 철저하게 무장하기에 바빴다. 이런 진영논리 속에서 박근혜 대통령 탄핵사건으로 추락했던 자유한국당의 여론이 결집되어 30%대 정당지지율로 회복하기도 했다.

정파적인 진영논리가 아닌 국민의 상식적 판단이 통하는 사회, 제 편이라고 무조건 감싸지 않는 건강한 사회는 작동되지 않았다. 진영논리는 어느새 국민을 편 가르고 대한민국을 두 개로 쪼개는 만능열쇠가 되었다.

자신이 쏟아놓은 말과 글 그리고 살아온 행적이 들어맞는 구석이 라곤 찾아보기 어려운 비상식적인 삶을 살아온 공직자도 진영논리의 틀에 들어가면 면죄부를 받아 우상으로 등극할 수가 있었다.

'조국사태'는 당초 진보와 보수의 진영논리가 아닌 불공정과 부정의가 무너진 것에 대한 보통사람들의 실망과 분노였으며, 국민의 상식적 판단과 법감정에 맞게 처리하라는 문제제기였다. 하지만 유감스럽게도 국민의 상식적인 정서와 법감정은 정파적 이익을 위한 진영논리에 갇히면서 철저하게 파괴되었다.

물론 뒤늦게 조국 장관도 국민정서를 무시했다는 것을 인정하고 다음과 같이 말하기도 했다. "정치적 민주화에 관심을 가지면서도 사회경제 민주화와 불평등 문제에 소홀했다. 부익부 빈익빈 문제가 해결되지 않았고, 거기에 앞장서 나서지 못했던 점, 저희 아이가 합법이라고 해도 혜택을 입었던 점을 반성한다."

국민의 상식적인 정서와 법감정에 반하는 '조국사태'가 발생하자 국민의 실망과 분노는 커져갔다. 나날이 불거지는 조국 부부의 지나친 자식 챙기기는 지성인의 약삭빠름 차원을 넘어 공정과 정의를 파괴하는 일종의 새치기이자, 상식을 파괴한 특권층의 그릇된 행동으로 비춰졌다. '조국사태'의 본질은 진영논리가 아닌 상식파괴에 대한 국민적 분노와 개선 요구였다.

마침내 상식을 가진 합리적인 중도층의 목소리가 발동했으며 그것은 진영논리에 빠진 조국사태를 종결짓는 새로운 동력으로 작동했다(최병국 2019). 집권당과 대통령에 대한 중도층 지지층의 이탈을 알리는 국민여론조사가 나왔다. 이 여론조사의 결과는 조국 장관의 사퇴와 대통령의 사과로 이어지게 하였다.

2019년 9월 19일 조국 장관 임명에 대해 국민 55%가 '잘못한 결정'이라는 리얼미터 여론조사(9월 3주차)가 나왔다. 이러한 부정평가는 '잘한 결정'이라는 긍정평가(35.3%)를 20.2%포인트 차로 앞섰다.

그 여론조사는 문재인 대통령의 국정지지도가 40%대 초반으로 하락하여 취임 후 최저치를 기록했다고 밝혀서 충격을 주었다. '국정수행을 잘못하고 있다'는 부정평가(53%)가 '국정수행을 잘하고 있다'는 긍정평가(43.8%)를 9.2%포인트 차로 앞섰다. 문 대통령의 국정지지도는 중도층, 서울과 경기·인천, 호남, 충청권 등 대부분의 지역에서 하락했다.

특히, 20~30대 지지율이 급격히 하락해 조국 장관에 실망한 젊은층의 상실감이 그대로 드러났다. 30대 지지율은 60.3%에서 11.8%포인트 하락한 48.5%로 나타났고, 48.7%를 기록했던 20대 지지율도 5.0%포인트나 빠져 43.7%를 기록했다. 공정과 정의를 강조해왔던 조국 장관의 '내로남불'이 젊은층의 강한 반감을 불러왔다는 분석이다.

서울대에서, 고려대에서, 부산대에서 '조국반대' 촛불시위가 이어졌다. 조국사태에서 가장 분노했던 세대는 청년세대였다. 그들은 조국 장관의 딸과 같은 또래들이다. 누구는 교수 부모와 인맥을 잘 둬서 고등학교도, 대학도, 의전원도 그냥 들어가고 장학금도 척척 받으니 어찌 허탈하지 않았겠는가(채진원 2019a).

진영논리에 빠지지 않고 사안별로 옳고 그름, 상식과 비상식을 판단하는 중도층의 존재감이 조국사태에서 큰 반전을 일으켰다. 중도층은 두 진영으로 쪼개진 우리 사회에서 캐스팅보트 역할을 했다. 견고하게 30~40%를 차지하고 있는 중도층은 좀처럼 조직화되지 않는 경향이 있었지만 이번 조국사태에서는 달랐다(신종수 2019).

진영논리에 의해 상식이 파괴되는 상황에서 마침내 '이것은 아니다'라며 참지 못한 중도층의 함성이 결집되어 집권당과 대통령의 지지율을 낮추는 방식으로 상황을 반전시켰다. 비록 만시지탄이지만, 10월 14일 조국 장관은 여론악화를 의식하여 스스로 사퇴했다.

문재인 대통령도 '조국사태'에 대해 사과했다. 문 대통령은 11월 19일 MBC가 방영한 〈국민이 묻는다, 2019 국민과의 대화〉에서 '조국사태'에 대해 "조국 전 장관의 문제는 그를 장관으로 지명한 취지와는 상관없이 결과적으로 많은 국민들에게 갈등을 주고 분열하게 한 것은 정말 송구스럽다는 말씀을 드린다. 다시 한 번 사과 말씀을 드린다"고 밝혔다.

조국 장관의 사퇴 이후, 민주당 이철희 의원의 21대 국회의원 총선 불출마 선언이 있었다. 그의 불출마 선언은 조국사태에 관한 당 지도부 성토와 책임론을 거론하는 계기가 되었다. 그의 총선 불출마 화두는 총선을 앞두고, 한국정치에서 노골화되고 있는 진영논리와 기득권화된 586 운동권그룹의 문제점에 대해 깊이 성찰하는 기회가 되었다.

586 운동권그룹은 국민의 상식적인 눈높이에서 조국의 허물과 위선을 비판하는 민심을 거부하고 '조국수호'에 앞장서면서 국민적 지탄의 대상이 되었다. 특히, 그들은 세계화, 정보화, 후기산업화, 탈냉전화, 탈물질주의화 등으로 표현되는 21세기 시대상황을 무시하

는 민주 대 반민주, 진보 대 보수, 애국과 이적이라는 시대착오적인 이분법을 사용하여 '공화정신'을 외면했다.

민주화 된 지 37주년이 넘는 만큼, 민주공화국의 정체성대로 '민주단계'에서 '공화단계'로 이행해야 하는데, 그들은 여전히 민주 대 반민주, 진보 대 보수라는 시대착오적인 낡은 구호를 고집했다는 점이다. 그들은 민주공화국이라는 정체성 그대로 공화정신인 경쟁과 협력을 추구하는 "경쟁자 간의 공존정치"로 정치문화를 혁신해야 하는데, 시대상황에 부합하지 않게 기득권을 지키기 위해 적과 동지를 구별하는 "적대정치"를 고집했다(채진원 2019b).

586 운동권그룹의 행태는 독재와 싸우면서 독재적 습속을 배운 측면이 강했다. 그들은 선거경쟁이라는 '민주제도'에 친화적이지 못한 전근대적 '습속'을 보여주었다. 그들은 조국 장관의 허물과 위선을 비판하는 국민들을 자유한국당 지지자로 몰아서 매도하거나 적대화하며 상대를 괴멸과 타도 및 숙청의 대상으로 보는 진영논리 습속을 보여주었다. 이러한 습속은 선거경쟁을 외면하고 민심을 왜곡한다는 점에서, 선거경쟁으로 국민의 선택을 받겠다는 대의민주주의제도에 부합하지 않는 시대착오적인 독재규범과 같았다.

시시때때로 좌우 진영으로 편을 갈라 싸우는 한국의 파당정치문화는 조선의 사색당파와 개화기 위정척사파, 동도서기파, 개화파들의 당쟁 습속을 닮았다. 자신은 성인군자이고, 상대는 사악한 소인배로 규정하여 위정척사(衛正斥邪)와 권선징악(勸善懲惡)의 대상으로 삼아야 한다는 논리가 유교를 기본으로 하는 조선의 사색당파 문화이다. 우리 586 정치권은 어쩌다가 반칙과 특권을 부추기는 입신출세와 선악을 가르는 위정척사 사회를 만들었을까?

여러 의견이 있겠지만, 그것은 민주공화주의와 충돌하는 전근대적인 유교와 가부장적인 가족주의 습속이 여전히 작동하고 있기 때문은 아닐까? 우리 헌법 제1조 1항은 대한민국의 정체성을 '민주공화국'에서 찾는다.

민주공화국은 민주국(democracy)을 넘어서 공화국(republic)을 지향하는 혼합정체이다. 민주단계가 어느 정도 진척된 만큼, 이제는 공화단계로의 이행이 절실하다. 공화주의를 방해하는 낡은 폐습들을 혁신하는 계기가 필요하다(채진원 2019).

586의 쇄신과 하방을 촉구하는 이철희의 불출마 선언

2019년 10월 14일 조국 법무부장관 사퇴 이후, 민주당 이철희 의원은 21대 국회의원 총선에 불출마를 선언했다. 이철희 의원의 총선 불출마 선언은 여야를 불문하고 비정한 진영논리에 갇힌 정치현실에 대한 성토와 함께 자성을 촉구하는 계기가 되었다. 이것은 민주당 지도부의 책임론과 쇄신론은 물론 정치권 전반의 혁신을 촉구하는 신호탄이 되었다.

이철희 의원은 10월 15일 자신의 블로그와 기자들에게 보낸 문자메시지를 통해 다음과 같이 불출마의 취지를 밝혔다. 그는 "정치가 해답(solution)을 주기는커녕 문제(problem)가 돼버렸다"며 "부끄럽고 창피하다. 단언컨대 상대에 대한 막말과 선동만 있고 숙의와 타협은 사라진 이런 정치는 공동체의 해악"이라고 말했다.

이어서 이 의원은 "조국 얘기로 하루를 시작하고, 하루를 마감하는 국면이 67일 만에 끝났다. 그동안 우리 정치, 지독하게 모질고 매정했다"며 "야당만을 탓할 생각은 없다. 정치권 전체의 책임이고, 당연히 저의 책임도 있다"고 말했다.

또한 그는 "국회의원을 한 번 더 한다고 해서 우리 정치를 바꿔놓을 자신이 없다. 멀쩡한 정신을 유지하기조차 버거운 게 솔직한 고백"이라며 "더 젊고 새로운 사람들이 새롭게 나서서 하는 게 옳은 길이라고 판단한다"고 말했다.

이철희 의원의 불출마 선언은 '조국사태'에 관한 당 지도부 성토와 책임론을 거론하는 계기가 되었다. 당내 3선 중진인 정성호 민주당 의원은 10월 15일 본인 페이스북을 통해 "조국은 갔다. 하지만 남은 사람들이 후안무치한 인간들뿐이니 뭐가 달라지겠는가"라며 "책임을 통감하는 자가 단 1명도 없다. 이게 우리 수준"이라고 적었다.

민주당 지도부의 책임론을 지적하는 선상에서 김해영 최고위원도 10월 15일 최고위원회의에서 "집권 여당 지도부 일원으로서 대단히 송구스러운 마음"이라며 "서초동 집회와 광화문 집회에서 보듯이 국회가 제 역할을 하지 못해 국민갈등이 증폭되고 많은 국민께 심려를 끼쳐드렸다"고 말했다. 이러한 김 최고위원의 발언은 당 지도부에서 국론분열에 대한 유감 표명을 했다는 점에서 이해찬 대표의 책임 표명을 압박했다.

이철희 의원의 총선불출마는 21대 총선을 앞두고, 한국정치에서 노골화되고 있는 진영논리와 기득권화된 586 운동권그룹의 문제점에 대해 깊이 성찰하는 기회로 삼는 데 의미가 있었다. 특히, 기득권 정치로 전락하고 있는 586 운동권그룹의 퇴진 압박과 하방운동의 필요성을 제기했다는 점이다.

중국에는 문화대혁명 당시 '하방(下枋)'이란 제도가 있었다. 마오쩌둥이 1957년 국가지도자를 키우기 위한 제도로 도입한 것이다. 마오쩌둥은 중국이 당·정부·군간부들의 관료주의·종파주의·주관주의를 방지하고 지식분자들을 개조하며 국가기구를 간소화한다는 명분으로, 간부들을 농촌이나 공장으로 보내 노동에 종사하게 하고 고급 군간부들을 사병들과 같은 내무반에서 기거하며 생활하게 하는 간부정책을 실시하였다.

시진핑 현 중국 주석도 16살부터 7년간 산시성의 량자허촌으로 하방하여 토굴에서 7년간 생활했었다. 시진핑은 하방을 통해 "실사구시(實事求是)와 인내(忍耐)를 배웠고, 자신감을 얻었다"고 밝혔다.

이철희 의원의 불출마 선언처럼, 586 운동권그룹이 자신의 기득권을 내려놓고 험지출마, 동일지역구 3선 제한 등 하방운동의 주체로 서야 하는 까닭은 무엇이었을까?

그것은 '조국사태'에서 드러난 것처럼, 586 운동권그룹이 진영논리에 갇혀서 조국의 허물과 위선을 비판하지 못함으로써 청년세대가 분노했던 불공정과 정의의 문제를 외면했기 때문이다. 당연히 그들은 청년세대들과 소통하지 못함으로써 배척과 원망의 대상이 되었기 때문이다.

우리 정치에서 진영논리의 폐해는 극명하다. 정치권이 '서초동 집회'와 '광화문 집회'로 지지층 결집 대결로 충돌하였다. 이처럼, 좌우 진영논리가 작동하게 되면, 민주당 지지층 결집에 맞서는 자유한국당 지지층의 역결집은 그리 어려운 일이 아니다.

진영논리는 이중적인 특성을 가진다. 진영논리는 상대를 적폐와 악마로 몰아 죽이려고 하나 결과적으로 죽이지도 못하고 적대적 공생관계로 상대를 다시 살리게 되는 이중성을 보이기 마련이다.

결국 진영논리는 상대진영에게 반대급부로 결집할 수 있는 적대적 공생이라는 영양분을 공급하여 살려주는 역설의 논리를 가진다. 이것은 상대진영에 대한 적대감과 증오감이 커질수록, 상대의 역결집을 돕고 살리는 에너지가 되어 이적행위가 되는 '역설의 늪'에 빠지게 된다. 만약 대통령과 집권당이 중도수렴과 중도층 확장에 중심을 두는 '탈진영적 협치'로 국정운영을 했더라면 '역설의 늪'에 빠지지는 않았을 것이다.

그렇다면 586 운동권 출신 정치인이 욕을 먹는 이유는 무엇일까? 대략 세 가지가 문제로 보인다. 첫째, 586 운동권그룹은 국민의 상식적인 눈높이에서 조국의 허물과 위선을 비판하는 민심을 거부하였다는 점이다.

특히, 조국의 허물과 위선을 덮기 위해 조국 비판자들을 자유한국당 지지자로 몰아서 낙인찍거나 자유한국당과 야당들의 견제와 비판을 거악으로 적대화·악마화해서 상대를 타도하고 괴멸시켜야 한다는 여론에 편승해서 적대정치를 부추겼다. 이러한 편승은 민주주의의 기본정신인 정치적 경쟁을 외면하고 부정하는 반민주적 행태이다.

이런 반민주적인 적대정치는 자신의 절대적 도덕성과 진리독점권을 행사하겠다는 뜻으로 보인다. 결국 경쟁을 회피하면서 국민들로부터 견제받거나 심판받지 않을 성역을 쌓아서 독불장군 행세를 하였다. 이것은 장기집권과 장기독재권력을 추구하는 오만과 독선에 가깝다.

둘째, 586 운동권그룹이 민주화의 주역에서 비정규직과 청년세대를 약탈하는 헬조선의 화신이 되었다는 점이다. 1995년 IMF 보고서가 밝혀 놓았듯이, 상위소득 1%와 상위소득 10%는 비정규직을 약탈하는 카르텔동맹을 맺으면서, 전체사회의 소득의 45%를 장악하고 나머지 90% 국민들이 55%를 나눠먹는 아시아 1위의 소득불평등 사회를 만들어냈다.

IMF 위기 속에서도 상위소득 10%의 상층조직노동은 임금소득을 19%씩이나 올리면서 비정규직과의 임금격차를 더욱 벌리고, 고통분담을 회피하면서 민주화의 과실을 독점하였다. 586 운동권 출신 정치인들은 민주화의 과실을 독점하고 고통분담을 외면한 상위소득 10%를 견제하지 않고, 충실히 대변하였다.

결국 586 운동권그룹은 상층조직노동인 민주노총, 한국노총을 과대 대표하고 비정규직과 여성노동을 과소 대표했다. 그들은 민주노총, 한국노총을 기반으로 하는 기득권 정당의 논리를 과다하게 대변하면서 금수저 계급의 신분세습과 권력세습 문제를 방기함으로써 사실상 청년세대들을 흙수저로 루저화했다.

셋째, 586 운동권그룹은 세계화, 정보화, 후기산업화, 탈냉전화, 탈물질주의화 등으로 표현되는 21세기 시대상황을 무시하는 민주 대 반민주, 진보 대 보수, 애국과 이적이라는 시대착오적인 이분법을 사용하여 '공화정신'을 외면했다는 점이다.

민주화 된 지 37주년이 넘는 만큼, 민주공화국의 정체성대로 민주단계에서 공화단계로 이행해야 하는데, 그들은 여전히 민주대 반민주, 진보대 보수라는 시대착오적인 낡은 구호를 고집했다.

그들은 민주공화국이라는 정체성 그대로 공화정신인 경쟁과 협력을 추구하는 '경쟁자 간의 공존정치'로 정치문화를 혁신해야 하는데, 변화된 시대상황에 부합하지 않게 기득권을 지키기 위해 적과 동지를 구별하는 '적대정치'를 고집했다.

결국 586 운동권그룹은 '조국사태'에서 반칙과 특권을 거부하는 상식의 세상과 원칙 있는 패배를 추구한 노무현 전 대통령의 공화주의 정신을 거부하는 구태를 보이면서 지탄의 대상이 되었다. 그 배경에는 임진왜란과 병자호란 속에서 절대권력을 포기하지 않는 조선시대 사대부처럼, 그들이 어느새 권력중독에 빠지고 승리지상주의에 중독됐기 때문으로 보인다.

586 사상혁신의 출발점은

2023년 광복절에 '민주화운동동지회'(동지회)가 출범했다. 동지회 대표는 1985년 서울대 삼민투(민족통일 민주쟁취 민중해방 투쟁위원회) 위원장으로 미국문화원 점거농성을 주도했고, 전북 군산에서 '네모선장'이라는 횟집을 운영하고 있는 함운경 씨였다.

그는 언론과 인터뷰에서 "민주화운동은 1987년 체제 도입으로 그

역할을 마쳤지만 일부 운동권은 30여 년이 지난 현재까지도 민주화 상징을 독점하며 진영논리로 나라를 분열시킨다"며 "운동권이 만든 '쓰레기'를 치워야 한다는 취지로 모였다"고 밝혔다.

당시 동지회 출범은 그동안 586을 지배한 사상에 대한 비판과 혁신 없이 '운동권 청소론'을 제기해 결국 보수정치권에 흡수될 것이라는 비판을 받았다. 동지회는 이런 비판을 겸허히 수용해서 여야 내 존재하는 586을 지배하고 있는 사상을 혁신하기 위한 대안을 제시할 필요가 있었다.

특히 동지회는 조국 장관의 위선과 불공정을 옹호한 586의 내로남불 행태가 나온 유교적 습속의 본질을 규명하고 이것을 혁신할 사상으로 '공화주의 재무장론' 등을 검토할 필요가 있었다. 조국 장관과 586 운동권그룹이 공유하는 '선악의 이분법적 사유구조'는 내로남불이라는 반민주적 규범으로 드러나 2030세대로부터 불공정의 주범으로 비판받은 만큼, 대안을 제시할 필요가 있었다.

하지만 그렇게 하지 못했다. 그렇다면, 조국 전 장관이 죽창선동을 한 배경에는 위정척사론과 소중화론 같은 선악의 이분법이 있었던 만큼, 그 원인진단으로 볼 때 586의 사상혁신은 어디에서 출발해야 했을까?

김대중 전 대통령이 586 운동권을 정치권에 영입하면서 주문한 '서생적 문제의식을 갖되 상인의 현실감각을 배우라'는 경구를 외면한 것이 586 운동권그룹의 한계로 진단된다. 그들은 상인적 현실감각을 배우기 위한 민생과의 결합을 멀리한 채 시민들을 계몽과 선동의 대상으로 보는 '조선 사대부식 유교 습속'에 빠졌던 것으로 보인다. 그렇다면 이런 유교 습속을 혁신할 사상은 무엇일까?

상인들의 현실감각이 '공정'과 '상식'으로 연결된다는 점에서 『도덕감정론』을 쓴 애덤 스미스의 사상에서 힌트를 찾았으면 적절했을 것이다. 왜냐하면, 애덤 스미스가 강조한 '동감(sympathy)'과 '도덕감정'에 기초한 '공정한 관찰자(impartial spectator)'는 2030세대가 강조하는 공정과 상식의 논리와 통하기 때문이다. 애덤 스미스는 도덕감정과 공정한 관찰자가 부정의한 국가주의와 탐욕적 자본주의를 극복하고 건전한 시장경제와 자생적인 민주질서를 만든다고 봤다(스미스 2009).

애덤 스미스는 사적 이기주의를 넘어서는 자기극복의 초월성을 신과 같은 절대자나 절대이성이 아닌 타인과의 교류과정인 사회경험 그리고 동료와의 공감에서 찾았다. 애덤 스미스의 사상은 '자유공화주의'로 보는 게 적절하다.

하지만 도덕감정을 거부한 임마누엘 칸트는 동양의 주자학이 리(理)의 법칙으로 무장한 초월적 존재자인 성인군자를 설정한 것처럼, 도덕과 정의와 법은 이성에서 나온다고 봤기에 계몽을 강조했다. 이 둘의 차이는 뭘까? 칸트의 이성도덕론은 엘리트주의를, 애덤 스미스의 도덕감정론은 자유공화주의에 기초한 민주주의를 대변할 가능성이 크다는 점이다.

칸트와 달리 애덤 스미스는 도덕과 정의와 법을 이성이 아닌 공감의 감정에서 찾았다. 586 운동권그룹이 보인 한계를 극복하는 데는 도덕감정론과 자유공화주의가 효과적으로 보인다. 동지회는 여야 정치권에 몸담고 있는 586 운동권 출신들이 냉전자유주의(보수적 반공주의)와 민족주의에서 벗어나 민주공화국의 정신처럼 자유공화주의를 선택할 수 있도록 사상혁신에 나설 필요가 있었다. 그러나 이런 쇄신과 혁신 요구는 유감스럽게도 실현되지 못했다.

여기서 '습속(moeurs, mores)'이란 무엇인가? 습속은 『미국의 민주주의』를 저술한 알렉시스 드 토크빌(Alexis de Tocqueville)이 '종교와 자유정신과의 관계'를 논하는 맥락에서 가져온 개념이다. 토크빌은 미국, 영국, 프랑스 각 국가의 '습속(moeurs, mores)'을 청교도, 천주교 등 종교와 관련하여 논의했다는 점에서 유교에게 익숙한 우리에게 비교 시사점을 준다(토크빌 1997).

토크빌은 『미국의 민주주의』에서 습속이란 인민들의 도덕적, 지적인 상태의 총체적 표현으로서 원래는 '마음의 습관(habits of heart)'을 의미한다고 말했다. 그는 이러한 습속을 미국, 영국, 프랑스를 비교하여 미국과 영국이 안정된 정치체제를 가지고 있는 데 비해서 프랑스가 왜 혁명적 전제와 보수반동정치의 양극단을 오가는지에 대한 해답을 추구한다.

습속에 대한 이러한 토크빌의 접근은, 청교도와 다른 유교의 전통에 익숙한 한국의 민주주의와 민주공화주의를 어떤 방향으로 이끌어 나갈 것인가를 고민해야 하는 우리에게 중요한 비교시사점을 주고 있다.

여기서 습속이란 개념은 익숙하지 않은 개념이다. 하지만 이것은 주변의 세계를 비춰주면서 우리들의 말과 행동의 실체를 입체적으로 보여주는 거울과 같은 기능을 한다. 우리는 이 습속이라는 거울을 통해 '조국과 586 운동권의 행태와 세계관'을 과거, 현재, 미래라는 통시적 관점에서 그리고 동시대의 서양과 동양의 비교 관점에서 들여다보고 어느 정도 입체화하면서 그 실체에 대해 객관적으로 다가설 수 있을 것이다.

22대 총선에서 '586 운동권 심판론' 실패

2024년 4월 10일 실시된 22대 총선에서 집권여당인 국민의힘은 '야당심판론', '586 운동권 정치 심판론', '이재명·조국 심판론'을 슬로건으로 잡았지만 민심의 지지를 받는 데 실패했다. 집권여당은 사법리스크에 걸린 이재명 대표와 조국 대표를 손쉽게 공격하기 위해 '야당심판론', '586 운동권 심판론'을 내세웠으나 그것은 오판이었다.

국민들은 이재명·조국의 사법리스크 문제보다 무너진 민생경제의 회복을 더 시급한 문제로 보고, 이것에 대해 책임지지 않고 시간을 허비하고 있는 윤석열 정권에 대해 지지를 철회하고 매서운 정권심판의 회초리를 들었다.

국민의힘은 22대 총선에서 참패했다. 더불어민주당이 비례 의석을 포함해 175석을 얻어 단독 과반 의석을 차지하는 압승을 거뒀다. 조국혁신당(12석), 개혁신당(3석) 등을 합쳐 192석을 확보한 범야권은 대통령 탄핵과 개헌을 제외하고 모든 것을 할 수 있는 정국 주도권을 갖게 되었다.

22대 총선에서 국민은 윤석열 정권에게 매서운 분노와 심판의 회초리를 들었다. "대파 가격 875원이 합리적"이라는 발언을 놓고 벌어진 논란으로 그동안 쌓인 국민들의 분노가 폭발했다.

민심은 고물가로 표현되는 민생에만 관심이 쏠려 있는데, 이런 민심을 파악하지 못하고 총선 슬로건으로 '야당심판론', '586 운동권 정치 심판론' 등을 내세워 정쟁을 돋우었으니 얼마나 화가 났겠는가. 그 민심을 제대로 읽지 못한 잘못된 전술을 선택한 대통령과 국민의힘의 책임이 클 수밖에 없다.

데모크라시를 민주주의로 번역하는 것의 위험성

리퍼블릭(republic)을 추구하는 민주공화국은 민주와 공화의 두 바퀴로 굴러가는 게 이상적이다. 그런데 문제가 발생할 수도 있다. 왜냐하면, 민주에 의해 공화가 가려질 수도 있기 때문이다. 민주국이나 민주정 정도로 번역되어야 할 데모크라시(democray)가 민주주의로 오역되면 '이상적인 체제', '완벽한 체제', '완전무결한 절대적인 체제'로 오해하게 되면서 굳이 '공화'의 필요성을 인식하지 못하고 무시하게 되는 문제가 발생한다.

왜냐하면, 민주주의라는 번역어는 데모크라시가 갖는 여러 한계(문제가 있고, 이를 고쳐가면서 발전하는 체제)를 숨기도록 방해하기 때문이다. 즉, 이 번역어는 데모크라티즘(democratism)과 같이 '완벽한 체제', '절대적인 체제'로 오해하도록 만들고, 이런 효과 때문에 굳이 대화와 숙의 및 공공성을 강조하는 '공화'의 필요성을 배제하게 만든다. 공화를 배제하면 견제와 균형을 잃은 민주는 다수결의 폭정으로 타락하게 된다.

아리스토텔레스, 마키아벨리 등이 정립한 '정체순환론'에 의하면, 민주정은 군주정, 귀족정보다 나은 체제이지만 최선의 체제는 아니다. 최선의 체제인 혼합정(polity)이나 공화정(republic)보다 낮은 수준의 '견딜 만한 체제'이다.

즉, 혼합정의 타락한 형태로서 데모크라시는 중우정으로 타락하는 한계, '다수결의 폭정'으로 타락하는 한계, 다수파와 소수파가 정쟁하면서 공공성을 무시하여 '인민독재로 타락하는 체제'라는 역사적 한계를 갖는다.

다시 말해, 데모크라시는 양적으로 다수의 민중이 참여한다는 점에서 의의를 갖지만 대화와 숙의와 같은 질적인 참여의 부족으로 중우정과 포퓰리즘으로 타락하는 한계를 갖는다. 그래서 이런 데모크라시의 한계를 보완해주는 것이 공화주의(republicanism)이고, 이런 것이 성공한 체제가 민주공화국으로 번역되는 리퍼블릭(republic)이다. 결론적으로 민주공화국이 민주국으로 타락하지 않도록 막기 위해서는 다수결로 표현되는 데모크라시가 '불완전한 체제'임을 인식하고 공공성을 강화하는 게 우선이다.

데모크라시를 민주주의로 오역하게 되면서 생기는 또 다른 위험성은 민주화를 주도하였지만 '조국사태'에서 극명하게 드러난 것처럼, 공정과 상식을 거부하고 기득권을 유지하면서 타락하고 있는 586 운동권그룹의 유교적 습속의 문제점을 비판할 수 없도록 정당화해주는 문제가 발생한다.

586 운동권그룹의 입장해서는 민주주의로 오역되는 데모크라시 만큼 좋은 방어체제가 없기 때문이다. 어느 누가 586 운동권이 부조리가 있다고 해서 민주화를 주도하여 민주주의를 세운 그들을 비판할 수 있겠는가?

586 정치책임론의 배경과 역대 586 정치인 비중

'586 출신 정치책임론'이 등장하고 확산한 배경은 민주화 이후 이들이 운동권 경험을 바탕으로 2000년 16대 국회부터 굉장히 젊은 30대 중후반, 40대 초반부터 정치권에 진출하기 시작하여 지금까지 정치권력의 중심에서 주요정책을 결정해왔다는 것에서 출발한다.

특히 노무현 정권은 '386 정권'이라고 불릴 정도로 86 정치인들이 청와대 각종 요직에 앉아 있었다. 참여정부 후반기인 2006년에 유진룡이 문화부 차관 자리에 올랐는데, 당시 청와대 실세로 불렸던 양정철 홍보기획비서관과의 불화 때문에 사실상 6개월 만에 경질된 것으로 알려져 있다. 청와대가 아리랑TV 등 문화부 소속 기관에 낙하산 인사를 시도했는데 이를 거 부해 정권 눈 밖에 났다는 것이다. 당시 양 비서관이 유 내정자에게 "'배 째라'는 거죠? 그럼 째 드리죠" 라고 했다는 이야기가 퍼져 논란이 일기도 했다.

양 전 비서관은 참여정부에 이어 지난 문재인 캠프에서 핵심역할을 맡았던 인물이다. 캠프 메시지팀장을 맡으며 문 후보의 대선후보 수락연설문은 물론, 방송연설을 할 때나 전당대회 연설을 할 때 읽은 원고를 직접 작성한 것으로 알려져 있다. 언론에서는 '3철(양정철 전 비서관, 이호철 전 민정수석, 전해철 민주통합당 의원)'로 부르며 문 후보의 핵심측근으로 분류하기도 했다.

586 출신 정치인은 2008년 이명박 정권의 등장으로 위기를 맞았으나, 이내 부활하였다. 2012년 19대 총선에서 586 출신 국회의원 비중이 33.3%로 크게 확대되었다. 2017년 586세대가 중심이 된 문재인 정부의 출범과 함께, 2020년 21대 국회는 무려 58%가 586 출신 국회의원으로 채워졌다. 2024년 22대 국회에서 586 출신의 비중은 300석 중 178명으로 59%나 되었다.

'586 용퇴론'에 대한 국민여론

TBS가 KSOI에 의뢰하여 전국민을 상대로 2022년 5월 27~28일 이틀간 여론조사를 한 결과, 더불어민주당 박지현 비대위원장이 제기한 '586 용퇴론'에 대해 49.6%가 동의, 35.2%가 동의하지 않는 것으로 조사되었다. 세대별로 보면 50대(동의 58.5%, 비동의 31.3%)와 60대 이상(동의 53.6%, 비동의 34.4%)에서 586 용퇴론에 대한 지지도가 가장 높았다.

뉴스토마토가 미디어토마토에 의뢰하여 전국민을 상대로 2022년 6월 7일 '586 용퇴론'에 대해 조사한 결과 일괄 퇴진 33.9%, 선별 퇴진 36.9%, 퇴진 반대는 14.8%로 조사되었다. 연령대별로 보면 40대에서는 선별 퇴진이(선별 50.3%, 일괄 20.9%), 30대에서는 일괄 퇴진

이(일괄 39.6%, 선별 25.5%) 상대적으로 많은 지지를 받았고, 나머지 연령대에서는 두 주장 간 지지도 차이가 ±10%p 이내였다.

중앙일보가 한국갤럽에 의뢰해 2023년 12월 28~29일 조사한 결과에 따르면, 586 운동권 정치청산 주장에 대해 공감한다는 응답은 52%, 공감하지 않는다는 응답은 38%로 나타났다. 운동권 청산에 대한 공감 비율은 60대(65%)와 70세 이상(56%)에서 가장 높게 나타났으며, 공감하지 않는다는 응답은 30대(50%)와 18~29세(46%)에서 높게 나타났다.

세계일보가 한국갤럽에 의뢰해 2024년 1월 29~30일 조사한 결과에 따르면, 586 운동권 정치인들의 총선 불출마 주장에 대해 동의함은 45%, 동의하지 않음은 45%로 나타났다. 60대(동의 63%, 비동의 30%)와 70세 이상(동의 61%, 비동의 25%)에서는 운동권 정치인 총선 불출마에 동의하는 비율이 높았지만, 40대(동의 30%, 비동의 62%)와 18~29세(동의 28%, 비동의 53%)에서는 동의하지 않는 비율이 더 높았다.

586 운동권의 유교적 습속 출현이 던지는 질문들

이런 586 운동권그룹의 습속을 보면서, 우리는 1987년 민주화운동을 기준으로 민주화를 시작한 지 37년이 지났건만 어쩌다가 민주화와 충돌되는 조선의 성리학적 세계관이 다시 출현하게 됐을까에 대해 의문을 가질 수밖에 없다.

이런 출현을 양파껍질을 벗기는 행위에 비유해보면, 많은 질문을 던질 수 있다. 양파를 까면서 이런 질문들이 자동적으로 나올 것이다. 분명 '산업화'라는 껍질을 벗기고, 그 다음 '민주화'라는 껍질을 벗겼는데, 왜 속살은 비정규직 신분제의 임금차별과 성폭력 갑질이 나오는 것일까, 계속해서 경제적 양극화와 정치적 양극화 및 반일민족주의가 나오는 것일까 하는 점이다.

혹시 겉은 근대화된 것처럼 보이지만 속살 알맹이는 여전히 유교와 소중화 세계관의 습속을 그대로 답습하고 있는 것은 아닐까? 한국정치의 문제는 결국 민주공화국이라는, 리퍼블릭(republic)이라는 대한민국의 정체성이 양파의 겉껍질과 알맹이가 다른 모순처럼, '무늬만 리퍼블릭'이라는 문제가 아닐까?

한국의 리퍼블릭(republic)이 그 형식에 걸 맞는 내용을 채우지 못한 채, 조선 사대부의 성리학적 습속처럼, 자꾸 민주 대 반민주 그리고 진보와 보수라는 '선악의 대립구도'와 진영대결구도가 퇴행적으로 흘러가면서 대화와 토론 및 숙의에 의한 공공성 실현 없이 '다수결'이나 '다수결의 폭정'을 앞세우는 데모크라시로 추락하는 것은 아닐까?

그리고 그 데모크라시마저도 구한말 성리학자들이 내걸었던 반세계화적인 '소중화 동도서기론'이나 '위정척사 민족주의론'으로 흘러가는 것은 아닐까? 민주공화국 정신이 왕권에 맞서는 사대부 신권 중심의 관료공무원에 의한 민본주의와 민족주의 정도로 축소되는 것은 아닐까?

2. 왜 유교적 습속은 민주주의를 보수화시킬까

서생의 문제의식에서 상인의 현실감각으로

국회의원과 대통령이 되기 전 해운업 사장을 해본 경험이 있는 김대중(DJ) 전 대통령은 586 운동권 출신들을 제도권 정치에 영입한 인물이다. DJ는 586 운동권 출신들이 백면서생의 문제의식에서 벗어나 상인들의 현실감각으로 무장하기를 기대했다.

DJ는, 오늘날 상공업에 종사하는 시민 중심의 민주사회에서 살아가는 586 운동권 출신들이, 조선 농업관료사회의 도덕 주체인 선비들이 성인군자의 세상을 만들기 위해 성리학으로 양민들을 교화시키려고 접근했던 방법에서 벗어나기를 바랐다.

왜냐하면, 시대착오적인 서생의 논리적, 개념적, 배타적, 혐오적 언어로는 오늘날 상공업에 종사하는 시민들과 공감하고 소통하기 어렵다고 판단했기 때문이다.

서생의 논리적이고 개념적인 이성적 대화로는 타인의 처지를 자신의 처지로 놓고 판단하는 방법인 '역지사지'가 힘들기 때문이다. 이에 일찍이 애덤 스미스도 『도덕감정론』에서 동감이라는 방식의 상용화로, 역지사지의 상식화로, 역지사지의 반복화에 따른 '제3자라는 공정한 관찰자의 시각 정립'으로 도덕의 준칙을 삼고 소통하고자 하였다.

애덤 스미스가 『도덕감정론』에서와 같이 '이성(거꾸로 성리)'이 아니라 '동감(sympathy)'의 감정에서 도덕기준을 찾은 것은 왜일까? 상인계층 등 일반 민중과 시민들에게 칸트의 정언명령과 같이, 어려운 이성적인 언어로 도덕의 기준을 세워 상용화하거나 말하기가 어렵다고 판단했기 때문이다.

이제 586 운동권그룹은 칸트의 도덕이성론과 닮은 유교서생의 세계관에서 벗어나 애덤 스미스의 도덕감정론으로 한 계단 내려와야 한다. 현장 상인의 감각과 상호작용하는 동감과 공감에서 시작하여 역지사지의 상용화로, 동감의 상식화, 기득권 포기라는 겸손과 절제의 미덕으로 소통해야지 않을까?

민주화운동과 학생운동의 유교적 습속

오구라 기조(2017)는 『한국은 하나의 철학이다』이라는 저서에서 한국 정치문화의 유교적 습속에 대해 다음과 같이 지적하였다.

"1960년대 이래의 한국의 민주화운동과 반독재운동은 지식인과 학생들의 사대부지향과 선비지향이라는 두 측면의 산물이다. 전자는 군인정권(무)에 대항하는 문의 정치권력 지향이고, 후자는 독재부패정권에 대한 도덕적 결벽 지향이다"(p.145)라고 하였다.

민주화가 진행된 지 37년의 시간이 지났어도, 우리 사회에 만연한 소득 불평등과 경제양극화의 주범인 비정규직 차별과 여성노동의 차별이 해결되지 않는 이유는 무엇일까? 그것은 한국 민주화운동(학생운동, 노동운동, 지식인운동, 시민운동)이 가지고 있는 위계서열적 유교적 습속과 엘리트주의 및 엘리트의 기득권 구조가 남아 있기 때문으로 보인다.

즉, 조선시대에 사농공상의 차별을 정당화하면서 귀족지배층을 대변한 것처럼, 현대화된 상위소득 1%의 자산계층과 차상위소득 10% 내외의 조직노동 및 정규직 노동계층을 대변하는 계급적 이해와 관련된 기득권 구조가 해소되지 않았기 때문이다.

조선의 르네상스는 어디에서 멈췄나

우리의 르네상스는 어디에서 멈췄을까? 옛날 책 공부하면 다 인문학일까? 고전이란 뭘까? 옛날 책일까? 고전, 즉 클래식(classic)이란 단지 고풍(古風)스런 옛날 책이란 뜻을 넘어서 현대까지 포함해서 한 교실(class)에서 동료들끼리 함께 읽어야 하는 가장 기본이 되는 책들을 말하는 것으로 보인다.

민주공화국을 추구하고 지키는 대한민국 시민으로서 함께 읽고 공감하는 데 가장 기본이 되어야 할 책들엔 뭐가 있을까? 근대를 향한 우리의 르네상스적 인문학(humanitas)은 어디서 멈췄을까? 이에 대해 동서양은 많은 차이가 난다.

여러 의견이 있겠지만, 서양은 16세기 피렌체 등 이탈리아를 중심으로 중세로부터 벗어나는 르네상스적 행위(인문적 행위)를 통해 근대화(유한과 무한의 분리, 정교분리, 공사분리, 정치와 도덕의 분리, 개인주의, 부부 중심의 핵가족 등)의 문을 열기 시작하였다.

서양의 르네상스 방향은 크게 네 가지 흐름으로 볼 수 있다. 첫째는 공화정 국가의 출현이다. 군주론과 공화정론을 설파한 마키아벨리가 강조했듯이, 철학과 종교로부터 근대정치와 국가의 독립이다.

즉, "현상론은 천박하고 본질론은 성스럽다"고 보는 '성속의 이분법'을 강조하는 스콜라 철학과 중세 가톨릭으로부터 근대정치의 독립이다. 즉, 종교와 철학으로부터 정치가 분리·독립했기에 세속화한 인간이 자유의지를 갖는 인격적인 군주와 국가를 중심으로 하는 근대정치의 출현이 가능했다.

세속화된 인간이 종교와 철학에서 벗어나도록 부추기는 정치의 분립·독립이 르네상스의 핵심적 흐름이다. 근대정치는 부족이나 왕조가 아니라 국민을 중심으로 하는 근대국가의 출현을 정당화한다.

둘째는 종교개혁이다. 청교도를 개창한 칼뱅 등이 강조했듯이, 이데아적인 초자연적 신학과 무한성의 금욕주의에서 벗어나 정교분리의 유한적인 세계관과 생산적 금욕주의를 강조하는 청교도 세력의 등장이다.

셋째는 철학과 종교로부터 문학과 예술의 독립이다. 단테, 보카치오 등의 예술가들이 펼쳤듯이, 초자연적 이데아와 종교로부터 인간의 사적이고 개인주의적인 내면의 감정과 주체의지를 표현하는 문학과 예술의 출현이다.

넷째, 절대군주로부터 의회의 독립이다. 영국의 무장한 의회파 지도자 크롬웰이 군주정을 타도하는 공화정 혁명을 일으켰던 청교도혁명처럼, 봉건적인 농촌 중심의 영주질서에서 벗어나 상공업과 시장경제 중심의 도시와 부르주아의 이해를 반영하도록 한 의회의 독립은 르네상스에서 중요하다.

영국, 미국 등 청교도혁명이 성공한 서양의 일부 국가는 세속적인 시민들이 참여하는 의회정치, 자신의 내면과 동료들의 동감의식, 상공업적 이익을 표현하는 개인주의가 배심원제도와 판례법처럼 보통사람들의 경험적 숙성과정을 강조하는 보통법(common law)과 잘 결합해서 시민사회적 근대화를 시작했다.

그렇다면 조선에서 르네상스는 존재했을까? 존재했다면 어디서 존재했고, 어디에서 멈췄을까? 아마도 정약용 선생이 쓴 『여유당전서』의 상제 개념과 목민관 정치 개념 그리고 "죽는 날까지 하늘을 우러러 한 점 부끄럼이 없기를, 잎새에 이는 바람에도 나는 괴로워했다"는 윤동주 시인의 '서시(序詩)'에 조금 남아 있다. 하지만 여기에서 멈춘 듯하다.

정약용 선생은 주자학의 리(理) 개념을 비판하고, 이것을 천주(天主)나 상제(上帝)로 대체하는 천주교 교리로 바꾸었다. 정약용 선생은 1791년 진산사건(신해박해) 이후 천주교와 결별하고 멈추었다.

선교사들이 세운 연희전문학교를 다닌 윤동주 시인은 유학에서 보는 천(天)을 기독교의 하나님으로 바꿔서 보려는 데까지 갔다. 1909년도 유교적 세계관을 지키고자 했던 박은식, 장지연 선생 등은 양명학에 기반을 둔 유교개혁을 주장하는 '유교구신론(儒教求新論)'을 주장하기도 했다.

하지만 그들은 인간의 유한성과 만물의 창조주인 신의 무한성을 철저하게 분리하면서 구원의 확실성을 직업적 삶의 윤리에서 찾으려고 했던 정교분리와 천인분리의 청교도 교리처럼, 나아가지 못했다. 그들은 신의 구원예정설과 직업윤리론 등의 '유한세계관'과 '생산적 금욕주의'로 무장하여 사농공상의 신분제 철폐와 '자본주의적 기업운영'으로까지 나아가지 못했다.

그렇다면 산업화와 민주화에 성공한 대한민국은 르네상스에 성공했을까? 위계서열적 신분제 차별 철폐, 성인군자와 소인배의 차별을 초월하는 근대적 동료의식, 개인감정, 상공업적 개인, 개인주의에 근거한 개방적 조직문화 등 공사(公私)를 구분하는 근대적인 습속의 공화정치에 얼마나 성공했을까?

우리는 정교일체의 세계관, 천인합일의 세계관을 반영하는 도덕주의, 민족주의, 유교와 주자학 사대부 엘리트주의, 가부장주의 그리고 족벌, 학연, 지연, 학벌, 군벌, 재벌, 관벌, 운벌, 노벌 등 각종 파벌주의와 연고주의, 온정주의로부터 얼마나 독립했을까?

왜 천인합일의 세계관은 민주주의와 결합할 수 없을까?

초월적 존재이자 무한(無限)의 존재인 상제(上帝)가 내린 천명(天命)의 도리를 유한한 인간이 득도하거나 깨달아서 내면화하는 도덕적 주체가 현실에서 존재할 수 있을까? 이것이 존재할 수 있고, 가능하다고 보는 천인합일(天人合一)의 세계관을 어떻게 봐야 할까?

왜 천인합일을 추구하는 유교적 세계관에서 서구 근대화의 핵심으로 종교개혁과 청교도혁명에서 나온 천인분리(天人分離)의 세계관의 결과물인 개인주의, 민주주의, 공사구분, 자유공화주의 규범들이 나오기 힘들었을까?

수신제가치국평천하(修身齊家治國平天下)라는 교리처럼, 인간의 다양한 욕망을 천명(天命)의 도리(道理)로 통제하여 천인합일에 성공한 이성적 군자의 시각에서 볼 때, 다양한 감정과 이해관계를 갖는 다수의 민중들은 왜 소인배로 살 수밖에 없었을까?

성리학의 관점에서 이들 소인배들의 감정과 경험들은 존중과 섬김의 대상이 아니라 교화와 극복의 대상으로 볼 수밖에 없기에 역설적으로 천인분리(天人分離) 세계관의 결과물인 개인주의, 민주주의, 공사구분, 자유공화주의가 나오기 힘든 것으로 보인다.

인간이 가진 다양한 본성들의 집합인 인욕(人慾)을 천명(天命)이나 천리(天理)의 도욕(道慾)으로 교화시켜 성인군자에 도달할 수 있다고 보는 성리학은 서양 청교도의 세계관과 다르다. 즉, 초월적 존재인 창조주가 준 피조물로서의 유한한 인간성을 바꾸기보다는 신이 준 소명의식대로, 직업윤리를 통한 사회적 분업과 협업에 따라 자유롭고 평등하게 살고자 했던 서양 청교도 세계관과 다르다.

유교와 민주주의가 서로 공존할 수 없다고 주장하는 충돌론자로는 『제3의 물결(The Third Wave)』을 쓴 미국의 정치학자 새뮤얼 헌팅턴이 있다. 그는 민주주의는 기본적으로 자유민주주의로 출발하기에, 전통 유교철학은 민주주의와 관계가 없거나(undemocratic), 민주주의에 반한다(antidemocratic)고 주장한다(Huntington 1991).

헌팅턴은 유교의 문화적 전통은 위계질서, 권위주의, 공동체, 그리고 충성을 강조하기에 개인의 자유를 강조하는 자유민주주의와 충돌한다는 것이다. 그는 유교를 비(非)자유민주주의적인 것으로 보기에 '유교민주주의'를 '거짓민주주의'인 것으로 이해한다(Huntington 1991).

동료시민들을 교화, 계몽시키려는 도덕주체의 위험성

주자학을 정립하여 조선 성리학자에 크게 영향을 미친 인물은 주희이다. 주희(朱熹, 1130~1200)는 남송시대의 유학자로 주자(朱子), 주부자(朱夫子), 주문공(朱文公)이라는 존칭이나 봉호로도 불린다.

그의 학문을 성리학 또는 주자학이라 하는데, 고대 경전의 주해 외에 유교의 주류인 이기심성(理氣心性), 거경궁리(居敬窮理), 경세론(經世論), 이기이원론과 태극도설의 학설을 제창하여 그 학문은 오늘까지 이어지고 있다.

주자는 자기수양과 수신제가치국평천하라는 개념을 통해 '내면의 완전한 리(理)'를 정립하여 타인에게 확대해나가는 '적극적 주체'개념을 부각시키고 있다. 이에 반해 주자학과 성리학을 비판하고 있는 정약용 선생은 천주교의 영향을 받아 인간 밖의 초월적 인격신의 개념에 바탕을 둔 외재성과 초월성을 강조함으로써 타인을 교화시키기보다는 창조주 밑에 피조물로서 타인을 존중하고 섬기는 '소극적 주체' 개념을 부각시키고 있다.

그러나 주자가 말한 교리대로, 자신을 수양한 도덕적 주체가 타인을 교화, 감화시키려는 성리학적 접근의 정의관은 위험성이 있다. 그 위험성은 '소극적 자유'를 주장하는 이사야 벌린(Isaiah Berlin)이 비판적으로 보고 있는 '적극적 자유'의 위험성과 유사하다.

『자유의 두 개념(Two Concepts of Liberty)』이란 저작을 쓴 영국의 철학자 이사야 벌린은 "실제로 당신의 진정한 자아가 정말로 원하는 것을 하도록 만들어줌으로써 나는 당신을 더 자유롭게 만들어주고 있어"라는 루소의 도덕적 자유를 '적극적 자유'로 해석하면서, 적극적 자유의 위험성을 비판한다(Berlin 2014).

자유에는 역사적으로 '소극적(Negative) 자유'와 '적극적(Positive) 자유'라는 두 가지 개념이 있어왔다고 이사야 벌린은 주장한다. 소극적 자유는 한 사람이 다른 사람의 방해를 받지 않고 행동할 수 있는 영역을 의미한다. 즉, 간섭의 부재를 말한다.

반면 적극적 자유는 자신(self)의 주인(master)이 되기를 원하는 각 개인의 바람에 근거한다. 즉, 적극적 자유는 자기지배(self-mastery)를 의미한다. 적극적 자유는 개인의 자아실현을 위한 자기지배와 자율적 통치를 강조하는 관점이다. 적극적 자유를 강조하는 시각에서는 진정한 자아와 경험적 자아가 분별되면서 전자가 후자를 제대로 통제할 필요성이 강조된다.

적극적 자유는 진정한·합리적인·이성적인 주체가 통제자가 되어서 온갖 저급한 욕망과 경험적인 자아를 통제할 때 진정한 자유에 도달할 수 있다고 보며, 동기가 합리적이라면 개인의 자유가 강제되거나 제약되는 것도 정당화된다는 입장을 강조하고 있다. 이런 시각은 한국의 이승만, 박정희 독재정권시기 반공과 국가안보를 위해서는 개인의 자유와 기본권을 제약해도 상관없다는 '냉전자유주의' 논리와도 유사하다.

즉, 적극적 자유는 진정한 자아가 되기 위해서는 개별적이고 부분적인 개체적 자아에서 벗어나 집단적이고 거대 주체인 공동체, 민족, 계급, 국가와 같은 거대 자아로 통합되고, 따름으로써 보다 고차적인 자유를 누릴 수 있다는 시각이다.

하지만 이사야 벌린은 개체적 자아가 집단적이고 전체적인 자아로 흡수·통합될 때, 자유의 본질인 개인적 자유가 집단과 전체에 의해 지배당하고 실종될 수 있는 위험성이 발생한다고 우려한다. 즉, 적극적 자유에 의해 소극적 자유가 침해당할 수 있다고 보는 것이 이사야 벌린의 기본적 입장이다.

인민민주주의와 직접민주주의와 같은 공동체주의처럼, 자아실현을 위한 자율통치(self rule)나 자기지배(self-domination)를 강조하는 적극적 자유는 자기지배를 위한 자율을 너무 나이브하게 긍정적으로 생각하는 모순과 함정이 있다는 것이다.

그래서 모두의 자아실현이나 전체의 자아실현을 위해 자신의 자유와 타인의 자유까지 모두 파괴하는 파시즘, 나치즘, 공산주의, 민족주의, 전체주의와 같은 위험성이 나올 수밖에 없다는 것이다.

적극적 자유를 통한 사회정의에는 위험성이 있다. 즉, 사회정의를 위한 민족해방, 계급해방, 인류해방을 추구하는 좋은 민족, 좋은 계급, 좋은 국가를 추구하는 것이 결국 자신과 타인의 자유를 모두 파괴할 수 있다는 것이다.

적극적 자유의 위험성을 잘 보여주는 예는 도덕적 성인군자 세상을 만들기 위해 자기수양과 수신제가치국평천하라는 성리학으로 무장한 조선 엘리트들의 정의관과 지배행태이다. 조선 선비와 사대부들이 어떻게 선악의 이분법으로 사농공상의 신분차별을 정당화하면서 상공업을 억제하고 민중들을 지배하면서 폐쇄적인 억압공동체를 만들다가 서양 근대세력에게 문호를 개방하면서 국권침탈의 위기를 맞았는지를 잘 보여준다.

이처럼, 적극적 자유의 위험성은 개인과 동료의 공동의 자유를 부정하는 금욕이나 권리포기가 '진정한 자유'라는 논리로 나아갈 수 있다. 특히, 이성의 주체로서 '자기'의 범주를 국가나 민족 및 계급공동체로 확장하게 되면, 나치 독일의 전체주의, 소련 스탈린의 공산주의, 북한 김씨 일가의 수령독재 등 '자유를 위한 강제'가 '참된 자유'의 이름으로 정당화된다는 위험성이 존재한다.

즉, 공동체 전체의 결정에 따르지 않거나 다른 의사를 갖는 개인의 경우 비합리적인 충동이나 절제되지 않은 욕망에 이끌려 행동한다고 간주되어 그에게 공동체의 결정을 강제하는 것이 그를 진정으로 자유롭게 한다는 위험한 논리로 둔갑될 수 있다는 것이다.

유교가 민주주의를 어떻게 보수화시킬까?

이상과 같이, '적극적 자유'의 위험성을 인식하면서 조선, 임시정부 시기, 대한민국 시기 진보나 좌파 운동에 영향을 미쳤던 '개혁 이데올로기'를 점검해볼 필요가 있다.

즉, 서구의 마르크스주의나 민중(인민)민주주의 및 직접민주주의에 스며들어 있는 '적극적 자유'의 위험성이나 성리학의 '적극적 자유'의 위험성을 더욱 강화시키는 방향으로 진보 및 좌파 이데올로기를 수용하지는 않았는지를 점검해볼 필요가 있다.

특히, '적극적 자유'를 과도하게 사용하는 정의관과 이데올로기로 주변의 대외관계를 보면서 유아독존적인 정신승리관에 빠지지 않았는지를 들여다볼 필요가 있다. 그래서 중국과 조선의 주자학적 습속을 수용한 도덕적 주체들과 지배엘리트들이 변화된 국제정세에 따라 어떻게 해외의 진보 및 좌파 이데올로기를 수용했는지에 대해 검토가 필요하다.

즉, 마르크스주의자들이 중국을 공산화시켰다기보다는 거꾸로 모택동 등 중국 유교 사대부들이 정권획득용으로 중체서용의 입장에서 서구 공산주의를 중국화시켰다고 보는 것은 어떨까?

그리고 자유공화주의에 기초한 민주주의자들이 한국을 민주화시켰다기보다는 거꾸로 한국 사대부 유생과 서생들이 정권획득용으로 소중화와 동도서기론의 입장에서 서구 민주주의와 시장경제에 기초한 자본주의를 유교식으로 한국화시켰다고 보면 어떨까?

특히, 주자학과 성리학의 '적극적 자유'의 위험성에 물든 조선 사대부와 서생들이 서구 종교개혁과 청교도 교리의 산물인 천인분리(天人分離) 세계관에 따른 개인주의, 자유공화주의, 민주주의를 있는 그대로 수용하지 못한 것은 아닐까?

즉, 그것들의 바탕이 되고 있는 '청교도 습속'에 기반하여 해외 자유공화주의 규범과 민주주의 제도를 수용하기보다는 천인합일(天人合一)의 유교적 세계관에 바탕을 두고 민본주의, 민족주의, 소중화적 주체철학 정도로 매우 보수적으로 제한적으로 수용해서 문제가 되고 있는 것은 아닐까?

조선의 대외정책은 '적극적 자유'를 실현하려고 하는 유아독존적 주체들의 위험한 정신승리관을 어느 정도 입증하고 있다. 대표적인 사례가 송시열의 '북벌론' 주장이다. 조선이 병자호란에서 패배한 이후, 소중화주의자인 송시열은 청을 치자는 북벌론을 주장했다.

북벌론은 진짜 청과의 전쟁을 하겠다는 의도라기보다는 소중화를 주장했다가 무너진 조선 사대부의 자존심 회복을 위한 허세용 정신승리법(精神勝利法)으로 보는 게 적절하다. 일종의 위선적인 정신승리용 '역사복수담론'이기도 했다.

여기서 정신승리란 패배 등 현실에서의 좌절을 애써 부정하며 쓰라림을 완화하기 위해 현실을 고의로 왜곡하며 스스로를 위안하는 것을 말한다. 쉽게 말해 잘못한 걸 잘한 것으로 덮으려는 인지부조화 행위를 말한다. 정신승리라는 말은 중국의 대문호 루쉰이 쓴 소설 『아Q정전(阿Q正傳)』에 나온 정신승리법(精神勝利法)이라는 표현에서 유래했다.

정신승리법은 정신적 자기위안의 한 방법으로서, 본인에게 불리하거나 나쁜 상황을 반성하지 않고 책임을 회피한 채 오히려 자신에게 그러한 반성이나 책임이 필요없는 긍정적인 상황으로 인지하거나 자기합리화(rationalization)하는 것을 의미한다.

송시열이 주장한 북벌론은 청나라의 강한 군사력과 전투력을 객관적으로 '인정'하기보다는 이것을 '야만=악'으로 도덕적으로 폄하하고, 소중화를 주창하는 조선 사대부 엘리트들의 무능을 '평화사랑의 소중화 문명국=선'으로 격상하여 급진적으로 '가치전도'시키는 일종의 '허장성세에 기초한 위선적 도덕주의'였다.

주자학과 성리학으로 무장해가는 조선의 지배엘리트는 중화주의적 화이관과 사대조공(事大朝貢) 체제에서 조선의 정체성을 '화이(華夷)'로 분류하였지만, 유교문화 면에서는 중국과 대등하거나 버금간다고 자부하면서 스스로 '화(華)'로 자처하는 정신승리관에 빠지게 된다는 점이다. 이런 정신승리관은 조선의 사대부 엘리트들이 성리학의 교리주의에 빠지게 되면서 나타난 자아정체성의 변화이다.

이런 변화된 자아정체성은 아(我)와 비아(非我)의 투쟁'으로 주체의 절대자아를 정립한다고 보는 독일 관념철학자인 피히테의 철학논리와 유사하다. 조선 사대부 엘리트들의 소중화주의는 일종의 유아론적·독단적인 아(我)의 세계관을 반영한 소중화적 주체철학에 가깝다. 결국 소중화적 주체철학으로 무장한 조선 사대부 엘리트들은 조선의 문화적 정체성을 중화(中華)로 보면서 명나라와 동일시하게 된다.

소중화적 주체철학은 자연의 적자생존설과 사회의 자연선택설처럼, 세상을 나와 나 아닌 영역으로 양분하면서 타자에 대한 배타성을 중심으로 자신의 절대적 주체성을 찾으려는 접근이다. 이런 접근은 나, 자기, 자신이 아닌 세상의 모든 것은 남, 타자, 타인으로 보게 된다.

따라서 주체인 '나'와 내가 바라보는 대상으로서의 '나 아닌 것'이라는 선명한 이분법으로 정립된다. 이것은 결국 나를 대변하는 아(我)를 '절대 선(善)'으로, 나를 대변하지 못하는 타자들을 '절대 악(惡)'으로 규정하는 선악의 이분법으로 진화한다. 소중화적 주체철학은 아(我)와 비아(非我)의 투쟁으로 세계를 보면서 비아(非我)에 맞서 투쟁하고 승리해야만 하는 아(我)를 절대 선으로 이상화하게 된다.

이런 '아(我)와 비아(非我)의 투쟁' 논리는 음양이론, 변증법, 주체형성, 역사유물론과 같이 사회진화론과 연결되어 있다는 점에서 일반적인 이론일 수도 있다. 왜냐하면 주체와 타자의 대립은 인류를 포함한 모든 종의 생존원리이기 때문이다.

다윈은 진화론이라고 하여 인간과 같은 종의 적자생존과 자연선택을 주장했다. 특히, 이런 접근은 독일의 관념철학과 이것을 뒤집은 마르크스주의에서 두드러지게 나타난 특징이다.

독일의 주관적 관념론 철학자 피히테는 개인의 절대자아를 강조하면서, 우리 자신의 자아를 비(非)자아와 대립시키고 주위 환경과 맞서 있는 것으로 규정하였다. 독일 관념철학을 종합한 헤겔은 타인으로부터 인정받기 위한 투쟁을 인정투쟁(認定鬪爭)이라고 하여 자기와 주체를 강조했다. 헤겔이 강조한 절대자아의 자기 복귀과정을 역사 속 계급투쟁(階級鬪爭)을 통해 뒤집은 마르크스도 집단으로서 계급적 주체를 강조했다.

그리고 피히테가 좋아했던 '민족적 자아와 민족적 타자의 사생 대결'의 논리를 수용한 신채호(丹齋 申采浩) 선생은 일제에 맞서 싸우는 '아와 비아의 투쟁'의 논리로 민족주체를 강조하는 '소중화적인 주체철학'을 정립하였다.

피히테는 1807년 독일이 나폴레옹에게 굴욕적인 패배를 당하자 프랑스 제국의 독일 점령에 대응하여 독일의 민족주의를 옹호하기 위하여 '독일 국민에 고함'이란 강연을 하고 저서를 발간한 바 있다.

신채호 선생도 피히테의 영향을 받아 일제강점기인 1908년 4월 대한협회 월보에 '대한의 희망'이란 글을 써서 국권상실이라는 절체절명의 위기를 막기 위한 당면한 최고의 과제는 민족, 민족주의일 수밖에 없다고 강조했다.

마침내 성리학의 교리를 추종했던 조선 지배엘리트들은 자신들을 '소중화(小中華)'라고 자처하며 중화인 명(明)과 일체화시켜 나가는 동시에 주변 국가인 일본, 여진, 유구를 이적(夷狄), 즉 타자(객체)로 전락시키는 전략을 사용했다. 그러던 중 1616년 누르하치가 여진족을 통합하여 후금국을 세우고, 1644년에는 명나라까지 멸망시켜버리자 조선은 새로운 소중화 버전을 고민하게 되었다.

성리학으로 무장하고 '소중화'를 자처했던 조선 지배엘리트들은 중화의 나라 명(明)이 사라지자 명의 후계자로서 중화문화를 부흥하고 수호해야 할 의무와 사명을 가졌다고 인식하기 시작하면서 이전 시기의 소중화의식을 '조선이 곧 중화'라는 '조선중화주의'로 발전시켰다.

그들은 이런 '조선소중화주의'에 따라 '조선 우리도 중화'에서 '조선 우리만 중화' 노선으로 정체성을 변화시켰다. '조선 우리만의 소중화적 화이관(華夷觀)'이 성립되면서 현실에서는 중화(中華) 문화 또는 조선의 우월성이 최고조로 강조되기에 이른다. 이것은 조선의 민족적 '자아' 중심의 주체와 '오랑캐'라는 타자 간 이분법적 구분의식이 형성됐다는 것을 의미한다.

그렇다면 '조선 우리만 중화'라는 '적극적 자유'의 슬로건은 과연 조선의 사회질서에 어떤 영향을 미쳤을까? 이것은 성리학으로 무장한 사대부 엘리트들로 하여금 군자와 소인, 양반 및 상민과 노비, 문명과 야만, 중화와 오랑캐의 구분이 엄격히 준수되어야 한다는 차등적인 지배구조의 논리로 억압공동체를 더욱 강화시켰다. 또한 이것은 해금정책(海禁政策)을 통한 내국인의 대외교역을 엄격히 금지하면서 개혁과 개방을 반대하는 폐쇄적인 공동체를 강화시키는 방향으로 악영향을 미쳤다.

이러한 적극적 자유에 기초한 '조선 우리만 중화'라는 이데올로기는 "도덕적인 인간(성인, 군자, 중화, 소중화)이 동물들(범인, 소인배, 청, 일본, 서양, 미국 등)이 판치는 잘못된 세상을 앞장서서 바로잡아야 한다"는 정신승리의 정의관과 주변 국가와 서양 국가를 야만과 오랑캐로 얕잡아보는 대외인식을 강화시켰다. 마침내 '조선소중화주의'라는 정신승리의 화이관은 구한말 위정척사파(衛正斥邪派)라는 급진 강경파를 탄생시켰다.

위정척사파는 기존의 전통적인 화이관에 따라 소중화로서의 조선을 주체로 설정하고, 서양세력을 타자로 규정하였다. 이런 '적극적 자유'에 기초한 위정척사파의 정신승리관이 오늘날 반외세주의, 반일주의, 반미주의 등으로 이어진 것은 자연스럽다.

특히, 전통적인 화이관을 수용하는 이런 소중화적 주체철학은 학생운동권의 세계관을 성리학적 정신으로 자아정체성을 검열하여 유교적 습속으로 무장하도록 하는 데 급진적 영향을 미쳤다.

소중화적 주체철학은 1980년대 학생운동권 각 정파들이 내세웠던 반미자주화노선, 민족해방 민중민주주의 혁명노선(NLPDR), 반제 반파쇼 민족민주주의 혁명노선(NDR), 반제 반파쇼 민중민주주의 혁명노선(PDR) 등에 고스란히 스며들어 있는 것이 사실이다.

특히, 북한의 대남전략노선을 정당화하고 있는 반미자주화노선은 한국이 독재정권을 물리치고 민주화를 해도 미국의 식민지 상태에서 벗어나 17세기 조선의 소중화주의 질서로 복귀하지 않는 한, 근본적인 해방이 될 수 없다고 보았다는 점에서 다른 정파들의 노선보다 더 강경노선이자 근본주의적 시각으로 평가된다.

즉, 반미자주화의 논리는 반미투쟁을 통해 자주화를 선행하지 않으면 한국이 미국의 식민지에서 벗어날 수 없다고 보는 시각이다. 이 시각은 17세기 조선의 소중화적 주체철학의 원형에 가까운 노선이라고 평가할 수 있다.

이런 반미자주화에 근거한 소중화적 주체철학은 '자주화'라는 명분에도 불구하고, 미국과 중국이 동아시아 지역과 한반도 지역에서 패권경쟁을 하고 있는 상황에서 미국 중심의 질서인 한미동맹을 부정하고 중국 중심의 질서로 재편하려고 한다는 점에서 '반미 친중노선'으로 평가할 수 있다.

이런 소중화적 주체철학의 영향은 오늘날까지 정치문화와 586 출신 정치인들에게까지 무의식적으로 뿌리 깊게 잔존하면서 이어지고 있다. 대표적인 예는 중국과는 가깝게, 미국과 일본을 멀리 하려는 이재명 더불어민주당 대표의 외교·안보관이다.

2021년 7월 2일 이재명 경기도지사가 고향인 경상북도 안동시의 이육사기념관에서 말한 '미 점령군'이라는 표현에서 직접적으로 드러난다. 그는 "대한민국이 다른 나라의 정부수립 단계와 달라서 친일 청산을 못하고 친일 세력들이 미 점령군과 합작해서 지배체제를 그대로 유지했지 않는가"라고 말했다.

또한 이재명 민주당 대표는 2022년 10월 7일 한미일 합동군사훈련에 대해 "일본을 끌어들여 한미일 합동군사훈련을 하면 일본 자위대를 정식군대로 인정하는 것으로 해석될 수 있다"며 "극단적 친일 행위로 대일 굴욕외교에 이은 극단적 친일 국방이 아니냐는 생각을 할 수밖에 없다"고 말했다.

그리고 이재명 대표는 2024년 3월 22일 충청남도 당진시 당진전통시장을 찾아 "왜 중국을 집적거리나. 중국에 그냥 셰셰. 대만에도 셰셰. 이러면 되지"라며 "대만해협이 뭘 어떻게 되든, 중국과 대만 국내 문제가 어떻게 되든 우리가 뭔 상관이 있나. 그냥 우리는 우리 잘살면 되는 것 아닌가"라고 했다.

이런 이재명 대표의 발언은 중국의 대만해협 위협도 한반도 정세와 직결된다고 보는 외교전문가의 진단과 다른 인식이다. 미국 전문가들은 중국이 대만 점령을 시도할 경우 중국의 주일·주한미군기지 공격, 주일·주한미군의 차출 등으로 대한민국이 피해를 입을 수 있다는 분석을 내놓고 있다.

특히, 2024년 1월 9일 경제연구기관 블룸버그 이코노믹스는 중국이 대만을 침공할 경우 국제사회가 1경 3천조 원의 손해를 감당해야 한다는 분석결과를 발표했다. 특히 동 연구기관은 분쟁으로 가장 큰 유탄을 맞는 주변국은 대한민국으로, 한해 국내총생산(GDP)의 23%가 줄어드는 치명타를 입을 것이란 연구결과를 발표했다.

대만해협 문제는 남의 일이라는 이재명 대표의 주장과는 달리, 대만해협이 한국의 핵심 해상 물류수송 길목인 만큼 이 지역 정세가 불안해지면 한국의 경제 위기로 이어진다는 지적은 이미 많이 나온 의견이다. 실제로 대만은 한반도에 있어서 '바다로 나갈 수 있는 숨통'이라고 해도 될 정도로 정말 중요하다.

만약 중국이 대만을 점령하게 된다면 중국은 유사시 한반도로 오는 무역선들을 통제할 수 있게 된다. 뿐만 아니라 한반도에서 바다로 나가는 길은 좋든 싫든 무조건 대만과 류큐에 의해 둘러싸인 형태로 포위되어 있는데, 만약 대만이 중국의 통제 아래 들어가게 된다면 이제 한반도의 무역로는 완전히 중국과 일본에 의해 통제될 것이라는 의견이다.

물론, '셰셰'와 '우리와 상관없는 문제'로 보는 발언에 대해 이재명 대표는 2025년 1월 31일 영국 저널 이코노미스트와 인터뷰하면서 "해당 발언은 단지 한국이 실용적인 외교를 해야 한다는 의미일 뿐, 국익을 해칠 정도로 중국과의 관계가 악화하는 것은 피해야 한다는 취지였다"고 말했다.

하지만 이런 해명에도 불구하고, '셰셰' 발언은 그냥 넘어갈 수 없는 중대사안으로 보인다. 왜냐하면, 차기 대권주자 지지율 1위를 달리는 이 대표로서는 그의 식견·도덕성 부족과 사법 리스크만큼이나 '안일한 외교·안보관'이 검증대상이 됐기 때문이다.

특히, 그동안 한국 정부는 여야를 막론하고 초당적인 차원에서 "대만해협에서의 평화와 안정 유지가 중요하다"는 기본원칙을 지켜왔는데, 이 대표가 이것을 준수하지 않고 여기서 이탈했다는 점 때문이다. 이 대표의 발언과 노선이탈은 정책검증의 대상이 될 수밖에 없다.

2021년 5월 문재인 대통령 방미로 열린 정상회담 공동성명에서 "대만해협에서의 평화와 안정 유지의 중요성을 강조한다"를 명시하여 처음으로 대만문제가 언급됐다. 또한 2023년 4월 윤석열 대통령 방미로 개최된 한미 정상회담 공동성명에서 "역내 안보와 번영의 필수요소로서 대만해협의 평화와 안정 유지의 중요성을 재확인하였다"고 명시됐다. 그리고 여기에 더하여 그해 8월에 개최된 캠프데이비드 한미일 정상회의의 공동성명에는 "양안 문제의 평화적 해결을 촉구한다"는 내용도 명시되었다.

대만해협의 문제는 이재명 대표의 말처럼 '우리와 상관없는 문제'가 아니라 대한민국의 안보와 국익에 직결된 문제이다. 대만해협에서 분쟁이 발생하면 당연히 주한미군이 우선적으로 전진 배치될 가능성이 큰데, 어떻게 우리와 상관이 없겠는가?

대만해협에서 분쟁이 발생하면 미국이 개입할 것이 뻔하다. 미국이 여기에 개입하면 주한미군이 동원될 수 있다. 그렇게 되면 한미동맹에 따라 한국의 직·간접적인 연루 가능성이 증대된다. 중국 역시 주한미군의 대만 이동을 막기 위한 작전으로 조중동맹에 따라 북한의 도발을 결정할 가능성이 있다. 결국 대만해협의 문제로 한반도에서 '제2의 한국전쟁'이 발발할 수도 있다는 점이다.

결국 대만해협 문제는 '남의 일'이라는 이재명 대표의 주장과는 달리, 대만문제가 한국의 국가안보 및 경제와 직결된 문제이다. 따라서 이 대표의 발언은 미국과 경쟁관계에 있는 중국몽(China Dream)으로 알려진 시진핑의 국가 대전략에 손을 뻗는 언사로도 볼 수 있다. 미국 주도의 국제질서를 타파하려는 '수정주의 국가(revisionist state)'의 위상에 영합하려는 인식으로 오해받을 수 있다.

또한 이재명 대표는 2024년 3월 22일 "러시아에, 우크라이나에 우리가 왜 끼나. 우크라이나에 우리가 경도돼서 러시아와 척을 진 순간에 한반도 안보가 훨씬 나빠졌다"고 말했다. 이어서 그는 "러시아가 북한하고 손을 잡고 더 가까워져서 군사기술을 제공한다"며 "괜히 쓸데없이 개입하고 과도하게 관여하고 강경책만 하다가 결국 사이만 나빠져서 우리만 손해봤다"고도 했다.

이 같은 이재명 대표의 주장 역시 러시아의 우크라이나 침공을 묵인하자는 취지로 해석되어 미국을 멀리하는 노선으로 보인다. 러시아의 우크라이나 침공은 '모든 회원국은 다른 국가의 영토보전이나 정치적 독립에 대한 무력의 위협이나 무력행사를 삼간다'는 유엔 헌장 2조 4항에 정면으로 위배된다는 점에서 비판을 받고 있다.

대한민국은 안보와 국익을 위해서라면 훗날 있을 참화에 대비하기 위해서라도 미국, 유럽과 발을 맞춰야 하는 입장을 외면했다는 지적이다. '이웃한 강대국의 침략과 점령'이란 아픈 역사를 겪어본 한국의 제1야당 대표로서 강대국의 무력침공을 '남의 일'처럼 말하는 것이 적절한 인식인가란 문제가 제기될 수 있는 대목이다.

또한 이재명 대표는 2024년 3월 19일 경기도 이천 유세에서도 중국과 대만 간 양안 갈등에 대해 "공연히 잘 있는 중국에 쓸데없이 과도하게 시비를 걸어서 관계를 악화시킬 필요가 없다"며 "대만해협을 갖고 그들이 싸우든 말든 우리는 '기존 질서를 존중한다'고 우아하게 한마디하고 넘어가면 된다"고 밝힌 바 있다. 이런 발언 역시 이재명 대표를 지배하고 있는 소중화적 주체철학의 단면을 보여주고 있다고 평가할 수 있다.

아울러 이재명 대표의 소중화적 주체철학의 노선은 2024년 12월 14일 민주당이 주도한 윤석열 대통령 1차 탄핵소추안의 내용에서 잘 드러난다. 이 탄핵소추안 결론에는 "소위 가치외교라는 미명하에 지정학적 균형을 도외시한 채 북한과 중국, 러시아를 적대시하고, 일본 중심의 기이한 외교정책을 고집하며 일본에 경도된 인사를 정부 주요 직위에 임명하는 등의 정책을 펼쳤다"라는 문구가 들어 있다.

중요한 포인트는 "소위 가치외교라는 미명하에 지정학적 균형을 도외시한 채 북한과 중국, 러시아를 적대시하고"라는 부분이다. '가치외교'라는 단어에 대해 '적대시'라는 표현이 붙어 있는 점이다.

외교용어로 본다면 가치외교는 한미동맹의 또 다른 표현이다. 그러나 문제는 '소위 가치외교라는 미명'이다. 이것은 한미동맹에 경도됐다는 감정적 주장이 담겨 있다. 더 큰 문제는 '북한과 중국, 러시아를 적대시하고'라는 부분이다.

여기서 '적대시'라는 표현은 '대북 적대시 정책'과 같은 말로, 남북관계에서 북한이 원하는 한반도 해법을 받아들이는 걸 전제로 한다는 점에서 북한의 입장을 대변하고 있다.

북한이 지목해온 대표적인 대북 적대시 정책은 군사적으론 한미 군사훈련, 미국의 핵우산 제공, 경제에선 대북 제재 등이다. 북한이 대북 적대시 정책 철회를 통해 구현하려는 한반도의 미래는 한미 군사동맹 해체와 핵보유국 북한이다.

탄핵소추라는 중차대한 역사적 결정에 '소위 가치외교'와 '적대시 정책'이 들어간 건 참으로 어이없는 일이다. 경황이 없는 와중에 대한민국의 외교안보노선과 관련된 '적대시'가 담긴 1차 탄핵소추안이 그대로 통과됐다면 향후 '대북 적대시 정책'은 대한민국 대통령이 삼가야 할 금기로 기록될 뻔했다.

3. 21세기 유교혁명: 천인합일에서 천인분리로

어쩌다가 21세기 한국정치는 '조국사태'로 상징되는 반칙과 특권을 부추기는 입신출세와 '선악의 이분법'으로 사농공상의 차별을 가르는 위정척사의 사회를 만들었을까? 그 기원은 무엇일까? 이런 게 아닐까?

측은지심(惻隱之心)으로 자기 몸을 낮추고 이웃을 섬겨서 사랑하라는 공자의 '수기치인(修己治人)'의 실천과제가 왜곡된 것이 아닐까? 즉, 맹자와 주자가 주장한 천인합일의 논리대로 인간의 본성을 하늘의 천(天, 命, 道, 理)으로 연결시키면서 그 역설의 논리로 나온 '성(聖)과 속(俗)의 이분법', '이성과 감성의 이분법', '선악의 이분법'이 절대적인 지배이데올로기로 둔갑된 것은 아닐까?

이런 이분법에 따라 성선설(性善說)과 이성론(理性論)을 극단적으로 추구하는 지배엘리트의 지위와 이념을 특권과 절대선으로 정당화시켜 준 것은 아닐까? 이런 지배엘리트들의 특권의 질서는 역으로 사농공상이라는 직업차별과 예속의 신분질서를 만든 게 아닐까?

주자학과 성리학자들은 자신들이 내세웠던 '누구나 하늘이 내린 본성대로 도덕수양을 하면 성인군자가 될 수 있다'는 명분론과 달리 원시 유가에 있었던 '천인분리의 초월적 존재인 상제(上帝)' 개념을 키우지 않고 제거해버렸다.

그리고 그들은 그 대신 거기에 '천인합일적 성인군자모델(도덕군자모델, 지식권력모델)'을 세우고, 그 달성을 목표로 하여 실제 백성과 민중들에게 생업과 동떨어진 정신수양법과 예법으로 교화·감화시켜 수직적으로 지배하려고 하였다.

그렇게 하려다 보니, 함께 공부하고 익혀야 할 수평적인 학습(學習)이 피교육자와 교육자를 상정하는 수직적인 교육(敎育)으로 위계서열화가 되었다. 즉, 위계서열이 없는 공동학습이 '교육자'와 '피교육자'로 수직적으로 분리되면서 사농공상의 차별을 더욱 조장하여 공자가 강조한 수기치인을 못하게 망치는 역설적 오류의 사회질서가 등장하였다.

학습이 교육으로 왜곡되어 한쪽으로는 엘리트의 능력주의 그리고 다른 한쪽으로는 피교육생의 무능력주의가 극단적으로 발생할 수밖에 없는 특권과 반칙의 구조가 위계서열의 신분제 사회(입신출세사회)를 만든 게 아닐까?

성인군자(철인정치)를 목표로 하는 21세기판 과거제 입시교육(SKY 입시교육, 고시와 공무원시험)을 통해 입신출세와 입신양명을 추구하다 보니, 당초 측은지심으로 낮은 몸으로 이웃을 섬겨 사랑하라는 수기치인의 정신은 사라졌을 가능성이 크다.

결국 상제(上帝)의 위치를 참칭한 성인군자를 추구하는 사대부와 절대적 선악의 이분법을 따지는 위정척사형 선비와 서생을 우상으로 숭배하는 위계질서의 사회가 능력주의를 만들었다고 보는 게 적절하다.

혁명은 원래의 제자리로 돌아가는 것을 말한다. 상제(上帝)를 참칭했던 천인합일의 성인군자모델과 위정척사형 선비와 서생의 기득권을 약화시켜야 하지 않을까?

상제 밑에 피조물로서 인간의 불완전성과 유한성 및 연약성을 깨달은 동료시민들이 서로를 측은지심으로 연민하면서, 노동하고, 분업하고, 교환하고, 협업하고 소통하면서 함께 수평적으로 살아가야 하지 않을까? 동료시민들이 공동의 자유를 위해 시장경제와 민주주의 및 혼합정체(민주공화정)로 따뜻하게 살아가는 게 수기치인이 아닐까?

상제군주론을 성인군자론으로 바꾼 주자학

주자학을 개창하여 조선 성리학자에게 영향을 준 남송의 주희는 정치의 주체를 군주모델에서 지식인을 상징하는 군자모델로 바꾸면서 상제(上帝)의 명령을 '군자의 지식권력'으로 대체하였다. 즉, 주희는 상제(上帝)의 천명을 받은 군주가 통치해야 한다는 '군주주권론'을 군주는 군자의 지식조력을 받는 대상이 되어야 한다는 '군자주권론'으로 변경했다.

그것이 가능했던 것은 '무극(無極)이 태극(太極)'이라는 논리 아래 '상제의 명령'을 '태극리(太極理)의 우주법칙'으로 대체하였기 때문이다. 이런 '태극리의 우주법칙'을 이해하는 지식이 권력이 되어 세상을 지배하도록 만들었다. 지식권력이 우선하는 세상을 만들었다.

결국 주희는 '상제의 명령에 따르는 군주주권론'을 폐지하고, 그 자리에 '태극리(太極理)의 우주법칙'을 깨닫고 수양한 군자(지식인)를 세웠다. 이에 따라 군자가 군주와 백성을 교화시키고 다스려야 한다는 논리인 '군자주권론(지식인 주권론)'과 '성인군자론'을 정립하여 설파하였다.

왕의 군주주권론에 맞서는 지식인의 군자주권론(성인군자론)은 서양 중세의 교황주권론과 유사하다. 군자주권론(성인군자론)과 교황주권론이 상제(上帝)와 같은 신의 명령을 자의적으로 오판한 군주의 폭정을 방지하기 위해 군주가 지식인과 철학자의 교육지도와 함께 정치적 견제를 받아야 한다는 명분을 내세웠다는 것은 첫 번째 공통점이다.

그리고 상제(上帝)나 신의 자리를 몰아내고 신의 명령을 참칭하거나 찬탈한 인격적 담당자인 지식인, 철학자, 종교인들이 신의 명령을 대신하는 '철학적 교리에 따른 지식권력'을 내세웠다는 점이 두 번째 공통점이다. 즉, 이들은 철학적 교리와 지식권력을 통해 '진리의 독재정'과 선악의 위계질서에 따른 신분제 사회를 유지하면서 자신의 정치적 지배를 추구했다.

하지만 서구사회와 동양사회가 다른 차이점도 있다. 서구사회는 종교개혁과 청교도혁명에 의해 중세 교황주권론에 따른 위계서열의 사회가 모두 우상숭배의 대상으로 부정되고, 영국, 미국처럼 청교도 직업윤리에 따른 시민 중심의 시장경제와 민주주의 사회로 이행했다는 점이다.

하지만 동양사회는 청교도혁명과 같은 종교개혁과 천인분리(정교분리)의 혁명이 없었기 때문에 시장경제와 민주주의 사회로 이행할 수 없었다는 점에서 서양사회와 차이가 있다.

군주와 군자의 차이

상제(上帝) 중심의 군주론과 태극리 중심의 군자론의 차이는 무엇일까? 이에 대한 답은 중국 고대 하나라와 은나라와 경쟁했던 주나라 부족(후직-공류-고공단보-문왕)의 개국경험에서 찾을 수 있다.

주나라 부족이 어떻게 상제(上帝)의 천명을 잘 받들어 백성들의 민생을 해결하고 그들의 존경을 받아 더 큰 나라 창업에 성공하였는지, 즉 수신제가하여 치국평천하로 주나라를 건국하고 주변 나라를 통합했는지는 고전인 『시경』에서 힌트를 찾을 수 있다.

문제는 이런 주나라 부족의 성공적인 건국과 평천하 스토리를 공자, 맹자, 주자가 많이 변형했다는 점이다. 즉, 주나라 성공의 핵심인 '군주(prince)의 리더십론'을, 군주가 아닌 왕후장상의 씨가 따로 없다는 식으로, 즉 군자(지식인, 선비)도 군주가 가능하다는 식의 '군자(saint) 품성론'으로 둔갑시키면서 왜곡이 일어났다(배영옥 2005).

주나라 부족의 상제(上帝) 숭배의식과 천명수행론은 하늘의 주권자인 상제가 군주에게 베풀어준 사랑을 확인하고 섬기는 과정으로 시작되었다. 하지만 공자와 맹자는 이것을 거꾸로 독일의 관념철학자 헤겔의 논리처럼, 상제의 사랑의지를 보통의 군자, 즉 인간이 인간에게 베푸는 사랑을 통해 실현할 수 있는 성취과정으로 보고자 했다는 점에서 달랐다.

더 나아가 남송시대의 주희는 '상제의 사랑의지'를 삭제하고 그 대신 자연 하늘의 '태극리=우주보편의 리의 운행'으로 변형시키면서 군자의 도리로 대체했다는 점에서 다르다. 즉, 주희는 자연과 우주보편의 이치를 깨달은 '상제(上帝)의 천명을 봉양하는 군주(prince)의 도리'가 아니라 공부와 수양을 실천하는 '군자(saint)의 도리'를 강조하여 '군주 지도자론'이 아닌 '천인합일의 성인군자 품성론'을 정립하였다. 주자가 강조하는 '천인합일의 성인군자모델'에서 주인공은 당연 군주(왕권)가 아니라 군자의 도리를 지닌 지식인(신권)이 될 수밖에 없다.

'천인합일'이라는 도덕적 주체철학의 모순

주나라 이후 천(天)의 관념이 이전의 상제(上帝)에서 천명(天命), 천도(天道) 등으로 변함에 따라 '군주(prince)의 시대'에서 '군자(saint)의 시대'로 조금씩 변한다. 춘추시대 '천명(天命)의 내재화(內在化)' 전략을 통해 군자를 도덕적 주체로 상정한 공자는 하늘의 명령을 군자의 덕성으로 연결시켜 '천인합일(天人合一)의 도덕적 주체철학'으로 바꾸는 유교를 개창하였다.

천인합일(天人合一)은 하늘과 사람이 하나의 합일체임을 밝히는 개념이다. 중국 하(夏)·상(商)·서주(西周) 시대에는 자연과 사회를 주재하는 최고의 신(神)이라는 상제(上帝)라는 관념과 개념이 있었다. 하지만 이러한 상제 관념과 개념은 춘추시대에 들어와 동요하기 시작했다.

춘추 말년에는 "천도(天道)는 멀고 인도(人道)는 가까우니 천도는 알지 못한다"라고 하여 천도와 인도를 구별하게 되었다. 공자(孔子)는 전통적 상제(上帝) 관념과 하늘의 인격신(人格神)을 부정하고 단지 천명(天命)의 작용만을 인정했다(고재석 2002).

공자는 애초부터 인격신이나 상제라는 절대적 신에게 순응하여 행복을 추구하는 것이 아니라 『논어』 위정편에 나오는 "종심불욕소유불유구(從心所欲不逾矩)"와 같이 자기수양을 통한 성인됨의 완성을 추구하였다. 이처럼, 공자는 인성(人性)과 신성(神性)을 섞는 인(仁)이라는 수양방법과 예법을 통해 천명(天命)에 도달할 수 있다는 '천인합일의 도덕적 주체철학'을 추구하였다.

공자에게 천(天)은 인간의 길흉화복이나 자연현상을 주재하는 초월적 상제(上帝)가 아니라 우주만물의 도덕법칙이며 인간의 존재법칙의 규범으로 내면화된다. 공자는 이러한 도덕법칙의 규범에 순응하며 천인합일에 도달할 수 있는 내면화된 주체철학의 방법으로 '인(仁)을 통한 성인됨'을 추구하였다.

결과적으로 이런 천인합일의 도덕적 주체철학은 남송시대에 주희가 개창한 주자학을 통해 '무극(無極)은 태극(太極)'임을 강조하는 '태극리(太極理)의 우주법칙'으로 대체된다. '태극리(太極理)의 우주 법칙'으로 대체된 천인합일의 논리는 중세 종교개혁을 불러온 가톨릭의 교황과 사제의 오만과 부패처럼 나아갔다. 유한한 인간이 수양 등을 통해 절대적인 신의 경지에 오를 수 있다고 믿는 '주술화된 사이비 세속지배질서'와 불평등한 신분질서의 사회를 만드는 방향과 기능으로 작동했다.

주희가 해석한 '무극(無極)은 태극(太極)'이라는 개념은 헤겔이 『대논리학』에서 주장한 절대정신의 변증법적 운동과 유사하다. 절대정신(이성)이 밖으로 자신의 존재를 드러내서 세상을 창조하고 다시 절대정신으로 복귀하는 변증법적 운동과정으로 절대자의 존재를 설명하는 방식이다. 무한(無限)의 존재가 무에 대립하는 유한(有限)의 존재를 생성시켜 유와 무의 변증법적 운동으로 자연, 사회 등 우주 만물의 변화를 설명하는 것과 비슷하다.

여기서 '무한의 존재가 유한의 존재를 생성시키는 과정'은 조금은 이해하기 어렵다. 이 과정은 방금 태어난 아기가 어느 정도 주변을 감각하고 말하기 전까지 자신을 낳아준 부모가 있다는 것을 알지만 그 성향을 정확히 알 수 없는 과정을 수반하게 된다.

하지만 그 아기는 아동에서 청소년으로 성장하고, 성인에서 부모로 성숙하는 '사회화 과정'이라는 변화를 통해서 마침내 자신을 낳아준 부모의 존재와 성향을 제대로 알게 되면서 동시에 자신의 과거, 현재, 미래를 어느 정도 알게 되는 것과 같은 이치이다.

하지만 이런 '무극(無極)은 태극(太極)이다'라는 명제는 '무한은 유한을 잡을 수 없다'는 무한과 유한의 분리 그리고 인성(人性)과 신성(神性)의 분리를 강조하는 청교도 명제와는 크게 차이가 있다.

'무한은 유한을 잡을 수 없다'는 명제는 어거스틴, 츠빙글리에 이어서 『기독교강의』를 저술하고 청교도를 개창한 칼뱅의 교리에서 성숙한 노선으로 정립된다.

'무한과 유한의 분리' 그리고 '인성(人性)과 신성(神性)의 분리'를 강조하는 명제는 라틴어 '피니툼 논 카팩스 인피니티(finitum non capax infiniti)'에서 기원한다. 이것은 '유한한 것은 무한 것을 포함하거나 파악(붙잡을)할 수 없다(finitum non possit capere infinitum)'는 의미이다(칼뱅 1994).

이 명제는 막스 베버의 『프로테스탄티즘 윤리와 자본주의 정신』 제1장에서 잠깐 한 문장으로 인용되고 있다. 하지만 이것의 기원과 의미에 대해서는 자세하게 설명하고 있지 않다. 그 점은 베버의 한계로 보인다(베버 2022, 201).

결국 '천명(天命)의 내재화(內在化)'를 통한 '천인합일(天人合一)'을 추구하는 도덕적 주체철학은 근대화의 길을 찾는 데 실패한다. 막스 베버의 주장처럼, 19세기 서세동점의 시기에 조선 왕조와 사대부들은 '유교의 탈주술화'에 실패하여 독자적인 근대화의 길을 찾는 데 어려움을 겪을 수밖에 없었다.

즉, '천인합일'이라는 조선 유교의 주술적 세계관은, 인성과 신성을 분리하는 천인분리(天人分離) 전략을 추구하는 청교도의 '신의 구원예정설'과 '직업소명설'에서 발흥한 자유민주주의와 공화주의 및 시장경제의 세계관이 들어오면서 충돌하고 결국은 좌초하게 된다

(고재석 2002).

막스 베버는 “세계의 주술화, 즉 주술을 인간의 구원으로 사용하는 것을 배제하고자 하는 시도는 청교도 신앙에서 철저하고 일관되게 전개되지만, 가톨릭에서는 그 정도로 수행되지 않았다”고 비판적으로 분석하였다(베버 2022, 212).

여기서 ‘세계의 주술화’의 의미와 기준은 무엇일까? 본질적으로 ‘세계의 주술화’는 ‘무한과 유한의 분리’, ‘인성(人性)과 신성(神性)의 분리’, ‘천인분리’를 강조하는 근대적 세계관에 부합하지 않는 것을 말한다. 즉, ‘무한과 유한의 합일’, ‘인성과 신성의 합일’, ‘천인합일’의 전근대적 세계관을 ‘세계의 주술화’로 보는 게 적절하다.

천인합일 세계관의 역설적 모순

유한한 인간을 무한·초월적 존재인 하늘(天, 命, 道, 理)로까지 연결하여 숭상하는 천인합일의 성인군자모델을 추구했던 유교는 왜 개인의 자유와 평등에 기초한 민주주의적 규범과 제도 및 기구들을 탄생시키지 못했을까?

반대로 종교개혁 이후 서양의 세계관은 그것이 어떻게 가능했을까? 그것은 천인합일을 추구했던 교황, 수도사 계급을 우상숭배와 주술화의 주범으로 보고 이를 타파하고 ‘천인분리’(유한과 무한의 분리, 정교분리, 정치와 도덕 분리)를 추구했던 종교개혁과 청교도혁명이 존재했기 때문에 가능했다. 거기에서 노동과 시장경제 존중 그리고 개인주의와 민주주의 습속이 나올 수 있었다.

주술화를 타파하는 종교개혁 없이 누구나 공부와 수양을 하면 천인합일의 성인군자가 될 수 있다는 믿음은 신분, 계층, 계급 등 다양한 인간의 처지나 위치를 모르거나 무시하는 나이브한 목표가 아니었을까?

이런 나이브한 성인군자로의 목표 설정이 '이분법적 선악의 차별'처럼, 사대부 계급의 특권적 선민의식 아래 신분차별의 끝판인 노비제도와 사농공상의 차별을 정당화하는 '내로남불의 위선적 모순'을 양산했다.

즉, 성인군자의 목표 설정은 겉으로는 정의로운 사회를 내걸면서도 실제로는 위계서열의 사회를 정당화하는 '천인합일의 역설적 모순'을 만들었다. 이런 내로남불의 위선은 분업과 협업을 통한 사회화 과정에서 발생하는 타인과의 공감과정과 인정과정에 대한 경험 없이 유아독존 방식으로 진행되는 정신수양법에서 나왔다고 보는 게 적절하다. 이런 정신수양법은 타인과의 공감과 인정에서 오는 견제와 균형이 없는 자아도취적인 정신승리관을 강화시켜 내로남불의 위선을 강화시킬 가능성이 크다.

유교와 다른 애덤 스미스의 '동감의 원리'

1759년에 『도덕감정론』을 출판한 애덤 스미스는, 동양 유교에서 백성을 교화하기 위해 상대를 불쌍하게 보는 측은지심(惻隱之心)과 역지사지(易地思之)를 강조하는 군자의 도리에서 더 나아간 공감과 상식에 기초한 시민사회 그리고 자유공화주의에 기초한 민주주의 관점을 제시했다는 점에서 시사하는 바가 크다.

애덤 스미스는 상층엘리트가 기층민에게 보이는 수직적이고 일방향적 차원의 측은지심과 역지사지의 태도를 넘어서는 수평적이면서도 쌍방향적인 차원의 '동감(sympathy)의 원리'를 주창하였다.

측은지심과 역지사지의 태도와 반대로 기층민의 정서와 법감정 등을 고려하여 이들의 공감과 인정을 받기 위해서는 상층엘리트가 자기 마음속 '공정한 관찰자(impartial spectator)'를 세워서 그것의 눈으로 이기적인 욕심을 자제하고 언행을 절제하는 겸손한 태도를 제시하였다.

이런 점에서 애덤 스미스의 동감(공정한 관찰자)의 원리는 공감과 상식이 발원하는 수평적 시민사회 그리고 자유공화주의에 기초한 민주주의의 관점을 제시해 준다는 점에서 동양의 유교 교리와 다른 비교 시사점을 주고 있다.

특히, 애덤 스미스의 시각은 어떻게 공정과 상식이라는 시민적 덕성과 공감능력을 갖는 공화주의적 동료시민이 될 수 있는가와 관련하여 많은 시사점을 주고 있다. 애덤 스미스는 국민정서, 국민법감정 등 타인에게 칭찬과 인정을 받고 반감을 받지 않기 위해 동료시민들이 자기 마음속에 '공정한 관찰자'의 기준을 세워서 그런 눈으로 자신의 이기심과 언행을 엄격하게 절제해야 한다고 강조한다.

이런 점은 유교에서 강조하는 상층의 지배엘리트가 기층민에게 수직적인 차원에서 일방적으로 다가서는 측은지심과 역지사지의 방향과 달리 반대의 과정을 밟는다는 점에서 다르다. 즉, 지배엘리트가 피지배층이 요구하는 국민정서와 법감정 등에 공감하거나 인정을 받아 자신의 이기심을 절제하면서 공정과 상식의 규범을 배운다는 점이다.

이런 점에서 애덤 스미스의 동감의 원리는 엘리트의 수직적이고 일방적인 교화와 계몽의 논리를 넘어선다. 애덤 스미스의 동감의 원리는 동료시민 간의 수평적이고 쌍방향적인 절제와 겸손의 미덕을 강조하는 '공화주의적 시민덕성'이 어떻게 가능한가라는 질문에 해답의 실마리를 제공하고 있다는 점에서 큰 시사점을 주고 있다.

왜 동료시민의 공화주의인가?

제22대 총선과정에서 한동훈 국민의힘 비대위원장이 화두로 꺼낸 '동료시민'은 은연중에 공화주의와 공화주의적 덕성에 대한 관심을 부추겼다. 동료시민은 신민, 국민, 인민, 폭민과도 조금은 다르다. 보통 동료시민은 수평적인 동료의식을 갖고 자치와 연대로 서로를 돕는 시민을 말한다(채진원 2024).

동료시민은 동감(sympathy)능력을 보유한 시민을 말한다. 이 동감능력은 애덤 스미스가 『도덕감정론』에서 처음으로 말했다. 동감은 타인의 고통에 대해 동료의식(fellow-feeling)을 느끼게 되는 원초적 감정이다. 이것은 상상을 통해 고통을 받는 자와 입장을 바꿔봄으로써, '상상적 역지사지(imaginary change of situation)'를 하는 감정이

자 능력이다(스미스 2009).

애덤 스미스는 도덕성을 칸트의 정언명령처럼, '이성적인 도덕기준'에 따라 도덕적 판단을 하는 것이 아니라 내 행위의 적절성을 타인들의 공감을 얻는 '감정행위'에서 찾았다. 애덤 스미스가 한두 번의 '개인의 감정'으로 도덕적 기준을 세우려는 것은 물론 아니다.

그는 다른 사람들의 행위와 감정을 지속적으로 관찰하면 우리의 감정들이 자극되고, 그러한 경험이 쌓여 어떤 행위는 하고 어떤 행위는 하지 말아야 하는지 하는 '도덕의 일반준칙'이 형성된다는 '발생적 관점'과 '경험축적 관점'에서 말하고 있다.

애덤 스미스도 사회 구성원들 사이의 공감과 동의 없이 오직 논리, 개념, 이익, 공리만으로도 사회를 구성할 수 있음을 인정한다. 하지만 '만인에 대한 만인의 투쟁 상태'로 빠뜨리는 이리와 같은 이기적인 사람들끼리 하나의 정치공동체를 정부의 과도한 간섭 아래 오랫동안 유지할 수 없다고 보았다. 왜냐하면 구성원들 간의 불화의 감정은 결국 폭력과 대립을 낳아 결국 사회와 국가를 붕괴시킬 것이기 때문이다.

오늘날 우리 정치가 진영대결과 정치양극화에 빠져 상대를 혐오하고 증오하면서 '공공성 없는 폭력적 권력투쟁'으로 가고 있는데 그 이유는 뭘까? 상대에 대한 공감대 부족이거나 공감능력의 부족일 가능성이 크다. 공감을 하지 않는 이유는 당사자의 감정이 합당하지 않다고 보거나, 그의 감정을 발행시킨 행위의 동기 또는 원인을 인정하지 않기 때문이다.

또한 동기 또는 원인을 인정하더라도 관계의 밀접성에 따라 감정의 불일치나 정도의 차이가 발생하기 때문이다. 특히, 정치권이 쓰는 언어가 민주화 이후 세계화, 정보화, 후기산업화, 탈냉전화 등 21세기 전환기를 살아가는 국민들에게 국민정서, 국민감정, 국민의 법감정에 동감하지 않고 시대상황에 동떨어진 경우 그런 불일치가 발생할 수 있다.

따라서 애덤 스미스는 상대방의 감정에 공감하려는 노력과 당사자가 자신의 감정을 상대방이 공감할 수 있는 정도까지 억제하고 자제하려는 노력(즉 공감을 받기 위해 상대에게 견제를 받아 자신의 이기심을 자제하려는 노력)이 동시에 필요하다고 보았다.

일반적으로 정치학자들은 동료시민의 어원을 공화주의에서 찾는다. 공화주의란 시민적 덕성을 강조하는 공공철학의 노선으로, 사익이 공익을 침해할 경우 동료시민들이 공론장에 적극 참여해서 공공선의 훼손을 막아야 한다는 노선이다. 진영대결과 정치양극화로 분열되면서 사익추구로 공공선이 사라지는 요즘 시기, 동료시민을 위한 공화주의의 실천적 함의는 매우 크다.

만약 동료시민들이 경제적 불평등과 예속관계에 빠져 있다면 그리고 정당의 지배구조가 특정 인물의 사당화와 함께 팬덤정치와 빠시즘(빠+파시즘)에 빠져 있다면, 자유롭게 공론장에 참여해서 시민적 대화를 즐길 수 있을까? 불가능할 것이다.

그렇다면 어떻게 해야 할까? 우선 동료시민들의 자유를 억압하는 정규직과 비정규직의 임금격차, 직장에서의 갑질과 성폭력 등 경제적 불공정과 불평등을 막고, 공당의 공천과 공공영역에 침투해오는 '파벌이기주의'를 견제할 수 있는 '시민적 공론장'을 부활시키는 게 급선무다.

이를 위해서는 이른바, 세계화, 정보화, 후기산업화, 탈냉전화, 탈물질주의화로 표현되는 21세기 전환기적 시대상황의 특성을 이해하는 게 필요하다. 이런 시대상황은 자본 대 노동으로, 정규직 대 비정규직으로, 노조원 대 비노조원으로, 권위주의 대 탈권위주의로, 집단주의 대 개인주의로, 남성 대 여성으로, 청년 대 장년으로 끊임없이 사회이익을 파편화시키고 개인들을 원자화로 내몰면서 사회구조의 변화를 추동한다.

이 같은 사회이익의 파편화와 거시적 변화에 맞서 공공선과 공익을 추구하는 것은 쉽지 않다. 정치권, 정당, 언론, 시민단체, 지식인, 정부가 '반파벌주의적 공공철학'의 노선을 정립하여 사회연대와 공존 및 상생으로 국가통합을 추구해야 하는데, 그렇게 하지 못했다.

거꾸로 정치엘리트는 극단적인 좌우진영논리나 포퓰리즘에 편승하거나 정치양극화를 부르는 혐오정치와 정쟁을 부추기면서 더 노골적으로 권력투쟁에만 몰두하여 민주공화국의 공공선을 훼손한 게 사실이다.

일찍이 미래학자 다니엘 벨(Daniel Bell)은 『자본주의의 문화적 모순(The Cultural Contradictions of Capitalism 19765)』이란 저서에서 '사회적 파편화'와 '정치양극화'가 동시에 일어나는 시대상황에서는 자유주의(liberalism)가 한계를 보이는 만큼, 새로운 공공철학이 필요하다고 보았다(벨 1980).

한국에서 자유주의는 독재정권을 물리치고 자유화와 민주화를 이끌어내면서 사회집단들의 이익투쟁과 다원주의(pluralism)를 활성화시키는 데 크게 기여했다. 하지만 이런 기여에도 불구하고, 자유주의가 말하는 '자유의 성격'이 공공선을 향한 동료시민들 사이의 공동의 자유(비지배적 자유)보다는 개인의 배타적 자유를 강조하는 '소극적인 자유'에 빠진 게 사실이다.

자유주의는 이런 속성으로 인해 IMF 이후 자유지상주의(libertarianism)와 신자유주의 및 다원적 이기주의로 극단화되면서 파벌주의와 정치양극화를 심화시켜 사회통합과 국가통합을 어렵게 하는 한계를 보여주었다.

21세기 전환기적 시대상황은 사회 역할과 정치 역할의 모순을 보여준다. 파편화와 이기주의로 무장한 이익단체와 사회단체의 투입분출(input)을 증대시켜 사회분열은 가속화되지만 정치는 혐오정치와 분열의 정치양극화로 인해 합리적인 조정에 따른 효율적인 정책산출(output)을 저해한다.

결과적으로 이 투입과 산출의 불합치에 모순으로 인해 정부와 정치권으로 대표되는 대의민주주의는 대화와 타협 그리고 숙의와 합의라는 민주주의 규범을 파괴하거나 약화시키게 된다. 결국 '반응성'과 '책임성'에 있어서 무능력한 정치는 불신을 극대화하면서 통치불능상태에 빠지게 된다(임성호 외 2011; 임성호 2019; 임성호 2015).

21세기 전환기적 시대상황속에서 자유주의와 자유지상주의 및 다원주의가 사회이익을 더욱 파편화시키고 정치양극화를 조장함으로써 국민통합과 국가통합에 더 많은 한계를 드러내는 만큼, 이를 넘어서는 새로운 공공철학의 하나로서 공화주의가 적절하다.

〈참고문헌〉

고재석. 2002. 〈공자의 천관에 대한 연구〉. 성균관대학교 유학과 석사논문.

기조, 오구라. 조성환 역. 2017. 『한국은 하나의 철학이다』. 서울: 모시는 사람들.

배옥영. 2005. 『주대의 상제의식과 유학사상』. 서울: 상생출판사

베버, 막스 저. 박문재 역. 2022. 『프로테스탄트 윤리와 자본주의 정신』. 서울: 현대지성.

벨. 다니엘. 오세철 역. 1980. 『자본주의의 문화적 모순』. 문학과 세계사.

스미스, 아담 저. 박세일 · 민경국 역. 2009. 『도덕감정론』. 서울: 비봉출판사.

신종수. 2019. "신종수칼럼–중도층의 재발견." 국민일보(10.16).

임성호 외. 2011. 『지구화시대의 정당정치』. 서울: 한다D&P.

임성호. 1999. "전환기 한국정부 권력구조: 과정중심의 '이익통합적' 모델을 위한 시론." 『호남정치학회보』제11집. pp. 1–26.

임성호. 2015. "정당내 정파(faction) 문제와 정치 양극화: 탈산업시대 정당의 위험요소와 극복방향." 정진민 · 임성호 · 채진원 외. 『정당정치의 변화, 왜 어디로』. 서울: 형설출판사.

채진원. 2019. 『공화주의와 경쟁하는 적들』. 서울: 푸른길.

채진원. 2019a. "586 정치권을 향하는 청년들의 분노와 동일노동 동일임금제." 오피니언뉴스 9.21).

채진원. 2019b. "586의 '쇄신과 하방'을 촉구하는 이철희의 불출마선언." 오피니언뉴스(10.19).

채진원. 2024. "왜 동료시민의 공화주의인가?" 뉴스토마토 시론(3.15).

최병국. 2019. "조 장관 사퇴로 환국 몰려와…대통령이 중심 잡아야." 문화21(10.14).

칼뱅, 장. 김종흡 · 신복윤 · 이종성 · 한철하 공역. 1994. 『기독교강요(중)』. 서울: 생명의 말씀사.

토크빌, 알렉시스. 임효선 · 박지동 역. 1997. 『미국의 민주주의 I 』. 서울: 한길사.

Berlin, Isaiah 저. 박동천 역. 2014. *Liberty: Incorporating Four Essays on Liberty*. 『이사야 벌린의 자유론』. 서울: 아카넷.

Huntington, S. P. 1991. *The Third Wave: Democratization in the Late Twentieth Century*, Norman-London. University of Oklahoma Press.

제2장

'조국사태'와 586 운동권의 유교적 습속

1. 민주공화국 탄생 100주년에 일어난 '조국사태'

2020년의 일이다. 2020년은 1919년에 탄생한 대한민국 임시정부가 '민주공화국'을 선포한 지 101주년이 되는 해로서 새로운 100년으로 가는 출발을 상징한다.

새로운 100년을 준비하기 위한 전환기인 만큼, 민주공화국에 부합하는 정치철학노선으로 공화주의와 함께 공화주의에 부합하지 않는 낡은 정치습속의 개선문제에 대한 진지한 토론이 필요하다.

이를 위해서는 우선 지난 2019년 민주공화국 탄생 100주년의 민낯과 비극을 극명하게 보여준 진영대결에 의한 국가분열사태인 '조국사태'에 깊이 천착할 필요가 있다.

특히, 586 운동권그룹들이 정권창출의 주류가 되어 문재인 정부에 대거 참여한 결과, 그들이 그동안 공유해온 독특한 도덕지향적인 습속과 윤리적 정치의식이 정권운영방식과 관련된 '조국사태'에서도 그대로 재현되어 드러났다는 점을 들여다볼 필요가 있다.

여기서 '습속(moeurs, mores)'이란 『미국의 민주주의』를 저술한 알렉시스 드 토크빌(Alexis de Tocqueville)의 언급처럼, 국민들의 도덕적, 지적인 상태의 총체적 표현으로서 '생활태도', 즉 '마음의 습관(habits of heart)'을 의미한다.

그는 미국, 영국, 프랑스의 습속을 비교하여 미국과 영국이 안정된 정치체제를 갖는 데 비해서 프랑스가 불안정 정치체제를 갖는 배경에 대한 해답으로 '종교와 자유정신과의 관계'를 탐색했다(토크빌 1997, 381).

'습속'은 한 사회의 기저에 놓여 있는 시민들의 행위 양식과 관습을 총칭하는 개념으로서 시민들의 인식, 사고, 행위에 영향을 미치는 사회의 심층에 깊숙이 내장된 믿음과 가치관을 의미한다. 이런 습속은 "단순히 정부(government)나 정부와 시민사회 간의 거버넌스(governance)가 아닌, 다양한 층위와 형태를 아우르는 새로운 통치성(governmentality) 개념"의 핵심요소이다(이동수 2020, 3).

여기서 통치성(governmentality)이란, 그 개념 사용의 선구자인 프랑스 정치사회학자 미셸 푸코(Michel Foucault)가 언급했듯이 "통치(govern/gouverner)와 사고양식(mentality/mentalitè)을 의미론적으로 연결시켜 만든 통치의 성격이나 성격을 지칭하는 개념"이다.

이 통치성은 "국가의 제도(조직), 문화(가치, 사상, 관행), 역사(운영) 등을 통괄하는 실제의 정치적 삶을 총괄하는 개념"이다(이동수 2020, 3). 결국 어떤 문화적 배경에서 어떤 조직과 제도가 형성되었는지에 주목한다는 점에서 푸코의 통치성 개념은 토크빌의 습속 개념과 의

미론적으로 상통한다.

문재인 대통령은 조국 법무부장관과 관련해서 두 차례 사과했다. 문 대통령은 2019년 11월 19일 〈국민이 묻는다, 2019 국민과의 대화〉를 통해 "인사문제는 송구스럽다"며 "조국 전 법무부장관에 대한 문제는, 제가 그분을 지명한 그 취지와 상관없이 결과적으로 많은 국민에게 갈등을 주고 국민을 분열시켰다. 정말 송구스럽다. 다시 사과의 말씀 드린다"고 밝힌 바 있다.

'조국사태'는 여러 현상의 측면을 다층적 수준에서 복합적으로 보여줬기 때문에 토론거리가 많을 수밖에 없다.

'반일 아니면 친일이고, 애국 아니면 이적(利敵)'이라고 선동했던 586 운동권으로서 조국의 도덕주의적 사유구조, 강남좌파를 스스로 천명했던 조국의 수많은 도덕주의적 어록과 행태가 '내로남불'로 비판받게 되는 이유, 조국과 조국을 지지하는 586 운동권그룹이 공유하고 있는 '내로남불'을 반성하지 않는 진영논리적 사유구조, '조국사태'를 통해 재현·반복되고 있는 진영논리 습속의 원인 등등 다양하다.

'조국사태'는 우리에게 어떤 정치적 현상과 의미를 보여주려고 했을까? 여러 가지가 있지만, 진영논리로 충돌하는 한국정치문화의 극복과제라는 관점에서 볼 때 크게 세 가지 현상이 주목된다.

첫째, 조국이 '반일민족주의'를 선동하고, 이후 적폐의 대상으로 거론된 "검찰개혁이 곧 조국수호"라는 프레임을 만들어 확산하는 과정에서 586 운동권그룹이 공유하고 있는, 이른바 '80년대식 민족해방, 민중해방, 사회주의혁명' 등으로 포장되는 '위정척사'와 '소중화'로 상징되는 '주자학적 도덕관과 민족주의 습속'이 다시 소환되었다는 점이다.

1987년 기준으로 민주화가 시작된 지 37년, 한 세대가 지난 시점(세계화, 정보화, 탈냉전화 등으로 표현되는 21세기 전환기)에 다시 소환된 '주자학적 도덕관과 민족주의 습속'이 의미하는 바는 무엇일까?

둘째, '조국사태'는 도덕에 대한 이중잣대의 모순이 내로남불에 대한 분노와 지탄으로, 즉 겉으로는 공정과 정의를 말하면서도 속으로는 기득권 생활을 놓지 않으려 했던 강남좌파인 조국의 허물과 위선이 '내로남불'이란 형태로 지탄을 받으며 드러났다는 점이다. 조국의 많은 도덕적 어록들이 왜 '내로남불'이 되었을까 하는 점이다. 이것이 의미하는 바는 무엇일까?

셋째, 다시 소환된 '주자학적 도덕관과 민족주의 습속'에 따른 진영논리와 적대적 공생관계(공범자관계)에 의해 불공정과 부정의에 분노하는 국민의 상식이 파괴되었고, 그 과정에서 마치 조선시대 사색당파 간 당쟁처럼 여야 정치권뿐만 아니라 그 지지자들 사이의 파당적 대립과 정쟁이 '서초동 집회'와 '광화문 집회'로 극단적으로 드러났다는 점이다. 이 파당적 정치문화가 반복적으로 계속되는 이유가 무엇일까?

앞서 언급한 것처럼, '조국사태'에서 드러난 진영논리에 갇힌 적대적 대립과 분열의 정치행태를 되새기고 그것의 원인을 진단하는 가운데 실천적 대안으로 파괴된 상식과 공화주의 정신을 다시 복원하고 되살리는 정치적 노력이 필요하다.

특히, '조국사태'에서 드러난 조국의 행태와 그를 지지하는 586 운동권그룹이 진영논리에 빠지게 되는 배경이 되는 '주자학적 도덕관과 민족주의 습속' 문제에 대한 진단과 함께 이를 극복하는 대안적 실마리가 모색되어야 한다. 그럴 때 '조국사태'에서 드러난 대립과 분열 및 국민 상식의 파괴가 반복되지 않고 성숙한 민주공화국으로 갈 수 있게 된다(채진원 2020a).

본 글은 조국과 그를 지지했던 586 운동권그룹이 공유하는 독특한 도덕적 정서와 선악의 이분법적 사유구조가 민주화된 지 37년, 한 세대가 지난 현재의 '조국사태'의 모습으로 더욱 또렷하게 드러나고 재현되었다는 점에 주목한다.

특히, 그들의 '도덕지향성'과 '이분법적 선악관'은 조선시대 유교인 주자학과 성리학적 습속을 재현하고 있다는 점에서 세계화, 정보화, 후기산업화, 탈냉전화 등으로 표현되는 21세기 시대상황과 정당 간의 선거경쟁을 상정하고 하고 있는 민주주의 규범과 충돌할 가능성이 크다.

본 글의 목적은 '조국사태'에서 드러난 586 운동권그룹의 '위정척사적 태도'와 함께 도덕에 대한 이중잣대인 '내로남불적 태도'(즉 위선적 도덕주의)가 어떻게 하나의 유교적 습속의 체계에서 양면적으로 드러나고 서로 결합되어 모순이 되는지를 살펴보고, 그 현상의 진단과 처방에 대한 비교학적 시사점을 찾는 데 있다.

2. '조국사태'에 대한 서술과 가설

'조국사태'는 크게 보면 두 단계의 연속으로 진행되었다. 1단계는 청와대 민정수석으로서의 일본에 대한 공격적 태도(위정척사적 도덕관)를 보인 조국사태이고, 2단계는 도덕에 대한 이중잣대로서 내로남불적 태도를 보인 법무부장관으로서의 조국사태이다. 이 두 단계는 자연스럽게 하나의 과정으로 연결된다.

조국 민정수석이 일본 공격에 앞장서고 이를 지지하는 세력들이 이에 반대하거나 이견이 있는 세력을 '친일파와 이적세력'으로 몰아가면서 충돌했던 '반일민족주의의 찬반을 둘러싼 조국사태'에 이어서, 조국 법무부장관 임명의 찬반과 퇴진여부를 놓고 벌어진 '67일간의 법무부장관의 진퇴에 따른 조국사태'이다.

일본의 대한(對韓)수출 경제제재의 근거로 2012년과 2018년 '대법원의 강제징용 판결'을 아베 정부가 문제를 삼자 이에 대한 반응으로서 2019년 7월 21일부터 일본과 친일파를 공격하는 1단계 조국사태가 시작되었다. 그리고 2019년 8월 9일 법무부장관 후보자로 지명된 이후부터 67일 만인 10월 14일 사임할 때까지 조 장관과 가족을 둘러싼 각종 의혹과 관련한 2단계 조국사태가 진행되었다.

그렇다면, 과연 조국 전 청와대 민정수석과 586 운동권그룹이 공유하고 있는 도덕주의적 선악관의 집약체로서 위정척사론과 소중화론을 내포한 '주자학적 민족주의론'은 오늘날 시대적 적실성이 있는 것일까? 잠정적으로 보면, 21세기적 시대상황에 부합하지 않는 시대착오적인 논리로서 부적절한 것으로 의심이 된다.

즉, 민주화 이후 37년이 넘게 흘러간 지금의 시기를 여전히 일제강점기로 보고 독립운동가처럼 사유하고 말하는 것은, 지금을 6·25 전쟁 시기로 보고 반공주의 운동가처럼 말하고 행동하는 것만큼이나 시대착오적일 수밖에 없다. 21세기 한일관계를 19세기 말 위정척사론으로 대신하려는 태도로 보인다.

조국 전 민정수석이 "반일 아니면 친일이고, 애국 아니면 이적(利敵)"이라고 말한 것은 국민국가의 경계가 약화되면서 교류와 협력으로 지구촌이 심화되는 이른바 21세기 세계화·정보화· 탈냉전 시대에 맞지 않는, 시장경제와 민주주의 간의 조화로운 발전을 추구하는 민주공화국의 정신과 규범을 위협하는 퇴행적인 도덕관을 보여주는 언행이다(채진원 2019a).

그리고 조국 장관을 수호하는 과정에서 적대적 진영논리를 재현했던 586 운동권그룹의 행태 역시도 시대착오적으로 퇴행적으로 보일 수 있다. 그들은 선거경쟁이라는 '대의민주주의 제도'에 친화적이지 못한 '전근대적 습속'을 재현하였다.

그들은 조국의 허물과 위선을 비판하는 사람들을 '자유한국당 지지자'나 '토착왜구' 및 '적폐세력'으로 매도하거나 적대화·악마화하면서 상대를 괴멸과 타도 및 숙청의 대상으로 보는 '선악의 이분법적 습속'을 사용하였다.

이러한 선악의 이분법적 습속은 대의민주주의의 기초인 선거경쟁을 외면하고 민의를 왜곡하고 있다는 점에서, 선거경쟁을 통해서 국민의 선택을 받겠다는 대의민주주의제도에 부합하지 않는 시대착오적인 반민주주의적 규범과 행태에 가깝다는 점이다.

조국과 586 운동권그룹은 '조국사태'에서 자신은 도덕주의적 대인배로서 성인군자이고, 상대는 사악한 소인배이기에 당연히 소인배들을 위정척사(衛正斥邪)와 권선징악(勸善懲惡)의 대상으로 삼아서 타도하고 절멸시켜야 한다는 형이상학적인 도덕논리를 재현했다는 점이다.

어쩌다가 우리 정치는 조국과 586 운동권그룹이 겉으로는 공정과 정의를 부르짖으면서도 속으로는 반칙과 특권을 일삼고, 기득권을 탐하는 입신출세자의 상징이 되어 민주공화국의 정신인 공화주의와 충돌하는 선악의 이분법이란 진영논리로 위정척사와 소중화를 부활시키는 주역으로 등장하도록 허용했을까?

이런 가정과 의문에 대한 궁금증을 풀기 위한 실마리로 선행연구들을 살펴보고, 연구가설을 수립하여 접근을 시도할 필요가 있다. 정치제도와 습속(정치문화)과의 관련성 연구의 대표적인 논의는 막스 베버의 『프로테스탄티즘 윤리와 자본주의 정신』과 토크빌의 『미국의 민주주의』 그리고 그레고리 핸더슨의 『소용돌이의 한국정치』 등이다. 다만 이 논의들이 제시하고 있는 각각 장단점이 있다.

막스 베버의 논의는 청교도 윤리와 자본주의 정신 간에는 '선택적 친화성'이 있음을 보여주지만 청교도 윤리와 민주주의론 혹은 청교도 윤리와 민주공화주의론 간의 친화성에 대해서는 언급을 하지 않고 있다. 토크빌의 논의는 청교도 습속과 민주공화주의론 간 친화성을 보여주고, 프랑스의 가톨릭과 민주공화주의론 간 습속충돌을 보여주지만 동양 유교와의 관계에 대해서는 언급이 없다(Weber 1958).

또한 그레고리 헨더슨의 논의는 청교도 습속이 있는 미국과 유교 습속의 한국을 비교하면서 한국정치가 소용돌이의 형태로 중앙권력으로 집중화되고 집단주의적 패거리정치로 패턴화되는 이유를 개인주의를 기초로 하는 중간의 매개집단이 발달하지 않았기 때문이라고 진단한다.

하지만 그 배경이 되는 한국정치문화에 왜 개인주의에 기초한 중간매개집단이 약한 것인지, 그렇다면 어떻게 개인주의에 기초한 중간매개집단을 촉진할 것인지에 대해서는 언급이 없다는 것이다(헨더슨 2013).

직접적으로 유교와 민주주의 간의 관련성과 관련해서 둘 간의 공존이 불가능하고, 충돌할 수밖에 없다고 주장한 학자는 『제3의 물결(The Third Wave)』을 지은 새뮤얼 헌팅턴(Samuel P. Huntington)이다.

그는 유교사상이, 청교도 습속에서 나와서 작동하고 있는 민주주의와 관계가 없거나(undemocratic), 민주주의에 반한다(antidemocratic)고 주장한다. 그는 유교의 특징을 개인보다는 집단의 강조, 자유보다는 권위의 강조, 권리보다는 의무의 강조라고 분석하였다.

즉, 헌팅턴은 국가와 관료주의를 견제할 수 있는 개인의 자유와 권리보장의 전통이 부재함을 유교 습속의 특징으로 설명하면서, 민주주의를 기본적으로 개인의 인권과 자유의 수호에 있다는 자유민주주의로 이해하고, 이것에 반하는 가치를 강조하는 유교를 비(非)자유주의적인 것으로 보았다. 이에 따라 '유교민주주의'라는 어휘를 '거짓 민주주의'로 이해했다(Huntington 1991, 300-301, 71).

이에 본 글에서는 개인주의에 기초한 청교도 습속과 위계서열의 중앙집권적인 집단주의가 발달된 유교 습속의 차이가 무엇인지에 초점을 맞춘다.

이를 위해 윤원근(2014)이 『동감신학』에서 밝힌 대로, "청교도의 유한세계관과 유교의 무한세계관의 차이는 개인주의와 위계서열의 집단주의의 차이를 만든다"는 논의를 수용하여 접근한다. 본 글에서는 '천인합일'의 무한세계관과 '천인분리'의 유한세계관과의 차이에 따른 결과로서 도덕에 대한 태도가 달라진다는 가설을 수립하고, 관련 논의를 전개하고자 한다.

본 글은 다음과 같은 시론적 가설을 제시한다. 위정척사론과 소중화론을 내포하는 '주자학적 도덕관과 민족주의론'의 사유구조적 산물인 유교적 무한세계관의 습속이 1980년대 586 운동권그룹의 도덕관으로 전승되었다. 이런 유교적 습속의 내면화는 민주화를 시작한 지 한 세대가 넘었음에도 불구하고, 청교도적 유한세계관의 친화성에서 성립한 민주공화국의 규범인 공화주의와 충돌하면서 '조국사태'에서 국민상식의 파괴로 드러났다는 점이다.

결국 이것은, 조국과 함께 현 제도정치권을 주도하는 586 운동권 그룹의 리더십이 세계화·탈냉전·정보화·후기산업화·탈물질주의화 등으로 표현되는 21세기 시대상황과 부합하지 않는 '위계서열의 집단주의'와 '이분법적 선악관'을 내포하는 시대착오적인 낡은 도덕규범을 가졌기에 이를 극복의 계기로 삼아야 한다는 시사점을 준다.

이러한 시론적 가설의 관점에서 본 글은 조국과 586 운동권그룹이 보여준 유교적 무한세계관의 습속과 도덕행태에 대한 현상적 서술에 기초하여 진단과 처방의 시사점을 찾고자 한다. 이를 위해서는 유교적 습속과 도덕관이 재현되는 원인규명과 처방에 대한 비교학적 논의가 필요하다.

특히, 극복의 내용과 관련해서는 우리보다 먼저 개인주의에 기초하여 시장경제와 민주주의의 성립을 통해 근대화와 민주공화국 설립에 성공한 영국, 미국에 영향을 미친 청도교의 유한세계관 습속에 대한 이론적 논의를 기초로 해서 586 운동권그룹의 유교 습속과의 차이를 비교하면서 그 시사점을 찾을 필요가 있다.

3. 조국과 586 운동권의 도덕행태: 위정척사론과 내로남불론

1단계 조국사태: 조국의 친일파·이적세력 공격 행태

조국 민정수석은 2019년 7월 13일 자신의 페이스북에 "SBS 드라마 '녹두꽃' 마지막 회를 보는데 한참 잊고 있던 이 노래가 배경음악으로 나왔다"며 죽창가를 들을 수 있는 링크를 함께 올렸다. '녹두꽃'은 대표적 항일운동인 1894년 동학농민혁명을 다룬 TV드라마이고, 죽창가는 항일의지를 담은 민중가요다. 이 시점부터 조국 청와대 민정수석은 7일간 대일여론전의 선봉에 섰다.

조국 민정수석이 이런 페이스북 게시글을 올린 것은 당시 일본의 대(對)한국 수출규제 조치로 한일 양국의 갈등이 고조되는 상황에서 일본을 비판하려는 의도였다. 왜냐하면, 그는 앞서 12일 대일 방안을 다룬 〈이 뼈저림, 잊지 말자〉라는 황상진 한국일보 논설실장의 칼럼을 인용, 페이스북 글을 올렸기 때문이다.

조국 수석은 "우리 정부와 국민을 농락하는 아베 정권의 졸렬함과 야비함에는 조용히 분노하되 그 에너지를 내부 역량 축적에 쏟아야 한다"며 "이념과 정파를 떠나 구호가 아닌 실질적 극일(일본을 이기는 것)을 도모하자"는 칼럼 글을 인용했다. 그리고 그는 인용에 이어서 게시판에 "문제도, 해결방법도 안다면 남은 건 실행뿐이다"라며 "우리에겐 그럴 만한 능력과 경험이 있다. 그건 자부할 만하지 않은가"라고 코멘트를 썼다(정가람 2019).

7월 16일 조국 수석은 15일 방송된 MBC 〈당신이 믿었던 페이크〉 8회에 소개된 조선일보 및 중앙일보 일본판 제목을 거론하며 양대 보수신문을 정면으로 비판했다. "일본 내 혐한 감정의 고조를 부추기는 이런 매국적 제목을 뽑은 사람은 누구인가?" 조 수석은 "민정수석 이전에 한국인의 한 사람으로 강력한 항의의 뜻을 표명한다"고 적었다.

7월 18일, 조국은 자신의 페이스북에 공세 수위를 높여 다음과 같이 적었다. "대한민국의 의사와 무관하게 '경제전쟁'이 발발했다.… 이러한 상황에서 중요한 것은 '진보'냐 '보수'냐, '좌'냐 '우'냐가 아니라, '애국'이냐 '이적(利敵)'이냐다." 조국의 이런 표현에 환호와 비난이 거세게 엇갈렸다.

7월 20일 조국은 또 다음과 같이 적었다. "법학에서 '배상(賠償)'과 '보상(補償)'의 차이는 매우 중요하다. 전자는 '불법행위'로 발생한 손해를 갚는 것이고, 후자는 '적법행위'로 발생한 손실을 갚는 것"이라며 "근래 일부 정치인과 언론에서 이 점에 대해 무지하거나 또는 알면서도 문재인 정부를 흔들기 위하여 황당한 주장을 펼치고 있다"고 하면서 또다시 정부 비판을 반박했다.

그는 자신의 최근 SNS 게시글이 민정수석으로서 부적절하다는 비판을 의식한 듯 "대한민국 대통령의 법률보좌가 업무 중 하나인 민정수석으로서(그 이전에 법을 공부하고 가르쳐온 법학자로서), 이하 세 가지 점을 분명히 하고자 한다"며 강제징용 판결로 불거진 한일갈등의 쟁점에 대한 입장을 선명하게 드러냈다.

조국 수석은 "1965년 이후 일관된 한국 정부의 입장과 2012년 및 2018년 대법원 판결을 부정, 비난, 왜곡, 매도하는 것은 정확히 일본 정부의 입장"이라고 명확히 하며 "나는 이런 주장을 하는 한국 사람을 마땅히 '친일파'라고 불러야 한다고 생각한다"고 주장했다(정철운 2019). 그리고 7월 21일 조국 수석이 "문재인 정부는 국익수호를 위하여 '서희'의 역할과 '이순신'의 역할을 동시에 수행하고 있다"고 페이스북에 썼다.

당시 이인영 민주당 원내대표는 조국 민정수석의 친일파와 이적세력에 대한 공격을 적극 옹호하였다. 이인영 원내대표는 7월 21일 기자간담회에서 "한일전에서 한국당이 백태클 행위를 반복하는 데 준엄히 경고한다"며 "우리 선수나 비난하고 심지어 일본 선수를 찬양하면 그것이야 말로 신(新)친일"이라고 한국당을 향해 날 선 발언을 했다.

이에 이종철 바른미래당 대변인은 논평을 내 "이인영 원내대표마저 자신이 할 일을 않고 결국 '반일 선동'에 편승하고 가세하는 것이 참으로 유감"이라며 "이인영 원내대표마저 중심을 잡지 못하고 '반일 선동으로 다 덮을 수 있다'는 손쉬운 전략에 편승한 것이 참으로 애석하고 안타깝다"고 비판했다(박준호 2019).

그리고 조국 민정수석은 8월 2일 자신의 페이스북에 "최근 일본이 도발한 '경제전쟁' 상황에 대하여 일본과 한국 양쪽의 '민족주의' 모두가 문제라며 '양비론'을 펼치고 '민족감정' 호소는 곤란하다고 훈계하는 일부 언론과 전문가들이 있다. 이들은 한국 국민들이 자발적으로 전개하는 일본 상품 불매운동에 대해서도 냉소적 평가를 던지고 '이성적 대응'을 운운한다"고 비판했다.

이어서 그는 "일본 정부의 '갑질' 앞에서 한국 정부와 법원도 문제가 있다고 말하는 것은 한심한 작태이다. 싸울 때는 싸워야 한다. 그래야 협상의 길도 열리고, 유리한 협상도 이끌어낼 수 있다. 국민적 분노를 무시·배제하는 '이성적 대응'은 자발적 무장해제일 뿐"이라며 "여건 야건, 진보건 보수건, 누가 가해자고 누가 피해자인지 확실히 하자. '피(彼)'와 '아(我)'를 분명히 하자. 그리고 모든 힘을 모아 반격하자"고 주장했다.

조국 수석이 언급한 양비론 비판과 애국론은 과연 적절한 것이었을까? 한마디로, 이성적인 책임윤리보다는 감정적인 신념윤리에 가깝고, '가짜 애국론'에 가깝다고 보는 게 적절하다. 생각의 다양성과 차이를 존중하지 않고, 양비론 비판과 이성주의 프레임으로 가둬서 자신의 시각을 '절대 선과 정의'로, 상대의 시각을 '절대 거짓과 부정의'로 모는 태도라 할 수 있다(채진원 2019b).

특히, 조국 수석의 '애국론'은 '민족주의 애국'과 '공화주의 애국'을 구별하지 않는 것이 문제다. 외부의 적에 대한 적대감과 증오감을 선동해 동질적인 상상의 공동체를 만들려는 시도가 '민족주의 애국'이다. 이 민족주의 애국은 제국주의나 전체주의로 흐를 가능성이 크다.

반대로 '공화주의 애국'은 외부의 적을 상정하지 않고, 자유로운 영혼을 지닌 동등한 글로벌 시민들이 민족주의와 국가주의에 상처받은 서로의 처지를 연민하고 연대하여 민족·종교·인종 같은 차별이 없는 보편적인 문명국가를 만들어 사랑과 우정을 실천하는 시도가 공화주의 애국이다.

이런 '공화주의 애국'은 우리 헌법 전문에 "모든 사회적 폐습과 불의를 타파하며, 자율과 조화를 바탕으로 자유민주적 기본질서를 더욱 확고히 하여… 밖으로는 항구적인 세계평화와 인류공영에 이바지함으로써 우리들과 우리들의 자손의 안전과 자유와 행복을 영원히 확보할 것"에 잘 표현되어 있다.

그리고 우리 헌법정신의 기원인 3.1 독립선언문은 다음과 같이 '공화주의 애국'을 잘 설명하고 있다. "…일본의 무도함을 꾸짖으려는 것도 아닙니다. 스스로를 채찍질하고 격려하기에 바쁜 우리는 남을 원망할 겨를이 없습니다. 현재를 꼼꼼히 준비하기에 급한 우리는 묵은 옛일을 응징하고 잘못을 가릴 겨를이 없습니다. 오늘 우리에게 주어진 임무는 오직 자기 건설이 있을 뿐이지, 결코 남을 파괴하는 데 있는 것이 아닙니다"(채진원 2019b).

2단계 조국사태: 내로남불 행태와 그 비판에 대한 부정

조국 법무부장관은 2019년 8월 9일 장관 후보자로 지명된 후부터 67일 만인 10월 14일 사임할 때까지 조 장관과 가족을 둘러싼 각종 의혹이 불거질 때마다 그의 과거 소셜네트워크서비스(SNS) 발언이 재조명되었다.

그래서 조국이 하면 로맨스, 남이 하면 불륜이라는 뜻의 '조로남불', 조국은 과거의 자신과 싸운다는 의미의 '조과싸', 과거 자신이 한 말이 그대로 데자뷰되어 자신에게 일어나고 있다는 의미로 '조스트라다무스', 조국의 적은 조국이라는 '조적조'라는 신조어가 탄생했다(이가영 2019). 도덕주의에 대한 이중잣대를 보여준 조국의 내로남불 행태와 그 비판에 대한 부정을 살펴보면 다음과 같다(유지만 2019).

1) '논문 작성 윤리' 강조했던 과거의 조국

조국 법무장관 인사청문회 과정에서 가장 공분을 샀던 의혹은 딸의 입시문제였다. 그 중에서도 조국 후보자의 딸이 한영외고를 다니던 중 2주 만에 병리학 논문의 제1저자로 등재된 사실에 '사실상의 특혜'라는 지적이었다. 하지만 조국은 자신의 관여를 부정하면서 관련 사건을 주도한 단국대 교수에게 책임을 전가했다.

과거의 조국은 어땠을까. 조국은 정치권에서 논문표절 문제가 뜨겁게 달아올랐던 2012년 4월 19일 자신의 트위터에 논문 작성과정에서의 윤리적 엄격성을 강조한 바 있다. 조국은 당시 "직업적 학인과 그렇지 않은 사람의 논문 수준은 다르다. 그러나 후자의 경우도 논문의 기본은 갖추어야 한다"고 밝혔다.

실제로 조국은 서울대 교수로 재직 중이던 2008년 '진리 탐구와 학문 윤리'라는 강의를 맡았다. 당시 서울대는 황우석 전 수의대 교수의 연구조작 사건을 계기로 연구윤리를 강화하겠다는 차원에서 이 수업을 개설했다. 강의계획(실러부스)을 보면 '바람직한 학문연구의 자세, 학문연구의 설계와 수행, 발표에 이르는 전 과정의 국제적 표준에 대한 이해를 높임으로써 학생들의 창조적 안목과 능력을 계발'하는 것을 강의목표로 하였다.

하지만 조국 후보자가 연구윤리를 강의하던 2008년 한영외고에 재학 중이던 조 후보자의 딸은 단국대 의대 연구소에서 2주가량 인턴을 한 뒤 이듬해 대한병리학회에 논문을 제출했다.

'출산 전후 허혈성 저산소뇌병증에서 혈관내피 산화질소 합성효소 유전자의 다형성(eNOS Gene Polymorphisms in Perinatal Hypoxic-Ischemic Encephalopathy)'이라는 제목의 여섯 쪽짜리 논문에 조 후보자의 딸은 제1저자로 등재돼 있다.

통상 논문의 1저자는 실험을 기획하거나 설계, 수행하고 데이터 분석을 하는 등 가장 많이 기여한 저자에게 부여된다. 해당 논문 작성을 주도한 단국대 의대 교수는 언론 인터뷰에서 "외국 대학에 진학한다고 했고, 열심히 한 것이 기특해 제1저자로 했다"고 설명했다.

2) '특목고 · 장학금 제도'에도 단호했던 과거의 조국

조국은 2012년 4월 자신의 트위터에 대학 장학금 지급기준에 대한 자신의 소신을 밝힌 바 있다. 그는 "장학금 지급기준을 성적 중심에서 경제상태 중심으로 옮겨야 한다"고 적었다. 당시 박원순 서울시장의 반값 등록금 시행을 환영하며 장학금을 집안 사정이 넉넉지 않은 학생에게 줘야 한다는 취지로 작성한 글이다.

하지만 조 후보자의 딸은 부산대 의학전문대학원에서 2차례 성적 미달로 유급됐음에도 6학기 동안 연속으로 장학금 총 1200만 원을 받은 것으로 드러났다. 또 곽상도 자유한국당 의원실에 따르면, 조 후보자의 딸은 부산의전원에 들어가기 1년 전인 2015년 몸담았던 서울대 환경대학원에서도 서울대 총동창회가 운영하는 장학재단 '관악회'로부터 학기당 401만 원씩 2회에 걸쳐 전액 장학금을 수령했다. 통상 관악회 장학금은 경제상황이 어려운 학생에게 주는 것으로 알려져 있다. 국회에 제출된 조 후보자 인사청문회에 신고된 조 후보자의 재산은 약 56억 원이다.

조국은 또 딸이 재학했던 한영외고와 같은 특목고에 대해서도 평소 비판의 목소리를 높여 왔다. 특목고가 본래의 취지를 망각한 채 사실상 '입시기관'으로 전락했다는 취지였다. 그는 2007년 4월 한겨레에 기고한 칼럼에서 "유명 특목고는 비평준화 시절 입시명문 고교의 기능을 하고 있으며… 이런 사교육의 혜택은 대부분 상위계층에 속하는 학생들이 누리고 있다"고 비판했다. 하지만 조 후보자의 딸은 문과 특성화 고등학교인 한영외고에서 이공계 스펙을 쌓아 이공계 대학으로 간 뒤 의전원으로 진학했다.

3) '주식 · 펀드 가르치는 동물의 왕국' 비난했던 과거의 조국

조국은 2009년 낸 저서 『보노보 찬가』에서 자본주의 병폐를 지적하며 대표적으로 주식과 펀드 등을 지목했다. 그는 책에서 "대한민국은 어린이들에게 주식 · 부동산 · 펀드를 가르친다"며 한국사회를 '동물의 왕국'에 빗대기도 했다.

하지만 조국이 청와대 민정수석에 부임한 지 두 달이 지난 2017년 7월, 그의 딸과 아들은 사모펀드에 각 3억 5500만 원씩 출자하기로 약정했다. 실제 투자금은 각각 5000만 원이었다. 또한 조 후보자의 배우자 정씨는 67억 4500만 원을 투자금으로 약정한 뒤 9억 5000만 원을 냈다. 총 약정금액은 74억 5500만 원이다. 펀드 운용자는 조 후보자의 5촌 조카인 조씨다. 조 후보자 측은 펀드 가입 사실과 펀드 운용자가 5촌 조카인 점은 인정하면서도 "펀드 운용에 어떠한 관여도 한 바 없다"는 입장을 냈다. 야권에서는 조국 일가의 펀드 가입을 두고 "불법적인 증여와 연관된 것 아니냐"는 의혹을 제기하였다(유지만 2019).

당시 조국 법무장관 후보자의 딸과 관련된 입시 의혹들은 대중들이 이해하기 쉽고, 국민들이 가장 민감해하는 자녀교육과 입시문제라는 역린(逆鱗)이기에 폭발성을 가지기에 충분했다. 이 역린은 국민들의 분노를 샀으며, 이해관계상 공정과 정의를 바라는 청년층과 2030세대를 더욱 자극하고 분노케 하는 상황으로 번졌다.

하지만 조국 후보자는 "제기된 의혹들이 '가짜뉴스'이고 법적으로 어떤 하자도 없다"며, '적법'하다고 주장하면서 청문회에서 모든 것을 밝히겠다고 하였다. 하지만 이런 조국 후보자의 접근은 분노하는 국민감정과 충돌하였다. '실정법'보다 더 무서운 게 '국민정서법'이라는 것을 지난 '정유라-최순실 사태'에서 이미 충분히 경험한 바 있다.

4) 가부장주의적인 직무유기에 대한 부정

조국 후보자는 인사청문회에 앞선 2019년 9월 2일 기자간담회를 자청해 해명에 나선 바 있다. 기자간담회 발언에서 조국 후보자는 '수신제가치국평천하(修身齊家治國平天下)' 중 "가장(家長)으로서, 아버지로서 가정을 관리하는 '제가(齊家)'를 잘하지 못했다는 점을 인정한다"고 했고, 그 나머지 것에 대해서는 대체로 부인했다.

이에 많은 언론과 여론은 "모든 의혹에 대해 관여한 바 없다"거나 "모르쇠로 부인"했다는 것을 언급하면서 '부실한 셀프 청문회'임을 꼬집었다. 당연히 "기자간담회에서 의혹이 대부분 해소됐다"는 여당의 자평에도 불구하고 국민의 실망과 분노가 좀처럼 가라앉지 않았다.

조국 후보자는 8시간 넘게 진행된 기자간담회에서 "아내가 해서 몰랐다", "이과 쪽 논문이라 몰랐다", "사모펀드 자체를 몰랐다"는 등 모르쇠로 일관했다. 그의 입에서 '모른다, 몰랐다'(88회), '알지 못했다'(27회), '알 수 없었다'(14회), '이번에 알았다'(7회), '처음 들었다'(5회)는 표현들만 141차례가 나왔다(채진원 2020b).

특히 아내를 앞세우며 자신은 모르는 척 빠지려고 하는 조 후보자의 언행은 6일 인사청문회 당일 동양대 총장 표창장 관련 발언에서도 계속 이어졌다. 조 후보자는 딸의 동양대 총장 표창장 허위 수상

의혹과 관련해 최성해 동양대 총장과 직접 통화했다는 최 총장의 발언에 대해 "저는 내용을 모르니, 제 처가 너무 흥분한 상태라 진정하라 하면서 총장께 '죄송하다'고 말씀드렸다. 제 처가 이러이러한 주장을 하니 잘 조사해주시라고 말했다"고 설명했다.

지난 2015년, 20대 청년들이 촛불을 들고 광화문광장으로 쏟아져 나온 밑바닥 정서에는 한국사회를 지배해온 권위주의와 가부장주의에 대한 강한 반발이 있었다. 공교롭게도 조국 후보자는 여러 차례 그런 것에 맞서 싸울 것을 주문했다.

그러나 2019년 조국 후보자는 청년들로부터 저항을 받았다. 이것은 그가 민주적인 생활습속을 내면화하지 못한 채 언행일치의 생활진보를 실천하지 못한 까닭으로 '위선적 지식인'의 대명사로 분노의 부메랑을 맞는 처지가 되었기 때문이다.

조국 장관은 2019년 10월 1일 국회 대정부질문에서 자택 압수수색을 하던 검사와 통화한 데 대해 "가장으로서, 불안에 떨고 있는 아내의 남편으로서 호소했다"고 말했다. 그간 조 장관은 이 문제에 대해 "제 처가 매우 놀라 건강이 너무 염려되는 상태였다", "가족을 책임지는 가장으로서 연락을 한 것"이라고 설명해왔다.

그리고 그는 10월 2일 기자간담회에서는 '수신제가치국평천하' 중 "가장(家長)으로서, 아버지로서 가정을 관리하는 '제가(齊家)'를 잘하지 못했다는 점을 인정한다"고 했다. 조국 장관의 이런 표현들은 전통적인 성역할 고정관념을 확대재생산하는 언급들이다. 이와 관련하여 10월 3일 시사저널과의 인터뷰에서 이나영 중앙대 사회학과 교수는 조국 장관이 재현하는 가장의 모습과 발언들을 '온정적 가부장'이라고 평가했다.

가장(家長)과 제가(齊家)가 표현하는 상징처럼, 가부장주의적 성별 분업에서 나오는 그의 무관심한 태도는 '가부장주의적인 직무유기' 에 해당한다. 이런 가부장주의적인 직무유기는 드라마 'SKY 캐슬' 의 주인공들이 공유하고 있는 가부장주의와 유사하다.

가정관리에 해당하는 양육과 경제문제는 아내와 여성에게 전적으로 맡기고, 남편과 남성들은 사회적인 참여와 공적인 일에만 전념해야 된다는 식의 가부장주의적 이분법 태도를 만든다.

5) 80년대 운동권그룹의 등장

586 운동권 출신인 조국 법무부장관 후보자의 인사청문회 과정에서 80년대 운동권을 주도했던 NL(민족해방), PD(민중민주), ND(민족민주)의 이론적 논객들이 자연스럽게 소환되었다. '주사파'로 불리는 NL, '사회주의좌파'세력인 PD, '사노맹'으로 더 유명한 CA(제헌의회) 혹은 ND계 인사들이 소환되었다.

조국 법무부장관 후보자(법대)의 인사청문회 과정에서 원희룡 제주도지사(법대)가 "친구야 그만하자"라고 비판하자 이진경 서울과학기술교육대 교수(본명 박태호, 경제학과)가 "희룡아, 인생 그렇게 살지 마라"라고 응수한 것을 두고 20년 전 뜨거웠던 운동권의 '사투(사상투쟁)'를 재현하는 진풍경이 벌어졌다.

원희룡 지사는 범PD계열로 분류되는 고 노회찬 의원과 민주당 송영길 의원 등과 함께 '인민노련(인천지역민주노동자연맹)'에서 활동한 경력이 있다. 잘 알려진 바와 같이 조국 후보자는 '사노맹'의 방계조직인 '남한사회주의과학원'의 창설멤버로 집행유예형을 선고받은 전력이 있다. 그는 '남한사회주의과학원'은 학술연구기관으로 사노맹의 싱크탱크 역할을 했다.

사노맹은 백태웅(현 하와이대 로스쿨 교수, 서울대 법대 81학번)과 '얼굴없는 노동자 시인' 박노해, 은수미 성남시장 등이 주도한 단체이다. 이인영 의원, 이상호 의원, 임종석 대통령 전 비서실장 등 민주당 주류를 이루면서 조국의 내로남불을 철저하게 방어했던 세력이 '주사파'계열로 불리는 NL(민족해방)계 출신 정치인이다.

당시 주사파를 가장 날카롭게 비판하며 각을 세운 것은 PD계의 '이진경'이다. 이진경은 '이것이 진짜 정치경제학이다'의 약칭으로 알려져 있는데 본명은 '박태호', 현재 서울과학기술교육대 교수다. 박 교수는 서울대 경제학과 82학번으로 '사회구성체 논쟁'을 주도한 이론가였으며, '노동계급' 사건으로 수감된 적이 있다.

이진경, 즉 박태호 교수는 정통 마르크스-레닌주의 입장에서 주사파와 김영환을 비판했고, 주사파의 종교적인 분위기에 질려 있던 1990년대 학생운동권에 상당한 영향을 줬다(장용진 2019). 하지만 NL계 출신의 민주당 주류 정치인들과 PD계 출신의 이진경은 ND계 사노맹 출신인 백태웅 교수와 함께 SNS에서 조국의 내로남불 비판을 방어하는 데 큰 역할을 했다.

이와 관련하여 동시대 노동운동을 한 서울대 공대 82학번 김대호 사회디자인연구소장은 이진경과 조국을 다음과 같이 평가했다.

"이진경은 '1980년대 화석'을 연상케 한다. 조선의 성리학적 사유체계에 마르크스주의 방법론을 섞어 세상을 잠시 흔든 뒤 현재는 더욱 퇴행했다. 30년 넘게 현실 세계에 발을 딛지 않고 관념의 세계에서 살다 보니 그렇게 된 것이다. 조국이 사노맹 활동을 할 때가 소련·동유럽 사회주의가 무너지던 시기다. 당시에 우리는 그 친구들을 한심하게 생각했다. 세상 바뀌는 것도 모르는 지진아 취급했다. 지적으로 모자라는 게 아닌가"(송홍근 2019).

특히, 조국 지지자로 알려진 최배근 건국대 경제학과 교수는 2019년 10월 19일 서초동 집회에서 "당신은 국민의 영원한 법무부장관이다"라는 헌사문을 직접 읽었다. 최배근은 헌사에서 조국과 조국 가족을 수사하는 검찰을 "짐승"과 "매국노"라고 표현했으며, 조국이 주도하는 검찰개혁을 "제2의 민주화운동"과 "제2의 독립운동"으로 표현하면서 조국수호를 지지하였다.

4. 586 운동권그룹의 유교적 습속 내면화 과정

성리학적 사유구조와의 친화성과 내부모순

2019년 12월 31일 검찰은 조국 전 법무부장관을 뇌물수수 등 11개 죄명으로 불구속 기소했다. 입시비리와 관련해서는 위계공무집행방해, 업무방해, 위조공문서행사, 허위작성공문서행사, 사문서위조, 위조사문서행사 혐의가 적용됐다.

조국의 딸 조모씨의 부산대 의전원 장학금 부정수수와 관련해서는 뇌물수수 및 청탁금지법 위반 혐의를 적용했다. 사모펀드 비리에는 공직자윤리법 위반 및 위계공무집행방해, 증거조작 의혹에는 증거위조교사 및 증거은닉교사 혐의가 각각 적용됐다(하세린·오문영 2019).

'조국사태' 때, 많은 사람들이 조국의 허물과 위선 및 내로남불을 지적해도 그와 그 지지자들인 586 운동권그룹이 여기에 적극적으로 반응하지 않고 그의 실수를 인정하거나 반성하지 않았다. 그들은 왜 조국의 허물과 내로남불을 비판하는 것을 회피하거나 방어하면서 성찰하지 않고 '조국사태'를 문제로 키웠을까? 그 이유는 무엇일까?

그 이유는 "죽창가를 부르자"고 하면서 "반일이 아니면 친일이고, 애국이 아니면 이적"이라고 한 데서 드러난 선악의 이분법에 따른 차별의 논리를 사용했던, 그들의 도덕주의적 신념구조인 성리학적 사유구조에 힌트가 있다.

이런 성리학적 사유구조는 반일과 이적으로 차별하는 공격의 잣대가 반대로 내로남불이 드러날 경우, 내로남불을 부인하는 방어의 잣대가 서로 어떻게 연결되면서도 다른 이중성을 보여줬는지를 설명하는 데 용이하다. 성리학적 사유구조는 어떻게 공격의 잣대와 방어의 잣대를 다르게 사용하는 이중잣대의 이율배반적 역설을 합리화하는 것일까?

성리학적 사유구조는 이상(理)과 현실(氣)을 형이상학적으로 분리시킨 뒤 도덕적 인간의 수양을 통해 천인합일(天人合一)에 이르려고 하는 도덕관을 갖기에 '필연적 법칙'과 '규범적 당위'를 관념적으로 연결시키고, 만약 이것의 분리모순이 발생할 시 이러한 모순을 합리화하는 이중적 방어논리로 '위선적 도덕주의론'을 내포하게 된다.

이런 역설과 '위선적 도덕주의론'을 꿰뚫어본 조선 후기 실학자인 연암 박지원은 자신의 한문소설 『호질』과 『양반전』을 통해 도덕지향성과 위선의 이중성을 보이는, 당시 지배계층인 사대부와 양반들의 '위선적 도덕주의'를 통렬하게 비판하였다(채성준 2019).

성리학적 사유구조는 상대를 공격할 때는 엄격한 도덕성의 잣대를 들이대고 자신이 공격받으면, 정의로운 사람들은 기득권자처럼 살면 안 되냐는 식으로 낮은 도덕성의 잣대로 방어하는 이율배반적인 이중성을 내포하는 것이 특징이다.

이것은 성리학의 대가 퇴계 이황이 대동세상을 꿈꾸면서도 노비 367명과 엄청난 토지를 소유하였듯이, 이기심을 가진 유한한 인간이 '천인분리'의 도덕관이 아닌 '천인합일'의 도덕관과 같이, 신과 같은 무한한 성인군자를 추구하기에 이율배반적으로 역설의 '위선적 도덕주의론'을 방어논리로 내포하는 것과 같다.

조국과 586 운동권그룹이 '조국의 내로남불'에 대한 비판에도 반응하지 않았던 심리적 배경에는 민주화 이후 자유와 권리를 주장하며 일상생활을 하는 보통사람들이 느끼는 상식, 경험, 도덕감정, 국민정서를 공유하는 공감능력과 소통능력이 부족했기 때문으로 추론된다.

그들이 공감능력을 발휘하지 못한 것은 인지적으로 '확증편향성'에 따른 '인지부조화'가 있고, 그것을 방해하는 신념구조에는 '이분법적 선악의 도덕관'에 따라 위정척사와 내로남불의 이율배반성을 방어적 심리기재로 연결하는 '성리학적 사유구조'가 강하게 작동하고 있기 때문으로 해석된다.

그렇다면, 자신은 절대 선을 추구하는 대인배의 성인군자이고, 상대는 사악함을 추구하는 절대 악인 소인배로 이분화하여 차별적으로 보는 성리학적 사유구조는 왜 공감능력을 저하시키고 '확증편향성'과 '인지부조화'를 강화시키는 것일까?

그것은 같은 실수나 오류도 내 것은 작게, 상대는 크게 하는 확증편향과 인지부조화와 같은 역설적 논리를 펴도록 하는 이중잣대와 방어논리를 내포하고 있기 때문이다. 성리학적 사유구조는 상대의 거악을 타도하는 절대선이 정의롭고 도덕적이기에, 그런 일을 하는 자신은 악인이나 소인배가 되는 일이 절대로 발생해서는 안 된다는 방어적 논리구조를 가지고 있다.

즉, 현실적으로 만에 하나 자신의 허물이 발생할 경우, 악행이 없다는 식으로 회피하거나 이를 부정하는 '오리발 전략'을 사용하도록 강제한다. 그래도 그것이 통하지 않으면 상대의 악은 거악으로 자신의 악은 소악으로 취급하면서 거악보다는 소악이 낫다거나 소악은 문제가 될 게 없다는 식의 '평범한 악'을 수용하면서 그 이율배반성의 모순을 무마하고 합리화한다는 점이다(채진원 2020c).

따라서 자신의 허물과 내로남불은 아주 사소한 것으로 취급되거나 문제가 되지 않는 것으로 정당화된다. 예컨대 검찰개혁과 같은 중차대하고 본질적인 개혁을 가로막기 위해 조국 딸의 학교 표창장 같은 사소한 문제를 꼬투리 삼아 '큰 정의'의 실현을 방해하고 있다는 식의 회피논리를 내밀거나 큰 적폐를 타도하기 위해 작은 적폐는 덮을 수밖에 없으며, 더 나아가서 큰 정의를 위해서라면 때로는 거짓말도 불가피하다는 식으로 정당화된다는 점이다.

이런 성리학적 사유구조는 신이 내린 도덕명령과 같은 절대불변의 진리이기에 주변에서 아무리 내로남불을 지적하고 비판해도 자신을 스스로 척결해야 할 절대적 악인으로 내모는 비판을 수용할 수 없도록 방어하고 방해하는 역설의 구조를 만들어낸다. 그래서 타인이 지적하는 실수나 오류를 반성하거나 수정할 수 있는 기회를 박탈당할 수밖에 없다.

결국 내로남불에 대한 비판에도 불구하고, 성리학적 사유구조로 무장한 위정척사론자와 소중화론자의 신념구조는 자신의 실수나 오류를 끝까지 부인하거나 그것이 안 되면 자신의 위선과 허물을 숨기기 위해 극단적인 죽음까지 마다하지 않도록 몰고 갈 수도 있다는 점이다.

상대를 비판할 때의 잣대인 '성인군자적 도덕주의'와 자신의 허물을 비판하는 것을 방어할 때의 잣대인 '위선적 도덕주의'를 양극단으로 오가는 태도는 평범한 일상을 살아가는 시민들의 도덕감정 및 상식과 충돌하여 공감대와 공공선을 파괴할 수 있다는 점이다.

화서학파의 사유구조와 '주자학적 민족주의'의 기원

조국 전 청와대 민정수석이 "반일이 아니면 친일이고, 애국이 아니면 이적"이라고 반일민족주의를 선동한 것을 지지하고, 조국 법무부장관 인사청문회 과정에서 드러난 조국의 내로남불을 부인하는 586 운동권그룹의 태도는 19세기 구한말 개화를 거부한 이항로, 최익현 등이 이끄는 화서학파의 위정척사(衛正斥邪)운동의 도덕관과 유사점이 있다. 조국의 행태와 화서학파의 행태는 '주자학적 민족주의론'으로 연결된다.

김충남은 "21세기의 한일관계가 19세기 말 같은 의병이나 죽창이나 감정적 극일운동으로 될 일이 아닌데 구한말의 위정척사 같은 시대착오적인 사고가 조금도 진화하지 못한 느낌"이라고 진단하였다(곽아람 2019).

또한 박성현은 "위정척사파 활동이 있은 후 140여 년이 지난 지금 현 정부에서 추진하고 있는 각종의 정책이 위정척사파의 이념과 상당히 유사한 측면이 있다"고 진단하였다(박성현 2018).

또한 함재봉은 "조선 말기 위정척사 정신은 1980년대 반미·반자본주의를 표방하는 586 학생운동권으로 이어지고, 이들이 공유하는 신념구조가 한국 좌파의 이념적 기저가 되면서 이들 운동권 세력은 문재인 정부의 주축이 되었다"고 진단하고 있다(김성민 2019; 함재봉 2017).

이런 신념구조는 독립운동가와 민주화운동권들이 공유해온 도덕적 정서로서, 이것은 구한말 위정척사운동을 통해 '주자학적 민족주의론'(김용덕 1987)을 앞세워 일제시기 독립운동을 주도했던 이항로, 최익현 등을 중심으로 한 화서학파의 사유구조와 습속에서 기원하고 있어 이 둘 간의 친화성이 있다(오영섭 1997; 오영섭 1999; 오영섭 2013).

화서학파의 기원은 병자호란 이후 리(理)=선(善)=중화, 기(氣)=악(惡)=청으로 이분법적으로 차별하는 김상헌의 척화론과 송시열의 소중화론이다(박민영 2003a; 박민영 2003b; 강준만 2007).

위정척사운동은 1860년대 조선 후기에 일어난 사회운동으로 성리학적 질서를 수호하고(위정), 성리학 이외의 모든 종교와 사상을 사학(邪學)으로 보아서 배격하는(척사) 반제 민족주의 운동을 말한다.

위정척사운동을 주도했던 화서학파는 서양의 종교와 문물과 사상이 주자학적 형이상학과 유교사회의 가치들을 위협하자 주자학의 이기론을 새롭게 해석하여 주리론(主理論)을 창안하였다.

그들은 리(理)와 기(氣)의 관계를 상보관계가 아니라 주종관계로 파악하고, 오직 리(理)만이 세상만사의 근저에 있는 유일한 이치로서 그 어떤 것도 리(理)를 대신할 수 없으며, 기(氣)가 리(理)의 지배적 위치를 위협하는 것은 자연의 질서를 거스르는 것이라고 인식하였다. 화서학파에게 서양의 모든 것은 기(氣)가 현상적으로 드러난 혼탁한 것인 반면, 유교적 도덕은 기(氣)보다 우월한 지고의 가치를 지닌 순수한 리(理)의 구현과 같이, 선악의 이분법으로 구분된다.

화서학파는 "국제관계와 인간사회의 역학관계를 설명할 때에 주리론에 기초한 정사(正邪) 이분법의 개념을 동원했다. 리(理)와 기(氣)의 우열관계를 불변 법칙으로 간주한 화서학파는 중화와 이적, 인류와 금수, 양과 음, 본과 말, 정과 사, 체(體)와 용(用), 인심과 도심, 천리와 인욕, 왕도와 패도, 군자와 소인 등의 개념들을 리(理)와 기(氣)로 대치하여 인식했다.

또 그들은 동양과 서양의 지리·인성·문화·학술·종교 및 국제관계를 비교할 때에도 이러한 인식틀을 구사했다. 그들은 철저히 주리론적·중국중심적·유교문화중심적 시각에 입각하여 중화문화의 전통가치와 사회구조를 파괴하는 서양적인 모든 수단들을 배척하려고 하였다(오영섭 2013).

이성무는 조선시대 유행했던 '주자학적 민족주의론'의 대표적인 예로 병자호란 때의 김상헌(金尙憲)의 '척화론(斥和論)'을 들고, 그것의 기원으로 남송의 '주자학적 민족주의'를 예로 든다. 이성무는 금나라에 쫓겨 양자강 이남으로 이주해온 주자가 살던 남송은 금나라에 대한 적개심이 높아져 이 때문에 주자학적 민족주의가 강화되었다고 평가하고 있다.

그러나 이성무는 '주자학적 민족주의'는 다분히 명분적(名分的)이어서 물리적인 힘으로는 안 되니 오랑캐들과는 상종해서는 안 된다는 목소리만 높였다고 평가하고 있다. 이 남송의 주자학적 민족주의는 조선의 도덕지향성에도 깊은 영향을 미쳐 조선의 지배사상이 되었다고 분석한다.

이성무는 주자학적 민족주의론의 대표적인 예가 병자호란 시기 김상헌의 척화론으로, 김상헌은 척화파(斥和派)의 영수로서 후금군(後金軍)을 막아낼 아무런 방책도 없으면서도 최후의 일인까지, 최후의 일각까지 싸우자고 하는 다분히 명분적인 민족주의를 내세웠다고 평가한다(이성무 2006).

이런 명분론적인 주자학적 민족주의론은 송시열의 '북벌론'과 '소중화론'으로 재구성되었다. 송시열은 숭명배청론에 기초한 북벌론과 재조지은(再造之恩)의 나라인 명에 대한 도덕적 의리를 중시하면서 명나라 멸망 이후 조선이 명을 계승한 문명국가라고 규정하는 소중화론과 북벌론을 주창하였다.

이런 조선의 주자학적 민족주의론은 리(理)와 기(氣)를 이분법적으로 구분하는 도덕관으로 무장한 화서학파로 전승되어 의병운동가, 일제 강점기 독립운동가, 해방 이후 민주화운동권 그리고 NL(민족민주)계, ND(민족민주)계, PD(민중민주)계 등의 학생운동권들에게 전승되었다(이황직 2017).

주자학적 민족주의론의 민주화운동권으로의 전승과정

『한국은 하나의 철학이다: 리와 기로 해석한 한국사회』의 저자인 도쿄대 독문과 출신인 오구라 교수는 1980년대 말 한국에 유학을 와서 서울대 철학과에서 8년간 공부했다. 그에 의하면 조선 왕조가 망한 지 100년이 훨씬 지난 지금도 한국인의 정신세계와 도덕을 지배하는 것은 "주자 성리학이라는 단 하나의 철학"이라고 진단한다(기조 2017).

그는 "한국이 오직 하나의 완전무결한 이(理)만이 대접받는 사회"이기 때문에 "자신의 삶이 얼마나 도덕적인가를 소리 높여 다른 사람들에게 끊임없이 표현하지 않으면 안 된다"고 하며, '한국인의 도덕지향성'을 진단한다.

그는 이런 곳에서 "권력 투쟁이란 곧 도덕을 내세워 권력을 잡는 세력이 얼마나 도덕적이지 않은가를 폭로하는 싸움"이 된다. 상대의 도덕을 싸잡아 비난할수록 '훌륭한 선비'가 된다. 이승만·박정희·전두환·노태우·김영삼·김대중 등 그간 정권교체 때마다 '민족중흥' '정의사회구현' '보통사람의 시대' '신한국 창조' '제2건국'처럼 우리 정권이야 말로 이전 정권과는 전혀 다른 새로운 도덕적 가치를 창출하겠다는, "연속성이 아니라 단절성을 강조"하는 정치적 슬로건들이 연달아 태어나는 것은 자연스럽다고 본다.

또한 그는 "조선 사림(士林)인 노론, 소론, 남인, 북인 사색당파의 당쟁은 아직 완전히 주자학화되지 않은 조선을 어떻게 하면 급진적으로 주자학화시킬 것인가를 둘러싼 철학적 정쟁이기도 하였다"고 보고 있다(기조 2017, 140).

그리고 그는 "1960년대 이래의 한국의 민주화운동·반독재운동은 지식인과 학생들의 사대부지향과 선비지향이라는 두 측면의 산물이다. 전자는 군인정권(무)에 대항하는 문의 정치권력 지향이고, 후자는 독재부패정권에 대한 도덕적 결벽 지향이다"라고 분석하고 있다(기조 2017, 145).

『군자들의 행진: 유교인의 건국운동과 민주화운동』의 저자인 이황직도 우리나라 건국운동과 민주화운동에는 유교인들의 성리학적 사유구조와 도덕지향성이 깊게 영향을 미치고 있다고 분석하고 있다(이황직 2017).

이황직은 이 저서에서 사료 발굴을 통해 해방 정국의 좌우 유교단체 참여자 조사와 분석작업을 수행하여 유교정치운동사의 연속성을 입증하고 있다. 그는 구한말 의병전쟁부터 1960년대 민주화운동까지 면면히 이어진 유교정치의 도덕적 이상의 연속성과 역동성을 보여주고 있다. 그는 이 책에서 유교와 유교인의 도덕적 행위가 어떻게 한국의 민주화운동에 기여했는가를 논증하고 있다.

특히, 그는 민주화운동의 유교적 습속으로 민족주의와 민중주의로 연결되는 유교적 대동사상이 어머니를 상징으로 하는 가족주의의 민족적·민중적 확대로 작동하고 있다고 분석하고 있다.

"어머니는 1980년대 민주화운동의 속성과 지향을 상징하는 자원이었던 것 같다. 민중가요인 〈선봉에 서서〉는 '오 어머니, 당신의 아들딸, 자랑스런 민주의 투사'라고 노래하였다. 투사자식들의 '뿌려진 피땀'에 비유되는 '어머니의 눈물'은 당대 자식들에게 연민으로 확대하는 이상적인 공동체적 어머니의 표상이었다. 동지애는 운동 참여자가 되기 위해서는 결단이 필요한데,… 대개는 선후배 사이 대면접촉을 통한 결속에 근거하는 경우가 많았다.… 가족주의의 전유로서 민중 개념은… 운동참여자는 억압받는 대중 일반으로서의 민중 개념을 받아들였고, 운동의 심화과정에서 민중 개념은 계급의식이 각성된 주체를 말하게 되었다"(이황직 2017, 92-94).

이황직은 이 책에서 변절=악, 지조=선이라는 사대부의 주자학적 도덕론과 위정척사론은 민주화운동권 세력에게 민족적 정통은 민족주의와 민주화(재야사림) 세력으로, 친일독재는 반민족세력으로, 선악의 이분법처럼 재코드화가 되었다고 분석하고 있다.

그는 사대부의 정통론과 위정척사론의 그늘 아래에서 '사쿠라'라는 경멸어가 사용되면서 야권과 운동권세력은 합리적 노선보다 선명성과 진영주의논리 경쟁에 내몰렸다고 보고 있다. 이런 위정척사론과 정통론에서 기원하는 명분론적 선명성과 진영주의 도덕관은 근대 대의제민주정치 운영의 핵심인 자율적 개인주의에 기초한 대화와 타협 그리고 공론장의 경쟁과 토론과는 거리가 멀 수밖에 없다.

1980년대 NL계와 CA(ND)계 및 PD계로 대변되는 학생운동권들은 성리학적 사유구조와 도덕관이 작동하는 유교적 습속에 기초하여 서구의 마르크스주의 계열의 사상이나 민주주의 계열의 사상을 흡수하면서 사상투쟁과 이념투쟁을 전개하였다.

NL계는 CA계의 러시아 사회주의 혁명을 성공시킨 볼세비키 방식의 선도투쟁과 혁명주의적 선민주의에 맞서 대중조직화에 있어 대의, 명분, 의리, 대동단결 품성론 등 유교적 관습과 가치 및 언어와 정서를 자원화하였다.

자율적 개인보다는 유교적 가족주의와 민족주의로 상징되는 집단주의로 무장한 정서적 유대감과 일체감 그리고 패밀리즘(familism)적 결속은 당시 NL계가 주류 운동권이 되는 운동권 조직방식에 큰 영향을 미쳤다.

무(武)보다 문(文)을 숭배하는 유교적 습속과 선악을 차별하는 도덕지향성은 독립운동과 근대화 및 민주화 과정에서 교수집단과 학생과 지식인들의 사회적 위세를 높게 유지하는 데 큰 영향을 미쳤다. 교수와 학생들의 저항과 제도권 진입은 일종의 성균관 유생들의 상소와 삼사의 간언운동처럼, '입신양명'과 '출세의 기회' 및 '신분과 권력 세습'으로 정당화되었다.

노동운동과 민주화운동을 오랫동안 한 진보정치인인 주대환은 『군자의 행진』에 대해 자신과 동료들이 대체로 마르크스스주의를 받아들이더라도 그 바탕에는 '유교적 선비'로서 자의식이 있었다고 고백하면서 다음과 같이 논평했다.

"대단하다. 감사하다. 이황직 교수가 연구를 정밀하게 해주셨다. '사(士)'로서의 자의식과 정서와 행동방식을 누구에게 배워서, 언제부터 갖게 되었을까? 나와 나의 민주화운동 동지들에 대해서 오래 전부터 가져온 의문이다. 이 교수는 이 책에서 유교는 몰락했으나 유교지식인, 즉 선비의 습속은 면면히 이어졌다고, 동학, 기독교, 마르크스주의, 심지어 아나키즘으로 개종한 후에도 독립운동가들과 지식인들은 근원적으로 '선비'였다고 전해준다. 우리는 그런 분들이 쓴 글과 시를 읽으며 자랐으니, 배운 사람은 당연히 '사'로서 의무를 다해야 한다고 생각하였다. 그것이 민주화운동가로서 살았던 청년 시절의 나와 나의 동지들이었다.

하지만 민주화 이후 30년을 살면서 민주주의를 경험해보니, 현대 민주주의체제는, 군자와 소인의 구별에는 큰 의미를 부여하지 않고, '군자'의 독재보다는 소인들이 서로 견제하게 하는 다당제, 삼권분립과 언론의 자유 등의 제도를 발전시켰다. '군자와 소인이 따로 있지 않다'는 인간관은 『좌파논어』에서도 썼지만… 나 자신 민주화 이후 30년 세월을 산 경험을 성찰하면서 얻은 생각이기도 하다. 즉, 나는 현대 민주주의가 기반한 (영미의 경험론)철학에 승복하였다.

그래서 나의 옛동지들에게 간혹 불편함을 느끼고 그들이 대중을 계몽하러 나설 때는 반감도 느낀다. 더욱이 다른 생각이나 정치노선을 가진 사람들을 의로움을 쫓는 자신들과는 매우 다른, 이익을 쫓는 '소인'으로 쉽게 규정하는 데에 이르면… 글쎄, 그들을 꾸짖고 싶어질 때도 있다. 그들이 '지조'나 '변절' 같은 위정척사파 최익현 선생이 쓰시던 언어를 쓸 때는 같이 놀고 싶지 않다(김홍집, 조봉암에 깊이 공감하는 나의 정서).

그래서 이황직 교수의 연구에 감사하면서도, 그 연구의 철학적 전제, 즉 '군자와 소인이 따로 있다'는 믿음에는 의문을 가지고, 또 연구의 목적, 즉 '유교 민주주의'의 가능성을 찾고자 하는 데에도 회의적이다. 이 교수가 인용한 로버트 달의 '소수의 지혜를 가진 사람(바로 군자!)이 통치한다는 생각은 민주주의와 배치된다'는 판단이 맞다고 나는 생각한다. 그것은 바로 플라톤의 철인정치론이 민주주의에 적대적이었던 것과 같다.

민주화운동가들이 사실은 유교적인 행동방식을 가진 전근대인이며, 반민주적인 '사'라는 사실은 아이러니이고, 그들이 민주화운동의 상징 자산에 기대어 담론과 권력을 독점하고 있는 현실은 한국사회의 발전을 가로막는, 고령화와 더불어 큰 부담이 아닐 수 없다. 나는 다만 미래의 주인인 아들, 며느리 세대를 향하여 '청년이여 궐기하라'고, 이불 속에서 외칠 따름이다. 아니 면전에서는 그저 '니들의 세상, 니들이 알아서 하세요!'라고 굴하게 말하고 만다"(주대환 2018).

또한 『대동민주 유학과 21세기 실학』의 저자인 나종석 연세대 국학연구원 교수는 유교와 민주주의가 서로 상충하는 이념이라는 통념을 거부하면서 오히려 한국의 민주주의는 유교라는 뿌리가 있었기에 꽃을 피울 수 있었다고 주장한다.

그는 조선시대 유림이 임금에게 올린 집단상소와 독재에 저항한 민주화운동은 공히 선비정신을 매개로 한 광범위한 연대가 기반이 됐다고 강조하면서 "한국 민주화운동은 지식인의 실천적 참여의식과 이를 바람직한 인간상으로 인정하는 일반 사람들 사이의 연대성과 공유의식이 있었기에 가능했다"고 설명한다(나종석 2017).

사농공상을 차별하면서 관존민비(官尊民卑)의 위계서열을 강조하는 유교적 관료주의와 성리학적 사대부주의에 영향을 받아 선민의식으로 무장했던 586 운동권들의 습속은 문재인 정부의 주류세력으로 등장하면서 소득불평등의 원인이 된 비정규직임금차별, 여성임금차별, 젠더불평등의 문제를 해결하지 못하는 배경으로 작동하고 있다. 그 이유는 그들이 민주화운동을 주도했던 민주노총을 중심으로 하는 상위소득 10%를 점하는 조직노동과 정규직의 이해를 정치적으로 대변하고 있기 때문이다(이철승 2019).

586 운동권그룹의 기득권적 태도를 통계를 통해 학술적으로 보여주고 비판한 학자는 『불평등의 세대』를 쓴 이철승 교수이다. 그는 한겨레신문 기자와의 인터뷰에서 "586세대가 민주화운동으로 얻은 기회와 특권으로 후속세대에게 분배되어야 할, 부와 권력을 지난 15년 이상 장기적으로 독점"하면서 "이제는 불평등의 치유자가 아니라 불평등의 생산자이자 수혜자로 등극했다"고 비판하였다(김지훈 2019).

이상과 같이, 위정척사(衛正斥邪)와 소중화(小中華)의 도덕주의적 습속은 오늘날 586 운동권그룹 정치인들에 의해 민주 대 반민주, 진보 대 보수라는 좌우진영 논리로 연결되어 잘 계승되고 있다는 점이다.

자신은 정의롭고 도덕적이며, 타인은 부정의하고 사악하다고 보는 위정척사의 사유구조와 이분법적 선악의 도덕관은 중화는 문명국이고, 비(非)중화는 야만국이라는 차별적 시각은 반일민족주의와 진영논리 담론으로 재구성되어 여야 간의 정치적 타협과 정치적 용서를 힘들게 하고, 결국 대화와 타협 및 숙의를 기초로 하는 정치선진화와 민주주의생활화를 힘들게 한다는 점이다.

이런 규범은 21세기적 시대상황에 맞게 극복될 필요가 있다. 민주화가 시작된 지 37년이 넘어가고 있다. 1단계인 '민주단계'가 어느 정도 달성된 만큼 이제는 2단계인 '공화단계'로 이행하는 게 적절하다. 독재정부에 저항하면서 민주화를 주도했던 586 운동권그룹의 재민주화가 필요할 수도 있다.

5. 소결론

'조국사태'에서 진영논리를 부추기면서 정권창출의 주역으로 전면에 등장했던 586 운동권그룹의 행태는 선거경쟁이라는 '대의민주주의 제도'에 친화적이지 못한 전근대적인 유교적 습속을 보여주어서 국민의 상식적 도덕감정과 충돌하였다.

특히, 딸의 입시비리(특혜) 의혹을 받았던 조국 법무부장관 후보자의 자질을 놓고 그의 임명을 지키려는 '조국수호파적 태도'는 도덕에 대한 이중잣대의 내로남불적 태도를 보여줬다는 점에서 국민적 논쟁이 될 수밖에 없었다.

논쟁이 되었던 '조국 장관 딸의 입시비리(특혜) 의혹'이란 대체 어떤 것일까? 인적 네트워크가 강한 교수들끼리 자식에 대한 정보와 특혜를 주고받으면서 '계층이동의 사다리'라고 하는 교육이란 합법적 수단으로 포장해 명문대 학벌과 전문직이라는 사회적 지위를 세습하려 했다는 정황이다.

평소 “계층상승 통로인 교육마저 특정 계층에 유리하게 짜여 있다면 심각한 문제”라고 도덕적 정의와 공정성을 부르짖었던 조국 장관 후보자였기에 이것과 충돌되는 “조국 장관 딸의 입시비리(특혜) 의혹”은 하나의 충격이었다. 공직자 자질에 대한 우려와 부적절성을 제기하는 것은 자연스러운 국민감정이었다. 많은 청년들과 학부모들은 그의 공직자 자질에 절망하고 분노했다.

하지만 유감스럽게도 조국 장관 후보자와 조국 후보자를 지지하는 586 운동권그룹은 이런 분노와 우려의 국민감정을 외면했다. 그들은 조국의 허물과 위선을 비판하는 사람들을 ‘자유한국당 지지자’나 ‘토착왜구’로 매도하거나 적대화하며 상대를 괴멸과 타도 및 숙청의 대상으로 보는 진영논리 습속을 보여주었다.

이러한 586 운동권그룹의 유교적 습속은 선거경쟁을 외면하고 민심을 왜곡한다는 점에서, 선거경쟁으로 국민의 선택을 받겠다는 대의민주주의제도에 부합하지 않는 시대착오적인 규범이 되었으며, 이에 향후 정치발전과 민주주의 발전을 위해서 극복의 대상이 되어야 함을 시사한다.

이런 586 운동권그룹의 유교적 습속과 규범은 민주공화국의 정신을 구현하는 노선인 공화주의와 충돌하는 전근대적인 유교와 가부장적인 가족주의 습속이 여전히 작동하고 있음을 보여줬다. 이 점은 향후 극복을 위한 대안적 논의의 필요성을 제기한다는 점에서 시사점을 주고 있다.

요약해보면, 조국과 함께 현 제도정치권을 주도하는 586 운동권그룹의 리더십은 세계화·탈냉전·정보화·후기산업화·탈물질주의화 등으로 표현되는 21세기 시대상황과 부합하지 않는 '위계서열의 집단주의'와 '이분법적 선악관'을 내포하는 시대착오적인 낡은 도덕규범이기에 이를 극복의 계기로 삼아야 한다는 점이다.

본 글은 '조국사태'에서 드러난 조국과 586 운동권그룹의 행태를 '유교적 도덕주의'와 '주자학적 민족주의론'으로 상징되는 유교적 무한세계관의 습속으로 서술하고, 이러한 현상이 민주화가 된 지 한 세대가 지나도록 경쟁과 협력으로 상징되는 선거민주주의의 규범과 충돌하면서 재현되는 배경에 대한 원인진단과 처방을 찾기 위한 실험적 시도로서 출발하였다.

이 글은 민주화를 주도했던 586 운동권세력의 유교적 습속과 이율배반적인 도덕관에 대한 논쟁사항을 다룬 실험적 시도라는 점에서 매우 논쟁적이고 이견이 많을 수밖에 없다.

당연 많은 한계를 가진다. 논의 전개상 많은 것을 다룰 수밖에 없기에 추상적인 논의가 많았고, 충분한 증거와 예시자료가 부족하다는 근본적인 한계를 가질 수밖에 없다. 이런 한계는 추후 다른 이견제시와 논쟁을 통해 비판되고 채워질 필요가 있다.

특히, 이 글은 당초 습속에 대한 비교학적 연구를 전제로 한 시사점 찾기였지만 지면의 제약상 진행하지 못하는 근본적 한계를 가지고 있다. 물론 시사점을 명시적으로 언급하지는 않았지만, 연구가설 설정의 관점에 따른 서술과정은 이미 '습속'의 비교학적 시각을 내포하고 있다.

이번 글은 많은 한계에도 불구하고, 선행연구를 검토하고 하나의 비교학적 연구가설을 설정하여 관련내용을 서술하고자 시도했다는 데 실험적 의의가 있다. 즉, '조국사태'에서 드러난 조국과 586 운동권그룹의 도덕에 대한 이율배반적인 행태가 '천인분리'를 지향하는 유한세계관의 청교도 습속과 대비되는 '천인합일'을 지향하는 무한세계관의 유교적 습속의 관점에서 나올 수밖에 없는 산물로 서술하고 대안적 시사점을 찾고자 한 점이다.

〈참고문헌〉

강준만. 2007.『한국근대사 산책1』. 서울: 인물과 사상사.

곽아람. 2019. "21세기 韓日갈등, 구한말 위정척사 대응이 웬말." 조선일보(8.8).

기조, 오구라. 조성환 역. 2017.『한국은 하나의 철학이다』. 서울: 모시는 사람들.

김성민. 2019. "'친일 프레임'은 바보 멍청이짓 – 진짜 친일하는 사람들?" 시사포커스 칼럼(4.30).

김용덕. 1987. "주자학적 민족주의론."『조선후기 사상사 연구』. 서울: 을유문화사.

김지훈. 2019. "'권력 장악 '막강 386세대' 양보해야 자녀 세대가 산다." 한겨레(8.11).

나종석. 2017.『대동민주 유학과 21세기 실학』.서울: b.

박민영. 2003a.『대한제국기 의병연구』. 서울: 한울아카데미.

박민영. 2003b.『유인석의 해외 항일 투쟁』. 서울: 나라사랑.

박성현. 2018. "조선말기 위정척사(衛正斥邪) 운동과 문재인 정부 정책의 유사성." 조선일보 칼럼(2.12).

박준호. 2019. "한국·바른미래, 조국·유시민·이인영 싸잡아 비판 '反日 선동으로 면피'." 뉴시스(7.21).

송홍근. 2019. "386 핵심 서울대 82학번 집중탐구 '조국은 '운동' 열심히 안 한 半운동권." 신동아 10월호(9.22).

오영섭. 1997.『화서학파의 보수적 민족주의 연구: 그들의 위정척사론과 의병운동을 중심으로』, 한림대 대학원 박사학위논문.

오영섭. 1999.『화서학파의 사상과 민족운동』. 서울: 국학자료원.

오영섭. 2013. "위정척사사상가들의 사유구조와 서양인식: 화서학파의 경우를 중심으로."『숭실사학』. 통권 30호. pp. 109-144.

유지만. 2019. "'과거 조국' '현재 조국'을 부정하다." 시사저널 1558호(8.26).

윤원근. 2014.『동감신학』. 서울: 한들출판사.

이가영. 2019. "'조국조', '조로남불'…임명 전부터 조국 발목 잡았던 과거 SNS 발언." 중앙일보(10.14).

이동수. 2020. "공화주의적 통치성: 르네상스기 이탈리아 도시국가를 중심으로." (사)한국정치평론학회 춘계심포지엄 〈다층적 통치성과 한국정치의 미래〉

자료집.
이성무. 2006. "한국현대사와 민족주의." 역사아카데미(4.7).
이철승. 2019. 『불평등의 세대』. 서울: 문학과지성사.
이황직. 2017. 『군자들의 행진: 유교인의 건국운동과 민주화운동』. 서울: 아카넷.
장용진. 2019. "'운동권 3대 조직'의 뿌리, 서울대 82학번...'조국사태'로 다시 맞붙다." 아주경제(9.8).
정가람. 2019. "조국 수석이 페북에 '죽창가' 올린 이유…'일본 경제보복 겨냥?'." 서울경제(7.14).
정철운. 2019. "조국의 '애국' 페이스북이 남긴 것." 미디어오늘(7.24).
주대환. 2018. "『군자의 행진』 서평." 주대환 페이스북(1.28).
채성준. 2019. "한국인의 지나친 도덕지향성이 불러올 비극." 이슈게이트칼럼(1.12).
채진원. 2019a. 『공화주의와 경쟁하는 적들』. 서울: 푸른길.
채진원. 2019b. "조국의 '가짜애국론' 넘어 안중근의 '공화주의 애국'으로." 오피니언뉴스 칼럼(8.3).
채진원. 2020a. "3·1운동과 민주공화국 탄생." 한국일보 칼럼(2.26).
채진원. 2020b. "'아내 탓' 하지 않는 생활진보." 오피니언뉴스 칼럼(2.22).
채진원. 2020c. "내로남불 비판에 무딘 후보들." 한국일보 칼럼(4.8).
토크빌, 알렉시스. 임효선·박지동 역. 1997. 『미국의 민주주의 I』. 서울: 한길사.
하세린·오문영. 2019. "조국, 뇌물수수 등 11개 혐의…넉달만에 '가족 비리수사' 마무리." 머니투데이(12.31).
함재봉. 2017. 『한국사람 만들기 1 · 2』. 서울: 아산서원.
헨더슨, 그레고리. 이종삼·박행웅 역. 2013. 『소용돌이의 한국정치』. 서울: 한울.
Huntington, S. P. 1991. *The Third Wave: Democratization in the Late Twentieth Century*, Norman-London, University of Oklahoma Press.
Weber, Max. 1958. *The Protestant Ethic and The Spirit of Capitalism*, trans. Talcott Parsons. New York: Charles Scribner's Sons.

제3장

청교도 습속이 유교적 습속 개혁에 주는 교훈

1. 586 운동권의 재민주화는 어떻게 가능할까

이른바 586(50대·80년대 학번·60년대 생) 운동권 출신들이 문재인 정부에 들어와서 다시 주목을 받았다. 조국 법무부장관도 그렇고 조국 장관을 옹호하는 더불어민주당 지도부 상당수도 586 운동권 출신이기 때문이다. 586 세대가 우리 현대 정치사에 미친 영향은 상당하다. 긍정적인 영향은 물론 부정적인 영향도 큰 게 사실이다.

2019년 '조국사태'를 시작으로 하여 2020년 윤미향 사건과 박원순 사건을 계기로 586 운동권그룹 출신 정치인들의 행태에 대한 비판적인 여론이 크게 대두되었다. 그들에 대한 대체적인 비판 내용은 586 운동권그룹이 20대 젊었을 때는 독재와 기득권 타파를 주장한 민주화의 주역이었으나 50대 때엔 문재인 정부를 이끄는 집권세력이 되면서 기득권 수호와 도덕적 위선주의의 상징으로 타락했다는 평가이다.

즉, '아빠찬스'와 '반일(反日)민족주의' 논란을 불러온 조국 전 법무부장관 사건, 아들의 병역특혜 논란을 불러온 추미애 전 법무부장관 사건, 정의기억연대 후원금 횡령 논란을 불러온 윤미향 민주당 의원 사건, 성폭력 문제를 불러온 고(故) 박원순 전 서울시장 사건 등 이른바 '공정'과 관련된 이슈에서 586 운동권 출신 정치인들은 불공정에 맞서 싸우기보다는 사건의 당사자들을 비호하거나 침묵으로 방관했다는 평가다.

특히, 2021년 3월 23일 임종석 전 청와대 비서실장이 "박원순은 정말 그렇게 몹쓸 사람이었나"란 글을 페이스북에 올리고, 이 글에 조국 전 법무부장관이 '슬퍼요'를 눌러 공감을 표한 사건은 많은 비판을 받았다.

진보정당인 정의당은 논평을 통해 "참담하다. 우상호 의원의 박원순 계승 발언을 잇는 찬양·두둔 발언은 성폭력에 대한 민주당의 인식 수준이 어느 정도인지 적나라하게 보여준다"라고 비판했다. 앞서 우상호 의원은 민주당 서울시장 후보 경선 막판이던 지난 2월 10일 "박 시장은 제게 혁신의 롤모델이었다"고 말해 비판을 받은 바 있다(김성욱 2021).

정영애 여성가족부 장관은 2월 18일 우상호 더불어민주당 서울시장 예비후보의 '박원순 롤모델' 발언이 사실상 2차 가해에 해당한다는 입장을 밝힌 바 있다. 정 장관은 국회 여성가족위원회 전체회의에서 '우상호 후보의 박원순 롤모델 발언이 2차 가해에 해당한다고 보느냐'는 김미애 국민의힘 의원의 질문에 "피해자에게 2차 가해가 될 수 있는, 상처를 줄 수 있는 언행은 누가 되든지 자제해야 한다고 생각한다"고 말했다(김다영 2021).

신율(2019)은 "우리나라 586세대는 희생과 노력을 통해 독재정권을 무너뜨리고 이를 기반으로 한 제도적 차원의 민주주의 생성에 지대한 기여를 했지만, 역설적으로 제도에 대한 이성적 신뢰를 우리 사회에 뿌리박게 하지는 못했다. 독재정권을 타도하는 데는 성공했지만, 스스로 민주적 가치를 내면화하는 데는 성공하지 못했다"고 비판하고 있다.

김호기(2021)는 586 출신 정치인에 대해 "적과 동지의 이분법, 즉 민주 대 반(反)민주 구도만으로 정치를 할 순 없다. 현실에선 선악의 이분법을 뛰어넘는 여러 개의 답이 있고, 그 가운데서 국민 삶의 질을 제고하는 최선의 방법을 찾아야 한다"고 비판했다.

그리고 이철승(2019)은 2019년 출간한 『불평등의 세대』를 통해 586세대가 정치·경제 권력을 독점해 청년세대를 착취하고 있다는 견해를 여러 자료를 통해 주장했다.

강준만(2021)은 2021년 2월 "부족국가 대한민국"이라는 제목의 경향신문 칼럼에서 586 운동권의 '정치적 부족주의'가 "동지애를 강조하며 우리 편과 반대편을 나누어 선악의 이분법에 빠지다 보니 공과 사를 구분하지 못한다"고 비판했다.

또한 그는 "국정운영을 반독재투쟁하듯이 하면서 '운동권 부족주의'를 유감없이 드러내 보이는 게 아닌가. 보기에 흉한 부족주의 스캔들이 많았지만, 가장 대표적인 게 바로 '윤미향 사건'과 '박원순 사건'이었다"고 평가했다.

유창선(2021)은 『나는 옳고 너는 틀렸다』는 책을 통해서 문재인 정부를 이끄는 운동권 출신 586세대와 이를 컨트롤하지 못한 대통령을 비판하고 있다. 유창선은 "촛불 정부를 자처했던 문재인 정부에서는 나와 생각이 다르면 적폐라고 단죄되고, 의견이 다르면 '토착왜구'라고 낙인찍힌다"고 문제점을 진단했다.

이상으로 언급된 연구자들은 586의 행태에 대한 날카로운 비판에도 불구하고, 민주화를 주도했던 586이 어떻게 이율배반적인 행태를 보일 수 있는 것인지에 대한 원인진단과 처방에 대한 논의가 빠져 있다. 따라서 586출신 정치인과 그를 지지하고 있는 사람들을 대안제시로 설득할 수 없다는 약점을 보인다.

이것을 보완하고자 하는 연구자들에게서 586출신 정치인들의 행태인 '내로남불'로 표현되는 이중잣대와 진영논리는 국민들의 민의로 작동하는 민주주의와 민주공화주의 규범보다는 위정척사론과 소중화론 등 선악의 이분법을 기초로 적과 동지를 구분하여 차별하는 '유교적 사유구조와 습속'을 닮았다는 논의가 제기되었다.

이 같은 입장을 제시하는 대표적인 연구자는 채진원(2020)이다. 그는 조선 주자성리학자들의 위정척사론과 586 운동권그룹의 사고체계, 즉 도덕지향성과 이분법적 선악관이 놀랍도록 유사하다는 견해를 문제로 제기하여 논쟁을 일으켰다. 그의 주장을 살펴보면서 토론과 함께 후속논의를 진행하는 것이 필요한 시점이다.

그는 "어쩌다 우리 정치는 586 운동권그룹이 겉으로는 공정과 정의를 부르짖으면서도 속으로는 반칙과 특권을 일삼고, 기득권을 탐하는 입신출세자의 상징이 되어 민주공화국의 정신인 공화주의와 충돌하는 선악의 이분법이란 진영논리로 위정척사와 소중화를 부활시키는 주역으로 등장하도록 허용했을까?"라는 문제를 제기하였다.

또한 그는 "유교적 습속이 오늘날 586 정치인들에 의해 '민주 대 반민주' '진보 대 보수'라는 좌우 진영논리로 계승되면서 시대착오적이고 반민주주의적인 행태가 반복되고 있다"며 "21세기 시대 상황에 부합하지 않는 '이분법적 선악관'은 극복돼야 한다"고 강조했다.

그의 연구는 당초 청교도와 유교의 습속차이에 대한 비교학적 연구를 전제로 586 운동권 출신 정치인들이 보인 습속의 문제점을 극복하기 위한 대안적 습속의 실마리를 찾는 것이었지만 지면의 제약상 586 운동권그룹이 보인 행태가 유교적 습속과 연결되어 있다는 설명 이상으로 서술하지 못하는 한계를 보이고 있다.

또한 그의 연구는 결론에서 586의 재민주화를 촉구하면서도 그 대안에 대해서는 실마리를 제시하지 못하는 한계를 보이고 있다. 즉, 586의 유교적 습속행태가 청교도 습속에서 나온 민주주의와 민주공화국 규범과 비교해볼 때, 어디서 문제가 되어 충돌하고 있으며 이를 어떻게 극복할 수 있을지에 대한 원인진단과 처방에 대한 논의가 빠져 있는 한계를 보이고 있다.

본 글은 선행연구에서 소개한 막스 베버, 토크빌, 그레고리 헨더슨, 헌팅턴, 윤원근 등의 접근처럼, 어떻게 청교도 습속 기반의 영국과 미국은 유교적 습속 기반의 조선과 달리, 민주주의와 민주공화국과 친화적인 규범을 창출할 수 있었을까에 대한 해답을 찾는 데 집중하고자 한다. 그리고 그 대안의 실마리는 '천인합일' 지향의 유교적 습속과 다른 '천인분리' 지향의 청교도적 습속의 특징에서 찾고자 한다.

본 글의 목적은 '586 운동권그룹 출신 정치인의 재민주화'가 어떻게 가능한지에 대한 실마리를 찾기 위해 청교도적 습속과 유교적 습속의 차이를 비교하고, 청교도 습속이 586 운동권그룹의 유교적 습속 개선에 주는 공화주의적 함의를 찾는 데 있다.

이런 습속에 대한 비교학적 논의는 '조국사태'에서 드러난 586 운동권그룹의 유교적 습속행태의 문제점을 극복할 수 있는 원인진단에 따른 처방의 실마리를 이끌어낼 수 있다는 유익함을 줄 수 있다.

2. 막스 베버, 존 칼뱅, 스코틀랜드 계몽주의 논의

막스 베버의 논의와 한계

막스 베버는 『프로테스탄트 윤리와 자본주의 정신(The Prostestant Ethic and the Spirit of Capitalism)』이라는 책에서 자본주의의 출발이 칼뱅의 청교도 윤리와 관계가 있다고 주장하였다(베버 2022). 그는 청교도인들의 세속적인 생활습속인 직업윤리와 개인주의가 자본주의 시장경제와 친화성을 가짐으로써 자본주의 발전에 도움이 되었다고 분석했다.

막스 베버는 이 책에서 '자본주의 정신'은 칼뱅의 구원예정설을 세속화하는 부(富)의 축적과 노동윤리를 인정하는 직업적 소명의식, '신 앞에 선 단독자'로서의 개인의 양심과 자율성을 존중하는 개인주의 문화 등 칼뱅주의적 에토스에서 기원한다고 설명하고, 이것이 독일의 루터주의와 프랑스의 가톨릭과의 차이라고 분석하고 있다.

막스 베버에 의하면, 칼뱅주의 교도들은 루터교도와 달리 구원이란 자기 스스로 도를 닦아 수련을 많이 쌓는다고 해서 획득될 수 있다고 믿지 않고, '구원예정설'과 '직업소명설'대로, 신의 영광을 위하는 삶의 목표와 그것을 입증하기 위한 실천에 따라 이 세상을 변혁하는 행동의 길에서 찾았다고 분석한다.

즉, 칼뱅주의 교도들은 루터교도처럼 개인 차원의 경건과 명상에 참여하거나 권위체제에 대하여 고분고분 순종하지 않고, 자신의 믿음을 세상 속에서 실천적으로 증명해야 할 적극적 행동과 쟁투를 요청하는 삶의 지향성에서 찾았다고 분석하고 있다(박영신 2009, 114-115; Walzer 1965).

자본주의 정신과 칼뱅주의 교리 사이에 상관관계가 존재한다는 주장은 '청교도 윤리와 자본주의 정신' 간 '선택적 친화성(elective affinities) 테제'로 제기되었다(Weber 1959, 5-27).

여기서 말하는 자본주의의 '정신'은 장로교 교회조직이 장로들에서 목사직급을 선출하여 운영하는 것처럼, 단순한 '배금주의'와 '이익의 추구'가 아니라 조직경영과 경제활동을 합리적으로 운영하는 '청교도적 에토스'와 관련이 있다. 베버의 이런 '선택적 친화성 테제'는 종교적 동기(상부구조)가 시장경제(하부구조)를 변화시키는 의도하지 않은 동력이 된다.

베버(2022)는 칼뱅주의가 '직업소명설'을 통해 신자들을 실천적으로 독려하였고, 신자들의 내적 믿음이 실천적 증명으로 자연스럽게 연결되면서 가톨릭과 같은 '수도사적 금욕주의' 대신 의도하지 않게 직업에서의 성공과 부의 축적을 하나님의 선택과 구원의 표지로 삼는 것과 같은 '세속적 금욕주의'를 내면화했다고 설명하고 있다.

즉, 베버에 의하면, 청교도들은 눈에 보이는 부(富)가 보이지 않는 신의 선택의 증거라고 위로하면서, 불변의 운명(영복의 구원이냐, 아니면 영벌의 심판이냐)에 대한 불확실성을 줄여보려고 하였다는 것이다. 결국 이런 그들의 걱정과 불확실성을 줄이고자 하는 근면, 성실의 검소함과 경건함을 결합한 '청교도적 노동윤리'와 '소명으로서 직업윤리 의식'이 '세속주의에 기초한 자본주의 정신'이 되었다는 것이다.

막스 베버는 시장경제를 수용하는 '청교도 윤리(습속)와 자본주의 정신' 간 '선택적 친화성 테제'를 주장하여 후발주자였던 독일에게 자본주의를 소개했지만, 독일의 근대화 모델의 대안에 대해서는 영미처럼 '시장경제의 자생적 질서'와 친화적인 '민주주의에 기초한 민주공화국론'을 소개하지 않고 그 대신 '관료주의에 기초한 민족주의'를 소개하였다고 평가받고 있다.

이런 그의 학문적 행적은 '청교도 윤리(습속)와 시장경제의 자생적 질서와 민주공화국론 간의 친화성'에는 침묵함으로써 히틀러의 민족주의와 전체주의를 불러들이는 공백을 만들었다는 비판을 받고 있다(윤원근 2021).

특히, 막스 베버는 이런 '선택적 친화성'을 설명하면서도 청교도 정신의 영향을 받은 스코틀랜드 상식학파의 한 사람인 애덤 스미스가 그의 저서 『도덕감정론』에서 주장한, 영국식 시장경제의 '자생적 질서'가 인간의 이기심에도 불구하고 "자기 이익우선 거부의 원칙"

이라는 '상호적 동감원리'에 따라 자율적으로 규제되는 '민주적 시장경제'가 작동할 수 있다는 것에 대해서는 설명하지 않았다는 것이다(윤원근 2021).

막스 베버는 인간의 '도덕감정에 따른 지지와 거부'라는 보이지 않는 손이 상호견제와 균형의 원리로 작동하여 자율적으로 규제되는 자생적 시장경제의 질서와 그에 부합하는 정부의 민주적 운영질서에 대해서는 설명하지 않았다.

이런 설명부재와 논의배제는 막스 베버가 영국의 시민혁명 사례처럼, 자생적 시장경제의 질서를 주도하는 부르주아 시민들이 청교도혁명과 명예혁명 등 시민혁명을 통해 의회민주주의와 민주공화주의적인 시민정부를 만들었다는 사례를 독일 학계에 소개하는 데 인색했던 것으로 나타났다.

이에 따라 막스 베버는 독일이, 관료주의에 기초한 민족국가주의 모델이 아닌 자생적 시장경제의 질서와 민주주의 조화론 혹은 자생적 시장경제의 질서와 민주공화국론 간의 부합 등을 논의하지 않거나 제시하는 않는 한계를 보여주고 있다.

칼뱅의 공화주의론 논의

상술한 막스 베버의 논의는 칼뱅주의에서 나온 습속문제를 전제로 하기에 청교도의 기원인 존 칼뱅의 정치사상에 관한 논의를 전개할 필요가 있다.

즉, 청교도 정신의 출현과 이에 따른 세속적 직업윤리의 확대가 자연스럽게 개인주의에 기초한 시장경제와 민주주의로 혹은 개인주의에 기초한 시장경제와 민주공화국론 간의 선택적 친화성 테제로 이어졌다는 것을 확인하기 위해서는 칼뱅의 정치사상을 논의하는 것이 필요하다.

칼뱅의 정치사상과 민주주의는 상관이 없다고 주장하는 학자들은 칼뱅은 국민주권이 아닌 하나님 주권을 주장하며, 이른바 '하나님 주권'이라는 신학 원리를 고수하기에 민주주의와는 관계가 없다고 주장한다. 하지만 칼뱅의 정치사상과 민주주의 관계를 긍정적으로 평가하는 학자들이 많이 있다(장정애 2008; 윤강희 2008).

먼저 허버트 달링 포스터(Herbert Darling Forster)는 캘뱅이 순수한 귀족제 또는 민주제와 혼합된 귀족제를 지지하면서 민주적인 선거로 통제받는 시민정부론에 대한 소신을 표현했고, 이러한 칼뱅의 정치사상이 발전하여 미국의 청교도적인 민주주의가 실현되었다고 주장한다(Forster 1908; 윤강희 2008).

또한 에밀 두메르그(Emile Doumergue)는 칼뱅의 정치제도는 군주정치가 아니라 시민들이 선택하는 관리에 의한 정치였고, 하나님 주권론에 대한 강조는 군주를 낮추고 백성을 높이는 결과를 가져왔다고 분석하였다. 또한 그는 사제제도가 폐지된 교회의 평등주의적인 이념은 정치적 자유를 위한 조직의 운영모델로 작용했다고 진단한다.

종합적으로 그는 칼뱅의 국가관은 적극적이고 도덕적인 내용을 가진 민주적 국가관이었고, 그의 교회 이론은 강력한 '대의민주주의적인 요소'를 구현하였다고 주장한다(두메르그 1995, 121-122; 윤강희 2008).

또한 한스 바론(Hans Baron)은 칼뱅의 공화주의가 부처(Butzer)의 '하위관원 이론'의 영향을 받아 발전했다고 주장한다. 그는 '사사기 주석'에서 절대 권력이 군주에게 주어지는 곳마다 하나님의 영광과 지배는 손상되었으므로, 세습적인 왕국이 아니라 선출된 군주가 더 지지받는 정치제도라고 주장하였다. 그에 의하면 칼뱅은 부처의 사상을 이어받아 '하위 관원'을 '국민의 관원'으로 대체하면서 그의 '공화주의 사상'을 형성하였다고 분석한다(Baron 1939, 37-38; 윤강희 2008).

그리고 윈드롭 허드슨(Winthrop Hudson)은 "칼뱅의 사상은 민주주의적 관념을 정교화하는 데 잠재적인 근거를 제공하였다"고 분석한다. 또한 그는 칼뱅의 노선이 "독재에 대한 저항의 근거를 제공"했으며, "명백한 민주주의적 정치 철학의 구성을 내포하고 있다"고 주장한다(Hudson 1946, 179; 윤강희 2008).

또한 존 맥닐(John T. McNeil)도 칼뱅은 '정치적 공화주의자'로서 가장 우수한 정부형태로 본 귀족정과 민주정이 섞인 혼합정부는 현재 우리의 대의민주주의 개념에 가깝다고 평가하였다. 또한 그는 "칼뱅의 후기 저서를 보면 정부의 이상적 기초는 시민에 의한 선거임이 분명히 드러난다"고 분석한다(McNeil 1949, 162; 윤강희 2008).

아울러 랄프 한코크(Ralph C. Hancock)는 두메르그의 시각을 계승하여 '칼뱅의 정치사상이 민주주의를 발전시키는 토대가 되었다'고 주장한다. 그는 선거를 통한 칼뱅의 귀족주의 정치체제가 신학적 토대를 가지고 있으며, 교회정치에서의 변화가 정치적 자유를 위한 모델로 작용하고 공화주의적인 정치를 교육시킨다고 분석하였다.

또한 그는 칼뱅주의의 교훈은 국민주권과 하나님의 주권이 결합하는 시민정부형태로 귀결된다고 진단하였다. 그래서 칼뱅의 정치사상은 민주주의 발전에 기여한다는 결론을 내렸다(Hancock 1989, 20-45; 윤강희 2008).

에른스트 트뢸치(Ernst Troeltsch)는 "칼뱅주의가 민주주의 사상과 내면적 유사성이 있다"고 평가하면서 칼뱅주의가 민주주의 발전의 길을 열어줬다고 평가한다(Troeltsch 1956, 640; 윤강희 2008).

이처럼 칼뱅의 정치사상이 근대 민주주의론과 공화주의론 및 시민정부론에 긍정적인 영향을 미쳤다고 보는 학자들은 칼뱅의 장로들 중심의 교회조직운영이 민주적인 정치형태에도 영향을 주었고, 자연법 사상, 하나님의 주권과 국민주권의 결합, 국민의 관원에 의한 저항권 사상들이 공화주의 사상과 연결되어 민주주의 발전에 기여했다고 평가한다.

칼뱅은 자신의 정치사상을 『기독교강요』 4권 마지막 20장 '국가통치'에서 구체적으로 귀족정과 민주정이 결합한 혼합정적 대의제, 선거제, 법치주의, 국민저항권을 가진 정부형태로서 민주공화국론으로 설명하고 있다.

"철학자들이 논하는 정부의 세 형태에 대해서 그 자체만을 생각한다면, 나는 귀족정치가 또는 귀족정치와 민주정치를 결합한 제도가 다른 형태보다 훨씬 낫다는 것을 부인하지 않겠다. 귀족정치 자체가 가장 좋다기보다는 항상 공정하며 바른 생각만을 하는 자제력이 강한 왕은 아주 드물기 때문이다.… 그러므로 사람의 결함이나 실패 때문에, 여러 사람이 정권을 운영하는 편이 더욱 안전하고 보다 견딜 만하다(Ⅳ, xx. 8.)"(칼뱅 1994).

칼뱅이 귀족정치와 민주정치가 결합한 민주공화국론을 주장하는 배경에는 이른바 '두 정부론'이 있다. 그에 의하면, 이 세상에는 '영적 통치'를 하는 '그리스도의 정부'가 있고, '국가 통치'를 하는 '시민의 정부'가 있다. 모든 사람은 이중의 통치를 받고 살고 있다. 국가와 교회, 이 둘은 모두 하나님의 섭리에 의해 세워진 기관이다.

이 중 국가는 예배를 유지하고 교회를 보호하며, 사회의 질서와 평화를 유지하고 국민의 복지를 향상시키기 위해 존재한다. 칼뱅은 국가의 이상적 정부형태를 귀족정치와 민주정치가 혼합된 일종의 대의민주주의적 형태라고 말한다(윤강희 2008).

그래서 그는 국가는 왕이나 집권세력에 의해 통치되지 말아야 하고, 오직 법에 따라 통치되어야 한다는 법치주의를 주장하였다. 또한 집권자가 국민의 복지를 무시하며 전제적 정치를 펼 때는 '국민의 관리'를 통해 저항권을 행사해야 한다고 보았다.

즉, 국회와 같은 권력 견제기구가 있어야 한다고 권력 분립을 주장한 것이다. 또한 국가의 집권자는 하나님의 대리자로 소명을 받은 자로서 직무에 충실해야 하고, 국민은 집권자와 법에 순복할 의무가 있다.

칼뱅은 '하나님 주권'을 주장하였지만, '국민의 관리'를 선출하는 방법으로 '선거'를 인정함으로써 하나님의 주권과 국민의 주권이 결합할 수 있는 시민정부의 길을 열어놓았으며, 이것이 근대 대의제 민주주의와 민주공화제 정부의 출현과 발전의 토대로 연결되었다.

이처럼 칼뱅의 정치사상은 근대 민주주의와 민주공화주의론의 발전에 깊은 영향을 미쳤다. 이는 역사적인 사례로도 입증된다. 프랑스 칼뱅주의자인 위그노파(Hougenots)들은 극심한 종교박해를 당하자, 악한 통치자에 대한 적극적인 저항권을 주장하여 종교전쟁을 일으켰고, 낭트칙령이 취소된 후에도 지하운동을 벌이면서 프랑스혁명에까지 참여하였다.

그리고 네덜란드 칼뱅주의자 고이센파(Geussen)들도 윌리엄 공의 주도로 스페인의 펠리페 2세에게 저항하여 독립전쟁과 혁명을 일으켰고, 네덜란드 독립공화국을 세웠다. 이 밖에 영국에서도 칼뱅주의자들은 청교도혁명의 주축으로 등장했다.

스코틀랜드 계몽주의(도덕감정론, 경험론, 보통법)와의 친화성

'도덕감정론', '경험론', '보통법' 등으로 표현되는 스코틀랜드 계몽주의가 청교도 습속의 영향을 받아서 이들 간에 서로 친화성이 있다는 것은 물론 영국은 스코틀랜드가 있어서 부흥했다는 연구는 오래전부터 주장되었다(이영석 2014; 윤원근 2014).

이들 연구자들은 계몽주의 하면 '이성'을 강조하는 프랑스나 독일 계몽주의를 생각하는데, 프랑스, 독일 계몽주의 이전에 '동감', '경험', '상식'을 강조하는 스코틀랜드 계몽주의를 선도했던 '상식학파'

가 먼저 존재했었다는 것을 강조하고 있다.

이 상식학파는 상공업적 자유와 열정, 동감을 강조했던 데이비드 흄, 애덤 스미스, 애덤 퍼거슨, 프랜시스 허치슨, 토마스 리드 등이다. 이 상식학파는 독일의 칸트와 미국의 제퍼슨과 프린스턴대 학파에게 영향을 미쳤다.

이 스코틀랜드의 상식학파는 청교도혁명의 성공에 따라 경험과 상식을 강조하는 청교도 습속과 친화적인 데 반해, 프랑스와 독일의 계몽주의는 구교인 가톨릭에 맞서는 청교도혁명이 실패하였기에 청교도 습속이 취약한 상태에서 '이성중심주의'를 강조할 수밖에 없었다.

이에 독일 프랑스의 계몽주의는 가톨릭의 신을 대신하여 그 자리에 이신론과 인간의 이성과 주체를 넣어 부정하려 했기에 '무한세계관'을 강조하는 변증법, 민족주의, 공산주의 등으로 연결될 수밖에 없었다.

하지만 청교도와 친화적인 스코틀랜드 상식학파는 신을 부정하지 않기에, 이성보다는 소상공인들의 도덕감정, 경험, 상식, 보통법(common law)을 강조하는 '유한세계관'과 연결되어서 상업적 자유와 열정 및 경험적 실용주의에 기초한 시장경제와 민주주의 및 민주공화정론과 친화성을 가질 수밖에 없었다.

이 같은 스코틀랜드 상식학파의 영향력 아래에서 감정과 경험을 강조하는 데이비드 흄과 애덤 스미스, 그리고 크롬웰의 공화주의와 미국 건국의 아버지인 매디슨과 제퍼슨의 공화주의가 나올 수밖에 없었다(이영석 2014; 윤원근 2014).

스코틀랜드 상식학파의 계몽주의는 철학, 경제학, 기술, 건축, 의학, 지리학, 고고학, 법학, 농업, 화학 등 지식체계 전반에 걸쳐 영향을 주었다. 스코틀랜드 상식학파의 사상은 일본 지식인에게도 일부 영향을 주었다.

메이지유신 이후 문명개화의 모델을 설계한 후쿠자와 유키치는 18세기 스코틀랜드 계몽주의 사상을 다룬 존 버튼(John Hill Burton)의 저서 『경제학교본』(1852)을 참고하는 등 영향을 받아서 『서양사정 외편』(1868)을 저술했다. 또한 유길준은 후쿠자와 유키치의 번역문으로부터 의도하지 않게 스코틀랜드 계몽사상을 접하게 되는 영향을 받았다(장인성 2019).

『서유견문』을 쓴 유길준이 가장 많이 참조한 책은 후쿠자와 유키치의 『서양사정』(전4책 총10권)이었다(장인성 2019). 유길준은 독립협회와 개화성향의 지식인들에게 영향을 주었지만 주자성리학으로 무장된 조선의 규범과 제도를 개혁하는데 성공하지는 못하였다.

당시 지식인들은 유길준의 사상을 정확하게 이해하기 위해서는 스코틀랜드의 상업적 문명사회론을 반영한 스코틀랜드 상식학파의 계몽사상을 주목해야 한다는 것을 이해하기가 힘들었다.

『도덕감정론』을 쓴 애덤 스미스는 인간이 자신의 생활을 위해 이기적이기도 하지만 자신의 행복과 불행을 타인의 입장에 자신을 대입하여 상상함으로써 행복을 지지하고 불행을 반대하는 공감과 소통하는 도덕감정을 지닌 존재임을 부각했다.

애덤 스미스가 말하는 인간은 사회에서 분리된 고립적 존재가 아니라 타인이 느끼는 기쁨이나 슬픔, 분노 등에 '동감(sympathy)'을 가진 사회적 존재이다. 이런 존재는 칸트의 계몽주의와 조선 주자성리학자들이 강조하는 도덕적 이성주의와는 다르다(스미스 2009).

칸트는 도덕과 정의와 법은 이성에서 나온다고 보았지만 애덤 스미스는 이성이 아닌 탈이성주의인 동감(sympathy)이라는 감정에서 나온다고 보았다. 애덤 스미스는 도덕과 정의와 법은 동감이라는 감정에서 나온다고 보는 점에서 칸트의 시각과 차이가 크다.

특히, 칸트의 이성주의만큼이나 도덕적 이성주의를 강조하는 주자성리학은 청교도 습속의 영향을 받아 인간의 감정에서 본성을 찾는 애덤 스미스의 『도덕감정론』과 차이가 크다.

주자성리학은 도덕적 이성주의에 대한 공부와 수양을 통해 악행을 하지 않는 성인군자의 반열에 오를 수 있다고 낙관적으로(혹은 순진하게) 보는 경향이 있다(노영찬 2011: 이진우 1988).

하지만 애덤 스미스는 청교도 습속의 영향을 받아서 자신의 공부와 노력 여부가 아니라 신의 구원예정설에 대한 믿음과 신의 은총을 반영하는 직업소명설을 통해서만 원죄라는 악행에서 벗어날 수 있다고 보았기에 상공업 등 노동과 직업에 대한 세속적 복무와 부의 축적을 위한 소비절약에 관심을 가질 수밖에 없었다.

애덤 스미스는 인간 본능과 관련된 질서는 '자연적 질서', 인간의 이성에 의해 본능을 억제하여 만든 질서는 '인위적 질서'(조직과 정부 등)로 구별했다. 그리고 본능에 기초한 '자연적 질서'와 이성에 기초한 '인위적 질서' 사이에, '보이지 않는 손'으로 표현된 '자생적 질서(spontaneous oder)'가 존재한다고 보았다.

이런 애덤 스미스의 논의를 응용해보면, 자생적 질서에는 사람들의 물물교환의 경험으로 만들어진 시장질서와 보통법(common law)이 있고, 이런 시장적 질서와 보통법에 부합하는 '시민사회론'과 '민주공화국론'이 친화적으로 연결된다고 볼 수 있다.

3. 토크빌의 논의: 청교도 습속과 민주공화국론의 친화성

토크빌의 논의

미국과 프랑스의 정치문화를 종교의 습속차이를 통해 설명하고 있는 프랑스 정치가이자 정치학자인 알렉시스 드 토크빌(Alexis de Tocqueville)은 『미국의 민주주의』를 통해 "청교도 정신(습속)과 민주공화국 간의 친화성 테제"를 주장하였다. 그는 프랑스의 가톨릭교 습속과 미국의 청교도 습속의 비교논의를 통해 그것들의 차이에 따른 민주공화국의 친화성 여부를 분석했다.

토크빌은 『미국의 민주주의(Democracy in America)』(1835년)에서 미국의 법제도 밑에 흐르는 미국인의 생활습속(mores, habits of heart)과 마음의 습속에는 청교도적 직업윤리와 결사체의 개인주의적 자유습속(즉 자유로운 개인주의 습속)이 있는 만큼, 이것은 "자유로운 개인주의 습속의 형성"과 관련된 것이라 진단했다.

"국민의 생활태도가 합중국의 민주공화국 유지에 기여하고 있는 일반적인 큰 요인들 가운데 한 가지로 간주될 수 있다고 이미 밝힌 바 있다. 여기서 나는 '관습'이라는 말을 고대인들이 mores라는 말에 부여했던 의미로 사용하고 있다. 생활태도, 다시 말하면, '마음의 습관'뿐 아니라 사람들 사이에 통용되고 있는 여러 가지 개념과 견해, 그리고 심성을 구성하는 사상의 총체에도 이 관습이라는 말을 적용하기 때문이다"(토크빌 1997, 381).

"이미 언급한 대로 청교도주의는 종교적 교의일 뿐만 아니라 거의 정치이론이기도 했다. 이들 이민들이 황량한 해안에 상륙하자마자 맨 먼저 한 일은 사회규약을 만드는 일이었다"(토크빌 1997, 93).

"청교도주의는 하나의 교리일 뿐만 아니라 여러 가지 점에서 민주공화국론과 일치했다(Puritanism was not only a religious doctrine; it also blended at several points with the most absolute democratic and republican theories). 설령… 청교도의 독립성은 완전히 민주공화적인 진정한 정치활동을 가능하게 했다. 식민지들은 아직도 모국 영국의 지배권을 인정했으며, 아직도 왕정이 국체이기는 했지만 공화국이 이미 타운마다 세워졌던 것이다.… 그 문명은 두 가지 뚜렷한 요소의 결과인데 이 사실은 언제나 염두해두지 않으면 안 될 것이다. 그 두 요소들은 다른 곳에서는 자주 마찰을 일으켜왔지만 미국인들은 두 가지를 어느 정도 섞어서 훌륭히 결합하는 데 성공을 거뒀다. 나는 그 두 가지를 '종교정신'과 '자유정신'으로 본다"(토크빌 1997, 93-101).

"프랑스에서 나는 거의 언제나 종교정신과 자유의 정신이 정반대의 방향으로 나아가는 것을 보았다. 그러나 아메리카에서는 그 두 가지 정신이 긴

밀하게 결합되어 함께 나라를 다스려가는 것을 알게 되었다. 날이 갈수록 이런 현상의 원인을 밝혀보려는 나의 욕망은 커졌다"(토크빌 1997, 389).

"나의 의도는 아메리카라는 본보기를 통해서 법률 및 특히 관습이 민주국민을 자유롭게 만들어줄 수 있다는 사실을 보여주려는 것이었다. 그러나 우리들이 아메리카 민주주의의 본보기를 따라야 한다거나 아메리카 민주주의가 그 목표를 달성하는 데 사용한 방법들을 답습해야 한다는 생각을 전혀 하지 않는다. 그 이유는 어느 나라의 자연환경과 그 정치적 선례들이 그 나라의 정치제도에 미치는 영향을 잘 깨닫고 있기 때문이다"(토크빌 1997, 413).

"오늘날까지 이 지상에는 위대한 민주공화국은 존재하지 않았다. 1793년 프랑스를 다스린 과두체제를 민주공화국이라는 이름으로 부르는 것은 공화정체에 모욕이 될 것이다. 합중국은 민주공화정의 첫 번째 사례가 되고 있다"(토크빌 1997, 300).

"영국계 아메리카인의 대부분은 로마교황의 권위를 떨쳐버린 뒤 어떤 다른 종교적 우월성도 인정해보지 않은 사람들로 채워졌다. 그들은 민주적이고 공화적인 종교라고 정의할 도리밖에 없는 기독교 형태를 신세계에 들여왔다. 이런 종교형태는 공공분야에서 민주정치와 공화국을 수립하는 데 크게 기여 했다"(토크빌 1997, 381).

"청교도인들은 민주적이고 공화적인 종교라고 정의할 도리밖에 없는 기독교 형태를 신세계에 들여왔다. 이런 종교형태는 공공분야에서 민주정치와 공화국을 수립하는 데 크게 기여했다"(토크빌 1997, 381).

토크빌은 『미국의 민주주의』에서 청교도인들의 세속적인 생활습속이 자유롭고 평등한 민주공화국론과 친화성이 있지만 종교개혁에 실패한 가톨릭이 지배하는 프랑스는 혁명에도 불구하고 민주공화주의가 실패했다고 평가했다.

베버와 토크빌의 언급을 종합하면, 영국, 미국의 풍토에서 성장한 시장경제와 민주주의의 친화성 테제는 청교도인들의 독특한 세속적 생활습속과 연관되었음을 보여준다.

미국의 민주공화국론: 주민자치에 기초한 연방주의 정부

토크빌은 저작인 『미국의 민주주의』에서 '주민자치의 정치적 효과'를 "마을자치결사체(타운미팅)에 기초한 연방공화국의 민주주의의 구현"으로 설명한 바 있다. 책 본문을 인용해보면 다음과 같다.

"타운미팅과 자유의 관계는 초등학교와 학문의 관계와 같다. 타운미팅에서 자유는 주민의 손이 닿는 범위에 있다. 타운미팅은 사람들에게 자유를 사용하고 누리는 방법을 가르쳐준다"(토크빌 1997, 121).

"타운 하나하나는 본래 독립국가를 이루고 있다고 볼 수 있다… 타운은 그 권력을 중앙권위로부터 받은 것이 아니고 오히려 자신의 일부 자주성을 주에 양보했다"(토크빌 1997, 126).

"뉴잉글랜드 주민의 뜨거운 애향심과 높은 공공정신은 타운공동체의 막

강한 자치권을 행사하는 과정에서 함양된 것이다”(토크빌 1997, 127).

“타운들은 그 권력을 중앙권위로부터 받은 것은 아니고 오히려 자기네들의 자주성의 일부를 주에게 양보했다.… 주민들은 타운에서는 언제나 자주적인 권력을 가지고 있었는데,… 그들은 타운이 자주적이고 자유롭기 때문에 그것에 애착을 갖는다. 다시 말해서 타운의 업무에 그들이 협조함으로써 그 이해관계에 그들이 집착하도록 하는 것이다”(토크빌 1997, 125-129).

“뉴잉글랜드의 모든 법률은 물론 코네티컷의 법률에서 우리는 타운제도의 독립의 씨앗과 점진적인 발전을 찾을 수 있다. 이것이야말로 오늘날 아메리카인의 자유의 생명이자 그 원천인 것이다. 대다수 유럽국가들의 정치적 생존은 사회의 상층계급에서 시작되어 완만하고 불완전하게 사회 각 계층으로 전달된 것이다. 아메리카에서는 그와는 반대로 타운제도가 카운티보다 먼저, 카운티가 주보다 먼저, 주가 합중국보다 먼저 조직됐다”(토크빌 1997, 98).

“뉴잉글랜드에서는 1650년에 이미 타운제도가 완벽하게 확고하게 형성됐다. 타운의 독립성은 지역적 이해관계, 열정, 권리 및 의무가 결집될 수 있는 핵심 역할을 했다. 그 독립성은 완전히 민주공화적인 진정한 정치활동을 가능케 했다. 식민지들은 아직도 모국의 지배권을 인정했으며, 아직도 왕정이 국체이기는 했지만 공화국에 이미 타운이 세워졌던 것이다”(토크빌 1997, 98).

토크빌은 타운, 자치기구, 카운티 등의 시민결사체가 대의제도에서 나오는 대리자들의 의한 권력남용과 중앙집권적 관료제 정부의 폭정 및 ‘민주적 전제정(democratic despotism)’ 등의 폐해를 막는 방파제이며 최후의 보루라고 평가하고 있다.

"그런데 이들 대리자들에 대해서 정부는 통제력을 행사하지 못하는 경우가 흔하며 또한 항구적으로 지시할 수도 없는 것이다. 타운, 자치기구, 카운티 등은 은폐된 수많은 방파제들을 이루고 있으며, 이들 방파제들은 국민의 결의라는 파도를 막거나 분리시킨다"(토크빌 1997, 351).

또한 토크빌은 미국인들이 가진 자유정신에 영향을 미치고 있는 청교도의 자유정신은 권력분립의 연방제도를 기초로 하는 민주공화주의와 친화적이며, 이것은 중앙집권적 관료제 정부와 친화적인 가톨릭 교리의 프랑스와 다르다고 진단한다.

그는 미국과 프랑스의 이런 차이가 발생하는 것에 대해 구교인 정교일치와 천인합일을 추구하는 무한세계관의 가톨릭교리와 신교인 청교도교리 간의 차이로 설명한다. 즉, 그는 종교개혁의 결과에 따라 정교분리와 천인분리의 유한세계관을 추구하는 청교도 교리가 청교도적 직업윤리로 세속화됨에 따라 자유로운 개인주의 성향이 추구되었기 때문으로 설명하고 있다.

"합중국에 있어서는 주권재민은 현재 성행하고 있는 국민의 습관이나 사상들과는 무관한 개별의 원칙이 아니다. 오히려 그것은 전체 영국계 아메리카인들을 연결하는 일련의 여론의 마지막 이음쇠로 간주될 수 있을 것이다. 하느님이 모든 인간에게 그 한 사람에게만 관련되는 일들에게 스스로를 이끌어가는 데 필요한 정도의 이성을 내리셨다는 사실을 합중국에서 시민적, 정치적 사회가 기초하고 있는 대전제이다. 한 가정의 가장은 자기아이들에게, 주인은 노예들에게, 타운은 그 관리들에게, 카운티는 타운들에게, 연방

정부는 주들에게 그 전제를 적용한다. 그래서 나라 전체에 확대될 경우 그것은 주권재민의 원칙이 된다"(토크빌 1997, 512).

토크빌에 따르면, 주민자치의 효과는 주민들의 공적사안에 대한 관심과 자유로운 민주적 습속을 증가시킨다. 또한 주민들이 자신의 주권과 자유를 사용하는 데 익숙하도록 훈련시킨다.

그리고 마을자치결사체의 적극적 시민참여와 정치행동의 결과는 도덕적 해이 문제를 해결하여 효과적인 기초정부와 연방주의 정부를 탄생시킬 뿐만 아니라 주권자들의 시민적 의무를 확장시켜 국민적 통합을 강화한다.

4. 청교도의 공화주의 습속이 유교적 습속 개선에 주는 함의

유한·무한세계관의 차이 및 천인합일론의 역설

토크빌은 청교도와 가톨릭의 종교적 습속차이를 통해 미국과 영국은 개인주의에 기초한 시장경제와 민주공화주의 체제를 가지고 있는 데 반해 프랑스가 왜 집단주의에 기초한 중앙집권적인 관료제를 강고하게 유지하면서 혁명적 전제와 보수반동정치의 양극단을 오가는지에 대한 해답을 찾고자 하였다(토크빌 2006).

이런 토크빌의 문제의식과 실마리에 대한 접근은 영국과 미국에서는 개인주의에 기초한 시장경제와 민주주의 및 민주공화주의론이 친화성을 가지게 되는 데 반해, 중국과 한국에서는 왜 집단주의에 기초한 강한 중앙집권제적인 관료제가 구축되어 민주적인 정치체제를 형성하지 못하고 국가주의에 기초한 민족주의와 관료주의가 작동하게 되었는지에 대한 의문에 해답의 실마리를 제공한다.

그렇다면 영국, 미국의 정치문화는 왜 프랑스, 독일, 한국과 다를까? 종교사회학자 윤원근은 『동감신학』에서 "가톨릭 영향권하에 있는 프랑스는 주로 이성주의·구조주의 유형의 사고방식이 득세한 반면 루터주의 영향권 하에 있는 독일은 반이성주의·실존주의 사고방식이 득세한다. 그리고 칼뱅사상의 영향을 많이 받은 영·미 세계는 경험론적 사고방식이 득세한다"고 진단한다(윤원근 2014, 150).

즉, 윤원근은 『프로탄스탄티즘 윤리와 자본주의 정신』을 쓴 베버와 『미국의 민주주의』 등을 쓴 토크빌의 '청교도 정신과 민주주의 친화성 가설'을 수용하고, 종교개혁의 성공여부와 청교도와의 친화성의 정도에 따라 신을 보는 세계관을 유한세계관과 무한세계관으로 구분하고, 이런 차이에 따라 프랑스, 독일, 한국이 영국·미국의 정치문화가 다르다고 지적했다.

윤원근은 『동감신학』에서 종교개혁이 실패하거나 약하게 전개된 나라인 프랑스와 독일의 '무한세계관'과 청교도혁명으로 종교개혁에 성공한 영국과 미국의 '유한세계관'이 어떻게 다른지 그리고 다를 수밖에 없는 이유를 설명하고 있다.

그는 세계관을 "유한(有限)은 무한(無限)을 붙잡을 수 없다"고 보는 유한세계관과 "유한은 무한을 붙잡을 수 있다고"고 보는 무한세계관으로 구별하여 분류한다. 그리고 그는 청교도 습속은 무한자인 신과 유한자인 인간을 확연히 분리하여 신의 피조물인 인간이 신이 되려고 하는 모든 경향을 '우상숭배'로 보고 이를 타파하려고 했기에 그 산물로 유한세계관이 될 수밖에 없고, 그 세계관에서 개인주의에 기초한 시장경제와 민주주의가 나올 수밖에 없다고 본다.

그의 유한세계관에 대한 논의를 응용해보면, 중세 가톨릭처럼 교황과 수도사들이 신의 음성을 해석하거나, 그리스의 신화처럼 무한한 신과 유한한 인간을 서로 섞어서 혼합하거나, 천성(天性)과 인성(人性)을 변증법적으로 연결하여 천인합일(天人合一)론을 강조하는 유교, 불교, 도교의 세계관은 무한세계관으로 분류할 수 있을 것이다. 반대로 청교도와 같은 유한세계관은 '천인분리론'으로 분류할 수 있을 것이다.

천인합일(天人合一)론은 "전통적으로 내려오는 유가사상의 궁극적 목표로, 수양공부의 궁극목적으로 제시될 만큼 중요한 명제"이다(이연정 2016, 194). 천인합일은 "입신양명을 지향하는 유학의 궁극적 이상임과 동시에 유학사상을 집약적으로 드러내는 유학의 대표적 특징"으로 중국 철학의 가장 궁극적인 목표지점이라 할 수 있다(윤사순 2011, 37).

천인합일을 추구하는 주자학은 결국 이성주의를 추구하는 성리학으로 나아갈 수밖에 없다. 왜냐하면, "'이성(理性)'이라는 개념 자체가 성리학적이기 때문이다. 주지하다시피 주자학의 이성은 성즉리(性卽理)나 궁리진성(窮理盡性)에서 온 말"이고, 그 의미는 "우주적 원리[理]가 인간의 본성[性]에 내재해 있다"는 것이다. 그래서 주자학은 "인간의 본성을 잘 발휘하면 우주적 원리와 부합되게 되고, 그것을 주자는 '합리(合理)'다"라고 보고 있다(조성환 2020, 228).

이상의 논의를 응용해보면, 청교도의 유한세계관은 유교의 '천인합일론'과 다른 '천인분리론'으로서 불완전하고 유한한 인간이 완전하고 무한한 신이 되려고 하지 않고, 신 앞에 단독자로 선 피조물로서 인간은 불완전한 존재이며, 이에 서로 연민하고, 죄의 평등을 추구하기에 개인주의에 기반한 시장경제와 민주공화주의론과 친화성을 가지게 되는 것으로 이해할 수 있다.

그리고 반대로 유한한 인간과 무한한 신을 형이상학적으로 극단적으로 분리시킨 상태에서 이 둘을 섞어서 혼합하거나 변증법적 지양, 수양론 등 여러 가지 경로로 서로를 연결시키려고 하는 것이 무한세계관이다.

이 무한세계관에서는 유교나 주자성리학의 '천인합일론'처럼 누구나 공부와 수양을 하면 도덕적인 성인군자가 될 수 있다고 낙관적으로 가정함으로써 역설적으로 부자유와 불평등한 신분사회를 만드는 구조적 모순이 발생한다고 볼 수 있다.

즉, 성인군자가 될 수 있는 이성을 가진 선비의 신분을 찬양하고 반대로 그것을 갖지 못한 노비의 신분을 억압하고 차별하는 것을 정당화하게 된다. 즉 선비계층의 특권적 선민의식에 기초한 노비와 사농공상의 차별 및 위계서열의 질서를 강조하는 집단주의를 낳는 구조적 모순을 창출하는 도덕적 이성주의의 역설을 만든다.

특히, '천인합일론'은 유한한 인간이 무한세계관과 연결된 도덕적 이성주의에 도달할 수 있다는 낙관주의적 태도로 인해 역설적인 모순으로 위계서열과 사농공상의 차별에 기초한 집단주의와 중앙집권적 관료주의가 발생하게 되는 역설을 내면화하거나 정당화하게 된다.

우리는 이렇게 불가능한 목표를 세워놓고 그것을 달성하려고 할 때 발생하는 의도하지 않은 부자유와 불평등한 구조적인 모순을 '천인합일론의 역설'로 개념화할 수 있을 것이다.

이런 주자성리학에 존재하는 천인합일론의 역설을 비판적으로 인식하지는 않았지만, 그 모순을 인식한 대표적인 유학자는 남명 조식 선생이다. 그는 천인합일론을 통한 '물아일체적 자아'를 주장하면서도 인간 존엄성을 박탈당한 노비가 탈주하여 자유를 찾으려는 문제를 해결하지 못하는 자신의 무능에 대해 탄식하기도 하였다(조식 1995, 273).

좀 더 이런 개념을 확장하여 두 가지 세계관의 차이를 설명해보면 다음과 같다. 유한한 존재인 인간이, 신과 유사한 초월적이고 무한적인 존재(교황, 수도사, 성인군자, 부처, 공산주의 인간형, 민주시민의 인간형, 각종 범신형 등)에 낙관적으로 도달할 수 있다고 보고, 그것을 추구하는 세계관이 무한세계관이다.

반대로 유한한 존재인 인간은 결코 신과 같은 무한한 존재에 낙관적으로 도달할 수 없고, 도달할 경우 타락과 방종 및 위계서열의 우상숭배가 나오기에 그것을 추구해서는 안 된다고 보면서 신과 분리된 유한한 존재로 남아 있어야 한다고 보는 세계관이 유한세계관이다.

청교도인들은 종교개혁을 통해 우상숭배의 대상인 교황과 수도사와 수도원을 폐지하였다. 그들은 유한한 존재인 인간이 무한존재인 신이 되려고 했던 무한세계관을 폐지하고, 인간이 신이 되려고 했던 교황과 수도사의 교만과 독단 및 사농공상의 차별 등을 '우상숭배'로 보고 우상타파를 혁명적으로 실천하였다.

그들은 개별 존재인 단독자로서 신을 만나되, 피조물인 유한한 인간들끼리는 서로 특권이나 우월의식 없이, 연민하고 동정하는 동감의식(sympathy)을 가지고 노동과 분업 그리고 협업, 교환과 소통을 통해 살아가야 한다고 믿는 생활습속을 창출하여 현세에서 구원예정을 입증하거나 입증받기 위해 '세속적 금욕주의'를 실천하였다.

이런 청교도인들의 독특한 생활습속이 '소명으로서의 직업'과 '노동윤리의 세속화'를 통해 개인주의를 기반으로 한 시장경제와 민주주의 및 민주공화국론을 창조했다고 볼 수 있다.

하지만, 무한세계관은 청교도인들과 달리 여러 다른 무한세계관에서는 인간이 공부와 수양을 통해 노력하면 신(범신)급인 성인군자, 전위, 노멘트라, 민주시민 등의 무한적 존재에 도달할 수 있다고 낙관적으로 믿었기에 무한세계의 도달 정도에 따라 교황, 수도사, 카스트, 사대부, 전위처럼, 신분과 계급의 차별사회를 만드는 역설을 만들었다. 그래서 무한세계관은 위계서열과 우상숭배에 따른 부자유하고 불평등한 사회에서 빠져나오는 데 실패했다는 점을 보여준다.

'소이연지고 소당연지칙'과 다른 천인분리론

송나라에서 발전한 주자학은 원시유가에 있었던 초월적 존재인 '상제(上帝)'=신=천을 없애고, 그 자리에 리(理)라는 자연의 섭리와 법칙 그리고 그 섭리와 법칙을 이해하는 성인군자를 대입함으로써 이른바 '천인합일적 성인군자모델(지식인)'을 세웠다.

그 모델에서는 유한한 인간이 낙관적으로 도덕적인 이성을 갖춘 리(理)의 구현자인 성인군자가 되어 신의 위치에 합일(즉 신과의 천인합일 달성)할 수 있다는 낙관적인 목표를 추구하기에 '천인합의 역설', 즉 사농공상에 대한 차별과 위계서열의 질서를 합리화하는 상명하복의 집단주의적 관료주의문화가 발생할 수밖에 없었다.

윤사순(2011, 38)은 주자학이 천인합일을 구현하려 할 때, 그 구현을 불가능하게 하는 요소로서 두 가지가 있다고 지적한다. "그 하나는 인성(人性)과 물성(物性)이 이질적 성(性)이므로, 그것들의 일원화(一元化)를 전제한 천인합일은 구현될 수 없지 않느냐"이다. 그리고 "또 하나는 도(道)로서의 '리(理)' 개념의 의미 가운데는 소이연(所以然)과 소당연(所當然)이 드는데, 이것들 또한 동일하지 않은 의미이므로 인도와 천도의 원리적 합일에 난관으로 인지된다"며 "이것들의 극복이 천인합일의 성취에 있어 해결해야 할 과제이다"라고 보고 있다.

중세 교황청과 수도원이 신의 음성과 구원에 대한 해석권을 독점하는 명분으로 절대권력과 부를 독점하려다 부패하여 청교도에 의해 우상타파의 대상으로 비판받은 것처럼, 상제=신을 대신하는 성인군자의 위치에 올라선 지식인계층인 사대부와 양반이 주자학적 교리를 신의 명령처럼 절대적 진리로 해석하고 자의적 권력을 남용하려고 했다. 그렇기에 도덕적 위선주의와 부패 및 교리해석을 둘러싼 파당적 분열에 따른 정쟁과 타락은 피할 수 없었다.

천인합일을 추구하는 주자학은 일반적으로 리(理)의 원리에 의해 설명한다. 즉, 리(理)의 원리적 실현은 자연법칙인 '소이연지고(所以然之故)'와 도덕법칙인 '소당연지칙(所當然之則)'의 연결을 통해 설명한다(장수 2011).

일반적으로 '소이연지고'는 '그렇게 되는 까닭'을 뜻하는 우주의 존재론적인 법칙이고, '소당연지칙'은 '마땅히 그래야 하는 준칙'을 뜻하는 당위적이고 인식론적인 도덕규범으로 사용된다. 이런 '소이연지고'와 '소당연지칙'의 연결은 천인합일론을 표현하는 것으로써 청교도 습속이 추구하는 천인분리론과 그것에서 나온 스코틀랜드 상식학파의 계몽주의 및 막스 베버가 언급한 '사실과 규범의 분리'와도 크게 다르다.

청교도는 종교개혁을 통해 천인분리론을 주창했다. 유한세계와 무한세계의 분리, 신과 인간의 분리, 정치와 종교가 분리된 청교도의 세계는 막스 베버의 '사실과 규범의 분리' 주장이나 영국의 '경험중심의 보통법론', 도덕감정론에 따라 법과 도덕과 정의는 이성이 아니라 이성과 분리된 감정과 경험에서 나온다고 주장했다. 이에 부자가 되는 것에서 성인군자가 되는 것을 사고한 것처럼, 막스 베버의 언급과 같이 사실과 규범을 분리하였다.

청교도 세계는 전자는 자연과학의 '사실'의 영역으로 가고, 후자는 '규범'의 도덕철학으로 분리되어 '이신론'으로 감으로써 신과 자연과학이 친화성을 갖는 길을 열었다. 하지만 이와 대조적으로 주자학은 '리(理)'의 기본 원리인 '소이연지고'와 '소당연지칙'의 연결고리를 끊지 못함으로써 역설적으로 사실과 규범이 충돌하는 이율배반의 모순점을 만들어냈다.

특히, '리(理)'에 대한 다른 해석이 나오거나 '리(理)'에 대한 이해가 다를 경우, 정통과 이단싸움, 중앙과 지방의 싸움으로, 이성과 감정의 싸움으로 분열하게 된다. 리로 무장한 선비들끼리 이성적 대화가 가능할 것으로도 보이지만, 리는 근본적으로 이념형에 따라서 논리적 이성을 추구하기에 이성적 대화에 도달하지 못하는 역설을 나을 수밖에 없었다.

현실에서 분열된 당파들의 싸움은 혈연, 학연, 지연에다 이념적 리가 결합되어 대화와 타협이 불가능한 선악의 이분법에 의해 정통과 이단의 적대적 감정싸움으로 흘러갈 수밖에 없었다.

신의 위치를 성인군자의 자리로 대신하는 '천인합일론'으로 무장한 조선 성리학자들은 도덕적 이상에도 불구하고, 현실적으로 권력과 부를 차지하기 위한 명분으로 선악의 이분법과 위정척사론을 따지면서도 성인군자를 우상으로 숭배하고 백성들을 차별하는 위선적인 위계사회를 만들 수밖에 없었다.

또한 가르치는 자는 가르침을 받는 자를 '교육'과 '교화'라는 이름으로 차별하는 위계서열의 질서를 만들었으며 성(聖)과 속(俗)의 분리를 선악의 이분법으로 차별함에 따라 직업의 차별도 만들어냈다. 즉, 사농공상의 차별은 역설적으로 유교의 핵심교리인 수기치인(修己治人)보다는 특권과 반칙이 횡행하는 신분차별을 정당화하는 입신출세의 사회를 만들게 되었다.

유한한 인간이 무한한 성인군자가 될 수 있다고 보는 낙관적인 인식에 근거하여 불가능한 목표를 세워놓고 달성하려고 하는 정당화 규범인 '선악의 이분법'과 '위정척사론'의 교리는 허위의식과 억압적인 조건을 통해 실현할 수밖에 없다. 그렇기에, 그 교리는 이율배반의 역설인 '위선적인 도덕주의'와 '다양성과 지방성을 차별하고 억압하는 중앙집권성'을 생산하게 된다.

이율배반의 역설처럼, 공격자의 위치에 설 때는 상대를 적대화, 악마화, 마녀사냥으로 모는 행위를 이단사설론과 권선징악론으로 포장하면서 반대로 본인이 방어자의 위치에 설 때는 자신의 위선과 허물을 전면 부인하거나 부정하는, 이른바 내로남불론으로 포장하게 된다.

영미식의 민주주의와 시장경제는 개인주의, 상공업, 도시의 다양성을 억압하는 천인합일의 무한세계관에서 나오기 힘든 습속과 제도이다. 그래서 유교나 주자학과 같은 천인합일의 무한세계관에서 벗어나서 '사대부적 민본주의와 유교적 자본주의'가 아닌 사농공상의 차별이 폐지된 탈이성주의적 흐름인 개인주의와 경험주의, 보통법적 사고가 작동할 때 비로소 시장경제에 기초한 민주주의와 민주공화주의가 가능하다는 시사점이다.

한국이 일제 식민지와 6.25 전쟁 그리고 산업화에 이어 민주화가 진행된 지 37년, 한 세대가 지나고 민주화를 주도했던 586 운동권들이 문재인 정부를 이끄는 주역이 되었음에도 불구하고, 반일민족주의에 따른 일본차별과 혐오, 정규직의 비정규직 임금차별 및 여성차별이 해결되지 않는 이유는 무엇일까?

그것은 한국 민주화운동권(학생운동, 노동운동, 지식인운동, 시민운동)이 가지고 있는 생활습속의 문제, 즉 이분법적 선악관을 추구하는 유교적 습속과 같은 무한세계관의 기초 위에 반일, 정규직, 사회주의=선, 일본, 비정규직, 자본주의=악이라는 대립구도를 대입하여 선명성을 추구한 것에 따른 이율배반적 역설의 문제로 추론된다.

칸트형 시민과 애덤 스미스형 시민

그렇다면, 천인분리론을 추구하는 청교도의 유한세계관이 녹아 있는 미국의 민주공화주의론이 천인합일(天人合一)론의 무한세계관인 유교로 습속화된 한국 586 운동권의 습속 개선에 주는 공화주의적 시사점은 무엇일까? 어느 부분에서 두 습속이 충돌하는 것인가? 그 충돌에서 벗어날 수 있는 해법의 실마리는 무엇일까?

영국, 미국의 민주공화주의론을 창조한 청교도인들의 '유한세계관적 생활습속'을 요약하면 다음과 같다. 청교도인들은 인간이 신의 자리를 몰아내고, 그 빈자리에 교황, 수도사, 이성, 변증법, 성인, 군자, 실존, 지존, 천황, 민족, 수령 등의 인격을 채우거나 성리(性理, 이성의 한자식 표현), 이성, 주체를 내세움으로써 '오만과 독단의 무한세계관'에 갇혀버린 인간의 무례와 방종을 종교개혁, 청교도혁명, 시민정부론을 통해 다시 반성하고 회복하려고 했다.

즉, 그들은 독단적인 인간의 이성과 주체성을 통해 신의 위치를 넘보는 것이 아니라 반대로 신의 피조물로서 넘을 수 없는, '인간의 유한성과 불완전성'을 깨닫고 '독단적인 이성론'과 '홀로주체성'이 아니라 타인과 공감하면서 함께 살아가야만 하는 '공감시민'임을 다시 깨닫고자 하였다.

이런 유한세계관은 청교도의 세속적인 직업윤리에 따른 개인적 자유 및 노동과 부에 대한 인정이 시장경제와 민주주의와 연결되었다는 점이다. 이 유한세계관 습속은 노동생활 및 정치생활과 동떨어진 공부를 통해 인간의 욕망을 수양으로 통제하면서, 우주와 자연·인간사의 법칙을 깨닫고 지배할 수 있다고 보는 '이성적 사유'에 입각한 무한세계관의 유교주자학적 생활습속과 다르다.

한국은 1919년 임시정부가 민주공화국을 선포한 지 106주년, 민주화가 된지 37년을 맞이하고 있다. 산업화와 민주화를 성공한 한국이 민주주의의 공고화를 이야기하고 있음에도 불구하고, 문재인 정부를 이끌고 있는 586 운동권그룹의 정치행태에서 유교적 습속이 반복적으로 재현되는 배경은 무엇일까?

상황이 이렇게 된 배경에는 한국이, 천인분리론에 의한 청교도의 습속에서 탄생한 미국의 시장경제와 민주주의제도를 가져왔지만 그 제도를 잉태하고 작동시키는 정치문화이자 모럴이며 에토스인 청교도인들의 독특한 생활습속인 유한세계관을 함께 가져오지 못했기 때문으로 보인다.

결국 천인합일의 유교적 습속을 그대로 둔 채, 거기에다 미국의 제도를 끼워 맞추는 식으로 '제도이식론'을 추구했다. 즉, 사대부와 신권중심의 관료공무원국가에서 오는 전통적인 상명하복의 중앙집권적 관료제 문화와 자율적인 개인주의가 없는 유교적 습속을 해소하거나 극복하지 않은 채, 미국의 제도를 덮을 수밖에 없었다.

토크빌이 『미국의 민주주의』에서 말한 대로, 미국 민주공화국의 성공비결에는 법제도 밑에 흐르는 미국인의 독특한 생활습속이 있다. 그것은 신의 피조물로서 신과 단독자로 만나는 청교도인의 직업 윤리관에서 나오는 도덕감정에 기초한 동감(공감)과 연민이 자생적 질서를 갖는 시장경제와 민주주의를 작동시키는 마음의 에토스로 작동하도록 되어 있다.

반면 한국의 586 운동권그룹은 반독재 민주화와 사회개혁을 추구했지만 도덕적 이성주의를 추구하는 유교적 습속의 천인합일론과 그 모순에서 나온 이율배반적 역설들을 타파하지 못했다. 유교적 습속의 내부에서 청교도와 스코틀랜드 상식학파들이 내세운 '도덕감정론', '경험론', '보통법(common law)', 연방주의 같은 습속들을 창출하여 내면화하고 제도화하는 데 실패했다.

민주화가 된지 37년이 지나 '조국사태'에서 드러난 586 운동권그룹의 행태는 유교적 습속을 노출했다. 위정척사론과 소중화론과 같은 선악의 이분법을 통해 불공정에 분노하는 국민들의 정서와 법감정을 공감하지 않고 무시하면서 상식을 파괴하는 적대적 태도로 천상천하 유아독존의 성인군자를 추구하는 조선 사대부들의 특권적 선민의식을 드러냈다.

한국 민주주의가 더욱 성숙해지기 위해서는 미국의 시장경제와 민주주의는 청교도인들의 독특한 삶의 방식과 생활습속인 '유한세계관'에 의해 잉태되었으며 이런 세계관에 따라 사농공상에 대한 차별금지와 자율적 개인주의에 근거한 분업과 협업이 나왔다는 것을 깊이 이해할 필요가 있다.

그리고 우리나라가 시장경제와 민주주의에 부합하도록 무한세계관 중심의 '집단주의의 권위주의적 연대'가 아닌, '자율적 개인 간의 네트워크'가 되도록 자율적 개인주의에 기초한 소통문화를 혁신할 필요가 있다.

586 운동권그룹이 시대상황에 맞게 재민주화가 되기 위해서는 어떻게 해야 할까? 우선 특권적인 선비의식에서 벗어나 현대적 시민의식을 함양해야 할 것이다. 위에서 검토한 바와 같이, 고(故) 김대중 전 대통령이 좋은 정치지도자의 덕목으로 강조해온 "서생적 문제의식과 상인의 현실감각을 결합시켜야 한다"는 언급을 응용해보면 될 것이다. 민주시민은 아이디얼 타입으로 크게 이성주의와 탈이성주의에 대한 태도를 놓고 천인합일을 추구하는 칸트형 시민과 천인분리를 추구하는 애덤 스미스형 시민으로 나눌 수 있다.

칸트형 시민은 '이성주의'를 강조하는 시민이다. 즉, 칸트형 시민은 도덕과 정의와 법은 이성에서 나온다고 보는 시민이다. 즉, 칸트의 유명한 '정언명령'(너의 의지의 준칙이 항상 동시에 보편적 법칙 수립의 원리로서 타당할 수 있도록 그렇게 행위하라)처럼, 칸트형 시민은 인간이 도덕법칙에 따라 행위할 수 있는 도덕성이 인간에게 의무로서 주어져 있다고 가정한다(이윤복 2006; 허정훈 1997; 윤원근 2014).

애덤 스미스형은 이성이 아닌 탈이성주의로 동감(sympathy)이라는 감정을 강조한다. 즉, 도덕과 정의와 법은 이성이 아닌 동감이라는 감정에서 나온다고 보는 시민이다. 이 둘 중 어느 쪽을 강조해야 할까? 칸트형 시민에서 애덤 스미스형 시민으로 한 단계 내려가야 도덕적 이성주의를 추구하는 유교적 습속에서 벗어나 민주공화국에 부합하는 '공화시민'이 될 수 있을 것으로 추론된다.

도덕감정론을 추구한 애덤 스미스, 도덕이성론을 추구한 칸트라는 점을 볼 때, 칸트형 시민의식에서 애덤 스미스형 시민의식으로 한 단계 내려와야 진정한 민주공화국에 부합하는 시민이 될 수 있을 것이다. 그렇게 한 단계 내려올 때, 이성주의로 계몽하고 훈계하는 칸트형 '교양시민'에서 타인의 희노애락에 공감하는 애덤 스미스형 '공감시민'이 될 수 있을 것이다.

5. 소결론

본 글은 위정척사론과 내로남불론으로 이어지는 '조국사태'에서 드러난 586 운동권그룹의 행태를 유교적 무한세계관의 습속으로 인식하고, 이러한 현상이 민주화가 된 지 한 세대가 지나도록 경쟁과 협력으로 상징되는 선거민주주의의 규범과 충돌하면서 재현되는 배경에 대한 진단과 처방을 찾기 위한 실험적 시도로서 출발하였다.

이러한 목적을 달성하기 위해 '개인주의'에 기초한 자생적인 시장경제와 민주공화주의론의 습속적 기원인 청교도의 유한세계관을 집단주의에 기초한 중앙집권적 관료주의론의 습속적 기원인 유교의 무한세계관과 비교하여 논의하였다.

이 글은 실험적 시도라는 점에서 그 의의와 함께 많은 한계를 가진다. 논리의 전개상 많은 것을 다룰 수밖에 없기에 추상적인 논의가 많았고, 증거와 예시자료가 부족하다는 근본적인 한계를 가진다. 이런 한계는 추후 다른 논의를 통해 비판되고 채워질 필요가 있다.

많은 한계에도 불구하고, 이번 연구의 의의는 '조국사태'에서 드러난 조국과 586 운동권그룹의 이율배반적인 행태를 무한세계관의 유교적 습속으로 보고, 이를 유한세계관의 청교도 습속과 비교하는 가운데 그 진단과 처방에 대한 대안적 시사점을 찾고자 한 점이다.

〈참고문헌〉

강준만. 2021. "부족국가 대한민국." 경향신문 강준만의 화이부동(2.3).

김다영. 2021. "여가부 장관 "우상호 '박원순 롤모델; 발언은 2차 가해 판단." 중앙일보(2.18).

김성욱. 2021. "우상호 이어 임종석도 "박원순, 그렇게 몹쓸 사람이었나." 오마이뉴스(3.23).

김호기. 2021. "文캠프 출신 김호기, 적과 동지 이분법으로 정치 못해." 신동아 3월호(03.04).

노영찬. 2011. "유교와 기독교의 윤리관과 한국의 민주주의." 2011 한국윤리교육학회 학술대회 자료집.

두메르그, 에밀. 이오갑 역. 1995. 『칼뱅 사상의 성격과 구조』. 서울: 대한기독교서회.

박영신. 2009. "칼뱅주의 해석의'오류 지점': 친화력의 논리와 축소의 원리." 『현상과 인식』 통권 108호. pp. 101-125.

베버, 막스 저. 박문재 역. 2022. 『프로테스탄트 윤리와 자본주의 정신』. 서울: 현대지성.

스미스, 아담 저. 박세일 · 민경국 역. 2009. 『도덕감정론』. 서울: 비봉출판사.

신율. 2019."제도를 준수 아닌 타도 대상으로 보는 586." 매일경제 신율의 정치읽기(9.16).

유창선. 2021. 『나는 옳고 너는 틀렸다』. 서울: 인물과사상사.

윤강희. 2008. 『칼뱅의 정치사상』. 이화여자대학교 신학대학원 석사논문,

윤사순. 2011. "유학의 '천인합일(天人合一)'사상에 대한 현대적 해석—성(誠)과 성실(誠實)을 중심으로." 『유교문화연구』 18집. pp. 37-62.

윤원근. 2014. 『동감신학』. 서울: 한들출판사.

윤원근. 2021. 『마르크스 vs 베버』. 서울: 세창출판사.

이연정. 2016. "'천인합일(天人合一)'을 통해서 본 인식과 실천공부의 결합." 『유학연구』 제34권. pp. 193-218.

이영석. 2014. 『지식인과 사회 (스코틀랜드 계몽운동의 역사)』. 서울: 아카넷.

이윤복. 2006. "칸트에 있어서 자유와 도덕성." 『哲學硏究』. pp. 241-264.

이진우. 1988, "유교민주주의는 가능한가?에 대한 논평-유교사상은 과연 민주

주의적 가치를 함축하고 있는가?" 1998 철학연구회 학술대회자료집.
이철승. 2019. 『불평등의 세대』. 서울: 문학과지성사.
장수. 2011. "주희 리기 개념의 체험주의적 해석." 『동양철학연구』 68. pp. 225–56.
장인성. 2019. "유길준의 문명사회 구상과 스코틀랜드 계몽사상: 유길준, 후쿠자와 유키치, 존힐 버튼의 사상연쇄." 『개념과 소통』 23. pp. 189–235.
장정애. 2008. 『미국의 정치문화, 기독교, 그리고 영화』. 서울: 집문당.
조성환. 2020. "동학의 자생적 근대성: 해월 최시형의 인간관과 세계관을 중심으로." 『신학과 철학』 제36호. pp. 223–243.
조식. 1995. 「遊頭流錄」. 『교감국역 남명집』, 서울: 이론과 실천.
채진원. 2020. "586 운동권그룹의 유교적 습속에 대한 시론적 연구." 『오토피아』 35권 2호. pp. 41–79.
칼뱅, 장. 김종흡·신복윤·이종성·한철하 공역. 1994. 『기독교강요(중)』. 서울: 생명의 말씀사.
토크빌, 알렉시스 드. 임효선·박지동 역. 1997. 『미국의 민주주의 Ⅰ』. 서울: 한길사.
토크빌, 알렉시스. 이용재 역. 2006. 『앙시앵 레짐과 프랑스 혁명』. 서울: 박영률출판사.
허정훈. 1997. "칸트에 있어서 자유와 도덕법칙의 관계." 『인문학연구』. pp. 494–511.
Baron, Hans. 1939. "Calvinist Republicanism and Its Historical Roots." *Church History*, vol. 8. Chicago: American Society of Church History, 30-42.
Forster, Herbert Darling. 1908. "Calvin's Programme For Puritan State in Geneva 1536-1541." *The Harvard Theological Review 1*, Missoula, Mont.: Scholars Press.
Hancock, Ralph C. 1989. *Calvin and Foundations of Modern Politics*. Ithaca and London: Cornell Univ. Press.
Hudson, Winthrop S. 1946. "Democratic Freedom and Religious Faith in the Reformed Tradition." *Church History*, vol. 15, 177-194.
McNeil, John T. 1949. "The Democratic Element in Calvin's Thought." *Church History,* vol. 18, 153-171.

Troeltsch, Ernst, trans. Olive Wyon. 1956. *The Social Teaching of the Christian Churches*. London: George Allen & Unwin LTD.

Walzer, Michael. 1965. *The Revolution of the Saints: A Study in the Origins of Radical Politics*, Cambridge, Massachusetts: Harvard University Press.

Weber, Max. 1959. "The Author Defense His Purpose." in *Protestantism and Capitalism: in Weber Thesis and Its Critics*, ed. Robert Green, Boston: D. C. Heath and Company.

제4장

586 정치에 대한 성찰과 새로운 과제

1. 586 정치에 대한 성찰

2000년 제16대 총선의 키워드는 86세대(1960년대 출생·1980년대 학번)였다. 1990년 27세에 파격적으로 정계에 입문하여 제15·22대 국회의원에 당선된 김민석 현 더불어민주당 최고위원이 제16대 국회에 재선으로 입성한 때가 2000년이었다. 또한 1999년 11월 김대중 대통령이 영입한 임종석 전 민주당 의원이 처음으로 제16대 국회에 입성했다.

'샛별' 같은 등장 이후 노무현·문재인 정부라는 2번의 집권 역사를 만들어낸 586 정치세대는 이제 한국정치의 주류가 됐다. 제22대 총선에서 당선된 국회의원 300명의 반을 넘는 178명이 1961~1969년생의 86세대다. 이 중 민주당 586 출신 의원은 117명에 달한다.

대표적 인물인 김민석 최고위원과 임종석 전 의원이다. 서울대 총학생회장과 전국총학생회연합 의장을 지내며 80년대 학생운동을 이끌었던 김민석 최고위원은 정치적 부침 속에서 재비상을 위해 22대 국회의원에 당선된 이후 '이재명 사수대'의 선봉에 섰다.

김민석 의원은 1996년 제15대 국회의원 선거에서 새정치국민회의 후보로 다시 서울 영등포구 을 선거구에 출마하여 신한국당 최영한(최불암) 의원을 꺾고 31세의 나이에 국회의원이 된 입지전적인 인물이다. 이렇게 입지전적 인물인 김민석 의원이 대권주자인 이재명 대표의 정치적 경호실장 역할을 하고 있다. 그 이유는 무엇일까?

여러 의견이 있겠지만 핵심에는 2002년 16대 대선 때 노무현 민주당 대통령 후보를 버리고 탈당하여 경쟁자인 정몽준 후보 캠프에 들어간 이후 찾아온 오랜 정치적 낭인생활에 대한 공포를 방어하고 재기 발판을 만들기 위한 생존본능적 행보와 관련되어 있을 것이다.

임종석 전 의원이 최근 밝힌 '남북 2국가론' 주장은 많은 논란을 일으켰다. 북한 김정은이 제기한 '남북 적대적 2국가론'에 동조하는 것도 문제지만, 북한이 핵무기를 연간 최소 10개를 제조할 수 있는 우라늄 농축시설을 공개할 정도로 남측에 위협을 가하는 상황에서 임 전 의원이 말한 '남북 평화적 2국가론'이야말로 현실성이 극히 떨어지기 때문이다.

임종석 전 의원은 전대협 의장 출신의 거물 운동권으로, 33살에 정계에 입문해 제16·17대 국회의원을 지냈으며, 줄곧 민주당계 정당에서 활동해오다 박근혜 정부 때 박원순 서울특별시장 밑에서 정무부시장으로 있었다. 그러다가 19대 대선을 앞둔 당내 경선 당시 문재인 캠프에 후보비서실장으로 합류했고, 뒤이어 문재인 정부가 출범한 뒤 문재인 대통령의 첫 대통령비서실장으로 임명되었다.

임 전 의원과 함께 1999년 정치에 입문했던 우상호 전 민주당 의원은 2024년 6월 발간한 저서 『민주당 1999-2024』에서 "총론으로 보자면 그룹으로서의 86세대는 성공하지 못했다고 생각한다"고 평가했다. 국민은 586 출신들이 기존 정치인들과 다른 문법을 사용하면서 586 정치의 색깔을 끝까지 지켜주기를 기대했지만, 586 출신들은 '오히려 민주당 계열의 계파적 질서에 기여했다'는 것이다.

이 같은 우상호 의원의 시각을 어떻게 볼 것인가? 여러 의견이 있을 것이다. '586 정치'에 대한 긍정적인 시각도 있지만 여러 여론조사 결과를 볼 때, 부정적이고 비판적인 시각이 많다는 것을 부인하기 어렵다. 지금 시점에서 586 출신 정치인들이 해야 할 일은 무엇일까? DJ가 586세대를 제도정치로 영입한 초심으로 돌아갈 필요가 있다.

586 출신의 정치경험은 극단적 주장과 분열이 난무하는 현재의 진영대결의 정치를 극복하는 데 밑거름으로 사용돼야 할 것이다. "586세대는 새로운 시대정신으로 무장해 공통의 과제에 대한 집단적 합의를 바탕으로 더 치열하게 활동해주기를 바란다"는 우 전 의원의 조언을 다시 새겨볼 필요가 있다.

하지만 586 출신 정치인들은 자신의 세계관을 지배하고 있는 '소중화적 주체철학'으로 상징되는 유교적 습속에서 벗어나는 데 한계가 많았다. 정치인이 된 586 운동권 출신이 '조국사태'에서 드러난 것처럼, 국민법감정과 국민정서법을 무시하거나 국민상식을 깨는 과도한 이성적 논리나 목적의식적 전위의식이나 선민의식을 내려놓지 못했다.

그들은 자신의 기득권을 내려놓고 국민정서에 흐르는 도덕감정과 공감하고 소통하면서 도덕감정이 국민상식이 되도록 하는 '공감의 정치'에 열중할 필요가 있었다. 하지만 그들은 유교적 습속에 갇혀 있었기 때문에 그것을 발견하지도 못했고, 그렇게 실천하지도 못했다.

현 시기 '586 정치'의 문제점과 극복과제가 무엇인지에 대해서는 박용진 전 민주당 의원의 일갈을 참조하는 것이 좋다. 2025년 1월 31일 SBS 라디오 인터뷰에서 그는 다음과 같이 민주당을 장악하고 있는 '586 정치'에 대해 쓴소리를 했다.

"경제적 성장을 주도하고 능력 있는 경제정당을 구축하는 것, 그리고 더해서 중국과 북한에 할 말을 하고 안보정당으로 거듭나는 것, 미국 트럼프에 능수능란하게 대응하는 그런 능력 있는 정당으로 보여지는 것 이게 중요하다고 생각합니다. 그리고 무엇보다도 민주당이 달라져야 해요. 이런 면에서도 그렇지만 국민들이 인식하기에 민주당이 어떻게 보면 내로남불 정당, 말과 행동이 다른 정당 이렇게 보이고 있지 않겠습니까? 같은 잘못도 우리 편이면 감싸고 남의 편이면 공격하는 위선과 이중성. 그리고 이것저것 문제가 생기면 잘난 척은 열심히 하는 몸에 밴 선민의식 이런 것들 때문에 국민들이 민주당에 대해서 비판적으로 볼 수밖에 없다. 저는 특히나 젊은 세대들과 이야기하면서 느꼈고요. 무엇보다도 20년 넘도록 한국정치를 좌지우지하면서 오늘날 정치에 책임이 있는 낡은 586 정치를 청산하고 정치적 내로남불과 결별하려고 하는 민주당의 이런 단호함, 정치혁신의 태도 이런 것들도 더 많이 필요하다고 생각합니다."

조봉암 선생은 〈우리의 당면과제〉라는 연설문에서 "봉건적 습속에서 자라난 인간의 인습으로 민주주의를 배우고 외국의 민주주의 실천을 듣고 본다 하더라도, 민주주의로 대체한다 해도, 봉건적 관념과 습속이 즉시 사라지는 것은 아니"라고 말했다. 이 말은 이성적 주체의 치명적 한계를 말하고 있다. 즉, 아무리 민주주의라는 개념을 수용했어도, 오랫동안 몸을 지배해온 봉건적인 유교 습속에서 벗어나는 것이 매우 어렵다는 뜻이다.

586 운동권 출신이 욕먹는 이유?

"나도 왕년에 투사였어." 이 말은 586 운동권이 좋아하는 말이다. 지난 '조국사태' 때 많은 운동권 출신 586들이 조국의 내로남불에 대한 방어막으로 나온, '거악을 치기 위해 소악은 불가피하다거나 소악이 거악보다 낫다'는 식의 방어논리에 동조했던 이유가 뭘까?

아마도 두 가지가 아닐까? 하나는 조국이 사는 강남좌파적 삶을 본인도 살거나 이를 동경하거나 부러워해서 그랬을 가능성이 크다. 또 하나는 '검찰독재, 검찰개혁' 명분으로 '조국 비판'에 반대하는 데 참여해서 이름도 남김없이 살지만 본인도 왕년 운동권 출신이었다는 것을 한번 인정받고 싶은 입신양명의 보상심리, 특권의식, 선민의식이 작동됐을 가능성이 크다.

2024년 1월 18일 더불어민주당 이재명 대표가 당내 '586 용퇴론'에 대해 부정적인 입장을 밝혔다. 이 대표는 국회에서 가진 기자간담회에서 "민주화운동 한 게 잘못한 것도 아니고 잘라야 할 이유인가"라면서 "잘라야 할 586에 대한 정의도 정해진 게 없지 않나"라고 말했다. 그는 웃으며 "나도 586인데"라고 말했다.

'조국사태' 이후 586 운동권 출신들이 욕먹는 이유는 뭘까? 그것은 '독재와 싸운 경력' 때문이 아니다. 국민의 정서적 눈높이에서 잣대를 삼지 않고, 자신의 무능과 부패 및 기득권을 숨기고 물타기를 위해 정치적 경쟁자인 반대당을 독재와 거악으로 악마화하기 때문이다.

586 출신 정치권이 민주화의 주역에서 기득권의 화신으로 욕을 먹었던 이유는 뭘까? 그것은 민주화의 과실을 독식하여 상위소득 10%의 기득권을 지키기 위해 비정규직과 여성의 임금차별 및 금수저 신분세습을 개선하지 않고 청년세대에게 떠넘겨 그들을 루저화했기 때문으로 보인다.

특히, 세계화, 정보화, 후기산업화, 탈물질주의화, 탈냉전 등 21세기 시대상황과 민주화된 지 37년이 넘어가는 변화된 상황을 무시하고 독재와 싸웠던 관성대로 뭐든지 시대착오적인 반일 대 친일, 민주 대 반민주, 진보 대 보수라는 이분법적 구도로 편가르기를 하여 쓸데없이 강경파로 나서 도덕군자나 정의의 사도 행세를 했기 때문이다.

그리고 새로운 것을 받아들이지 않고 진영논리로 기득권을 지키는 보수성을 숨기고 있기 때문이다. 이것은 미국 상원의 대화와 토론을 통한 숙의민주주의의 상징인 필리버스터가 586 운동권에게 가면 자신의 기득권을 지키기 위한 방어논리로 시간끌기, 일방적인 선전선동 주장으로 왜곡되어도 환호하는 것과 유사한 이치이다.

일부 586 출신 정치인의 언행을 보면, 민주화 이후 37년이 넘는 작금의 시기를 여전히 '일제시대'로 보고 독립운동을 하는 분들이 있고, 여전히 '독재시대'로 보고 반독재운동을 하는 분들이 있다. 더러는 1945년에 해방됐는데, 지금 독립운동을 하자는 분들도 있고, 1987년에 독재가 끝났는데 지금 반독재운동을 하자는 분들도 있다.

민주공화국 건설과 관련해서 민주화 단계가 어느 정도 됐으니, 이제 다음 공화단계로 나아가는 게 적절하다. 일제시대, 독재시대 적절했던 친일 대 반일, 민주 대 반민주, 진보 대 보수의 이분법적인 위정척사론과 권선징악론 같은 패러다임의 언행은 더 이상 시대착오적으로 적절하지 않다.

민주단계 이후 공화단계에서는 적(enemy)과 동지(friend)라는 시대착오적 패러다임보다는 경쟁자이면서도 협력자라는 라이벌(rival)과 애드버서리(adversary)라는 이중적인 존재로 서로를 대하는 언행이 필요하다.

칼 슈미트는 프로이센의 쿠데타와 히틀러 시대의 혼란과 내란 시기에 홉스적 혼란을 막기 위해 적과 동지를 구별하는 '정치적인 것의 개념'을 제시하면서 배타성에 기초한 전체주의를 정당화했다.

하지만 이런 개념은 지나치게 폐쇄적인 동질성을 추구하다보니 적과 동지 사이의 경쟁자나 적수를 상징하는 애드버서리(adversary)를 고려하지 않아 '자유민주적 기본질서'를 정립하지 못했다.

하버드대 야스차 뭉크 교수는 저서 『위험한 민주주의』에서 "민주주의가 제대로 작동하려면 정치인은 적(enemy)과 적수(adversary)를 구별해야 한다"고 언급했다. 그리고 그는 '적은 말살해야 할 상대, 적수는 꺾고 싶은 상대'로 규정했다. 민주주의의 원활한 작동을 위해 두 개념의 차이에 대한 명확한 인식이 필요하다.

왜 목적의식적 전위는 파산했을까?

2024년 7월 21일에 소극장 '학전'을 세운 운영자이자 〈아침이슬〉의 작곡가인 김민기 선생이 별세했다. 선생은 사랑도 명예도 이름도 남김없이 '뒷것'으로 살다가 갔다. 여러 차례 '좌파 운동권의 대부'로 칭송되는 것을 거부했던 김 선생의 유지를 무시하고 자꾸 운동권 프레임으로 그를 호명하는 운동권 출신들을 보면서 왜 그럴까 의문이 생긴다.

이런 운동권 프레임에 갇히지 않고, '뒷것 예술인'으로서 선생의 정체성을 바로 보기 위해서는 운동권 역할에 의미를 부여하고 있는 오래된 습속인 '자생성'과 '목적의식성'이란 개념에 대해 성찰해보는 것도 필요하다.

지금부터 37년 전, 대학교 학습모임에서 러시아혁명을 성공시키는 데 지침이 되었던 레닌의 『무엇을 할 것인가(what is to be done)』를 읽은 적이 있다. 책을 보면서 가장 빨리 눈에 들어왔던 단어는 '자생성에 굴종', '목적의식성' 같은 자극적인 개념이었다.

당시는 권위주의적 문화가 많이 지배하고 있었던 시기라 요즘같이 현대 대의민주주의에서 빠질 수 없는 국민여론을 갈음하는 '국민정서법'이나 '국민감정' 그리고 국민정서와 호흡하는 '소통의 정치'나 '공감의 정치'라는 말은 없었다. 그 대신 대중들의 '자생적 의식'을 계몽해야 하는 전위들의 '목적의식'이라는 개념이 있었다.

자생성(spontaneity)과 의식성(consciousness)이란 무엇이고, 이 둘의 차이는 뭘까? 의식성은 목적한 의도대로 행동하거나 행동하여 얻은 결과를 말하는 것이고, 자생성은 목적한 의도와 상관없이 의도하지 않은 행동을 하거나 그 행동으로 얻어진 결과를 말할 때 사용된다.

예를 들어보면, 〈아침이슬〉이 민중가요가 된 것은 선생이 전혀 의도한 바가 아니었다는 점에서 의식성의 결과가 아닌 자생성의 결과로 볼 수 있다. 〈아침이슬〉은 순수한 서정적인 노래로 탄생하였으나 선생의 의도와 무관하게 독재정권에 맞서 민주화를 요구하는 운동권이 부르기 시작하면서 민중가요가 되었다.

김민기 선생의 입장에서 보면, 처음부터 〈아침이슬〉은 전혀 민중가요처럼 민주화를 촉진하기 위한 목적의식적 활동을 위해 창작한 것은 아니었다. 미술학도로서 회화작업이 막히면 틈틈이 놀이의 일환으로 창작했던 서정적인 노래가 운동권이 가져다가 부르다가 금지곡이 되면서 의도하지 않게 사회공익적 가치를 창출하는 결과로 나아가게 되었다.

〈아침이슬〉은 김민기 선생의 의도와는 무관하게 1970년대 이후 오랫동안 민주화를 갈망하는 시민들의 공감을 얻으면서 1987년 6월 항쟁을 통해 함께 부르는 대중적 민중가요로 등극하였다. 이런 〈아침이슬〉의 사회적 등극은 대중적 공감에 따라 '자생적 질서'가 자라난 전형적 예다.

김민기 선생은 87년 6월 이한열 열사 장례식에서 많은 시민들이 〈아침이슬〉을 합창하는 것을 보면서 "소름이 끼쳤다. 이 노래는 이제 저들의 노래가 되었구나" 하면서 자신의 의도와 다르게 가는 상황을 체념했다고 알려졌다.

『무엇을 할 것인가』에서 레닌은 노동조합의 임금인상투쟁은 근로조건을 개선하는 '자생적인 노동운동'인데, 노조가 이런 '자생성에 굴종'하지 않고 자생성과 타협하지 않고 싸우면서 좀 더 역사의 법칙대로 진보적인 사회주의적 계급운동으로 무장하도록 '목적의식성'을 가진 비합법적 전위당이 이를 견인해야 한다고 주장했다.

이런 레닌의 주장은 80년대 한국 운동권들에게 도구적 이성과 전략전술로 무장하도록 영향을 미쳤다. 레닌의 주장은 운동권이 자생성에 굴종하지 않고 목적의식성으로 무장하여 대중운동을 지도하도록 '전위의식'을 고취하며 '전위정당 건설'에 나서도록 부추겼다.

하지만 이런 목적의식성으로 무장한 볼세비키 전위당에 의해 세워진 소련은 불과 100년도 못 버티고 무너졌고, 러시아는 자본주의 시장경제로 이행하였다. 결국 소련식 사회주의는 완전히 붕괴했다. 그렇다면 그 붕괴의 원인은 무엇일까?

원인에 대해 여러 의견이 있지만, 전위들이 고안했던 목적의식성이 애덤 스미스 등 영국 스코틀랜드 상식학파(Scottish School of Common Sense)들이 강조했던, '도덕감정'에 기초한 '자생적 질서(spontaneous oder)'를 부정하면서 세우려고 했던 '인위적인 질서'였기 때문으로 보는 게 적절하다.

즉, 사회주의 및 전위당 질서가 도구적 이성으로 고안된 인위적 질서로서, 계획적 질서로서, 이상적 질서로서 역사의 필연법칙이라는 관념과 정신승리에 기대어서 너무 무리하게 이식하려다가 '자생적 질서'와 충돌하고 그 역린을 건드리면서 고꾸라졌기 때문이라고 보인다.

허치슨, 흄, 스미스 등 영국 스코틀랜드 상식학파가 공유하고 있는 세계관에는 종교개혁의 영향에 따라 인간의 '유한성'과 '불완전성'을 인정하고 정치와 종교를 분리하는 정교분리의 시각이 있었다.

정교분리가 됨에 따라 뉴튼의 물리학처럼, 자연발생성, 자연성, 자연법과 같은 속성으로 사회질서를 경험적 과정으로 보는 경험론적 시각이 생겨났다. 이런 유한성과 불완전성에 대한 인정은 이성주의를 내려놓고 대안으로 도덕감정과 경험을 중시하도록 강력한 영향을 미쳤다.

특히, 애덤 스미스는 『도덕감정론』이라는 책을 썼는데, 그에게 '도덕감정'은 자기이해와 타인의 이해를 조절하는 동감(sympathy)능력으로서 인간의 본성을 설명하는 핵심개념이었다. 애덤 스미스는 칸트 등의 이성주의나 합리주의 철학과 달리 사회질서를 형성하는 '도덕과 법은 이성에서가 아니라 감정에서 나온다'는 경험론의 입장을 취했다. 이것이 그의 독특성이다.

여기서 동감이란 자신의 이해를 타인의 입장과 동일한 입장에 놓고 타인이 느끼는 것과 동일한 것을 느낄 수 있는 능력, '상상의 지위전환(imaginary change of situation)' 능력을 말한다.

따라서 애덤 스미스에게 '정의'란 자연이 부여한 인간 본성으로,

불의에 대해 분노할 줄 아는 분개심이다. 여기서 분개심은 주관적인 것이 아니라 '공정한 관찰자(impartial spectator)'가 동감의식으로 승인해주는 분개심을 말한다.

즉, 애덤 스미스에게 동감은, 타인에게 피해를 주는 가해자의 행동은 자연스럽게 피해자의 분개심을 유발하고, 공정한 관찰자는 피해자에 대해 동감을 하거나 또는 가해자에게 반감(antipathy)의 감정을 가지게 되는 것을 말한다. 또한 그에게 정의 역시도 사회의 구성원인 타인에게 침해를 가하는 행위와 관련하여 공정한 관찰자가 가해자에게 내면적으로 느끼는 분개심 및 처벌에 관한 동료들의 동감의식과 같은 것이다.

애덤 스미스에게 '동감'은 '보이지 않는 손(invisible hand)'이 되어 이심전심(以心傳心), 역지사지(易地思之)로 작동하면서 도덕과 상식 및 법과 정의가 된다. 그는 '도덕감정'이라는 동감은 '공정한 관찰자'라는 '보이지 않는 손'에 의해 '이기적 인간'과 '이타적 인간'도 아닌 '동감하는 인간'이 되어 상대의 처지와 입장을 이해하고 서로의 감정 일치를 느끼게 하면서 불쾌감과 불행을 피해 즐거움과 행복을 추구하도록 돕는다고 본다.

따라서 애덤 스미스는 인간의 본성을 이기심도 있지만 동감을 얻기 위해 상대의 눈높이에 맞춰 자신의 감정을 조절하거나 자제하는 '정의로운 존재'로 봤다. 이에 그는 자기이해(self-interest) 및 자기애(self-love)를 이기심(selfishness) 및 이기주의(egoism)와 구분한다.

그래서 그는 이기심과 이기주의를 악(惡)과 적(敵)으로 보고 타도하려는 극단적 태도를 경계했다. 오히려 그는 '동감'에 따라 자기이해가 타인의 이해와 만나는 분업과 교환의 과정에서 국가의 부가 창출되는 '자연발생적 질서(spontaneous order)'가 나온다고 주장했다.

왜냐하면 타인의 동감을 받는 '자기이해 추구'는 자기이익만을 위해 타인에게 불행과 피해를 주며 동감을 얻지 못하는 '이기심에 기초한 이윤추구'와 다르고, '따듯한 동감에 기초한 보이지 않는 손'에 의해 국부를 창출할 수 있다고 보았기 때문이다.

물론 애덤 스미스는 이런 '동감'이 '공정한 관찰자'의 입장에서 '보이지 않는 손'으로 작동할 때 '적정성(propriety)'이라는 사회질서를 창출할 수 있다고 보았다. 하지만 이런 것들을 만능해결사로 보지는 않았다. '동감'과 '공정한 관찰자'의 원리가 통하지 않는 영역에 대해서는 별도로 법과 제도 및 국가의 개입을 강조하였다.

특히, 그는 '자유방임주의자'와 다르게 자유로운 경쟁을 가로 막는 독점행위에 대해 '반독점 규제법'이 필요하다고 강하게 역설하였다. 이런 점에서 그를 이기주의자, 시장근본주의자, 신자유주의자로 보려는 것은 그의 도덕감정론의 핵심을 왜곡하는 시각에 불과하다.

애덤 스미스의 역사인식에 따르면, 인류는 사냥사회→목축사회→농업사회→상공업사회로 문명진화를 겪었지만, 이것은 인간의 목적의식적 행위의 결과가 아니라 의도하지 않은 자생적 결과의 산물이다.

그에 의하면, 상공업 사회는 인간이 문명사회의 진화를 목표로 보고 의도한 행동으로 얻어진 것이 아닌 각 시대마다 구체적인 한계상황에 놓인 인간이 자연에 순응하고 생존하기 위해 행동하면서 나온 결과로서 자생적 행위의 산물이다. 즉, 분업과 교환을 중심에 두는 상공업 중심의 현대사회는 자생적 질서의 결과로서, 사회진화, 사회경험의 산물이다.

따라서 애덤 스미스는 상공업에 기초한 자본주의 시장경제를 사회주의와 같은 인위적인, 계획적인, 이성적인, 이상적인 체계로 이행할 수 있다는 나이브한 아이디어를 수용할 수 없었다. 결론적으로 볼 때, 역사의 필연적 법칙으로 진보주의, 이성주의, 이상주의를 자처했던 전위들의 목적의식성이 무너진 이유는 뭘까?

아마도 영국 스코틀랜드 상식학파가 중요하게 보았던 자생성과 자생적 질서에 대해 무지했던 탓으로 보는 게 적절하다. 오랜 기간 동안 분업이나 교환과 같이 여러 사람들의 상호작용에 따른 사회진화의 산물인 '자연발생적 질서'라는 오래된 현실을 너무 얕잡아 보고, 너무 쉽게 상공업사회라는 자생적 질서를 폐지하고 이를 넘어설 수 있다고 보는 '순진한 세계관'에 빠져 있었기 때문이다.

진보라고 자처하는 사람들이 오랜 사회진화의 산물인 상공업에 기초한 자본주의 시장질서라는 자연발생성을 무시하면서 나이브하게 이상적인, 계획적인, 이성적인, 목적의식적 접근을 시도한 탓이다. 그렇다면 자생성에 역습당한 목적의식성의 몰락이 주는 시사점은 무엇일까?

몰락한 '순진한 세계관'같이 반복된 실패를 막으려면, 인간의 유한성과 불완전성에 대한 인정과 함께 오랜 시간 동안 사회진화적으로 형성된 '분업과 교환을 위한 도덕감정'이라는 '자연적 질서'를 존중하는 개혁노선을 찾아야 할 것이다.

특히, 정치인이 된 586 운동권 출신이 '조국사태'에서 드러난 것처럼, 국민정서법을 무시하거나 국민상식을 깨는 과도한 이성적 논리나 목적의식적 전위의식을 내려놓고, 국민정서에 흐르는 도덕감정에 공감하고 소통하면서 도덕감정이 국민상식이 되도록 하는 '공감의 정치'에 열중할 필요가 있다. 정치인들은 자기주장과 논리 이전에 〈아침이슬〉이 대중에게 공감을 받아 자연스럽게 등극한 것처럼, 시민들의 '도덕감정'과 '자생적 질서'에 먼저 공감할 필요가 있다.

'뒷것' 김민기 선생의 삶이 정치권에 주는 교훈

SBS가 3부작으로 만든 스페셜 〈학전 그리고 뒷것 김민기〉가 인기리에 방영되면서 시청자들에게 많은 감동을 주었다. 이번 방송은 선생에 대한 오해가 풀리는 계기가 되었다.

1971년 발매된 김민기 1집은 1975년 금지곡으로 지정됐다. 유신 철폐를 위한 운동권 시위대가 〈아침이슬〉을 애국가처럼 불렀던 탓이다. '건전가요 서울시문화상'을 받았던 노래가 한순간 빨갱이 선동가로 낙인찍혔다.

김민기 선생은 자신의 의도와는 다르게 운동권 대부로 찍혀서 탄압을 받았다. 하지만 선생은 꼬여버린 인생을 원망하거나 좌절하지 않고 묵묵히 자기 분야를 개척하고 자기 역할을 찾았다.

그는 일부 '강남좌파'처럼 운동권 대부라는 칭호를 앞세워서 우쭐대면서 돈 벌고, 권력을 잡는 데 상징자본으로 사용하지 않았다. 그는 음악을 이념의 도구로 사용하는 것을 극도로 경계하면서 음악과 예술 그 자체에 충실했다.

선생은 1991년 예술의 다양성을 위해 '학전(學田)'이란 극단을 만들었다. 예술의 밭을 갈고자 학전이란 이름을 지었다. 학전은 700여 명의 배우와 가수를 키워낸 우리 시대의 모판이었다. 그는 기꺼이 배우인 '앞것'을 위해, 스탭으로서 '뒷것'의 역할을 묵묵히 해왔다.

선생은 화려한 학벌과 전문성에도 불구하고, 돈과 권력을 추구하지 않고 언제나 시대의 '뒷것'으로 사셨다. 음악으로 우리 사회에 위로를 줬고, 본인을 드러내거나 본인의 몫을 챙기지 않으면서 시대의 아픔을 피하지 않으면서 우리 사회를 바꾸는 데 헌신했다.

'뒷것'으로 산 선생의 삶이 우리 정치권에 주는 교훈은 크다. 무엇일까? 몇 가지만 적어보면 다음과 같다. 자녀입시비리 등 '조국사태'에서 드러난 것처럼 586 운동권들이 공정과 정의보다는 기득권과 자기 자식의 입신출세를 위해 살았던 모습을 반성케 한다.

또한 '비명횡사, 친명횡재' 공천과 같이, 비민주적인 공천방식에 저항하지 않고 공천권자에게 줄 서서 충성하고 아부하면서 배지를 달거나 비례대표를 따먹기 위해 '떳다방'같이 급조된 위성정당을 만들어 '줄 서기 정치'에 나선 모습을 반성케 한다.

그리고 타인의 공감이나 정서와는 무관하게 일방적인 주장이나 행동으로 자기애에 빠져 '관종정치'를 펼치거나 자기 실력을 키우기보다는 고인들에 대한 명성에 숟가락을 올리려는 '우상숭배정치'를 반성케 한다. 아울러 정치공간을 공공성의 실현보다는 자신의 사적인 억울함을 풀고 복수극을 펼치려는 '복수정치'를 반성케 한다.

성공하기 위해, 자신을 포장하고 알려야 한다고 믿는 시대와 대조적으로 선생은 '뒷것'으로 살았다. 자신을 드러내지 않는 '뒷것' 인생으로 53년간 한 우물을 좁고 깊게 파면서 선한 영향력으로 공공성을 실현하였다. 선생의 삶은 자기 전문영역을 개척하지 않고 '얇고 넓은 지식'으로 문어발처럼 여기저기 줄을 대며 기회를 쫓는 삶과 다르다.

특히, 선생은 독재정권의 탄압에 만신창이가 되었지만 복수극이나 보상을 요구하지 않았다. 그는 자신의 경력을 앞세워서 장관 자리나 국회의원 자리를 차지하지 않았다. 민중의 삶의 현장을 묵묵히 돌보는 '뒷것'의 모습은 오늘날 공공성의 실현 없이 극단적인 진영대결과 끝 모를 정쟁으로 민생정치를 외면하며 허송세월을 보내는 기득권자들과 다르다. 대화와 타협의 정치를 거부하고 복수극을 펼치면서 권력쟁취만을 향해 불나방처럼 살아가고 있는 우리 정치권에 자성과 성찰의 기회를 주고 있다.

'임종석 통일포기론'의 본질

2024년 9월 19일 임종석 전 대통령(문재인정부) 비서실장이 "통일, 하지 맙시다"라는 '통일포기론'을 밝히면서 파문이 확산되었다. 임 전 실장은 윤석열 대통령이 8·15 때 밝힌 '통일 독트린'(사실상 자유를 통한 북한 흡수통일)에 맞서 '두 국가론'을 주장했다.

임종석의 통일포기론은 '자본주의인 남한 중심의 북한 흡수통일'을 생각하는 우파민족주의자들에게 김정은의 좌파민족주의 노선(사회주의인 북한 중심의 남한 흡수통일)을 추종하는 '북한 추종노선'이라고 비판받았다.

지난해 말 김정은은 "북남관계는 더 이상 동족·동질관계가 아닌 적대적 두 국가 관계, 전쟁 중에 있는 두 교전국 관계로 완전히 고착됐다"며 '분단고착용 두 국가론'을 주장한 바 있다. 김정은을 좇는 임종석의 통일포기론은 종북노선으로 좌파민족주의 노선의 파산선고로 들린다.

'임종석 통일포기론'의 본질은 '자유민주적 기본질서'의 민주공화국을 추구하는 대한민국과의 체제경쟁에서 밀린 '북한식 좌파민족주의 노선의 파산선고'라는 데 큰 의미가 있다. 임종석은 왜 뒤늦게 기존 노선을 포기한 것일까.

그의 노선전환이 진정성 있으려면 그동안 잘못된 노선으로 지지자들에게 상처와 후유증을 주고 국민들에게 많은 걱정을 준 악행을 먼저 반성하고 사과하는 게 필요했다.

임수경 씨를 북한 땅에 밀입북시켜 박복한 인생으로 만들고 그 후에도 무수한 전대협(전국대학생대표자협의회) 후배를 통일의 제단에 차례차례 바침으로써 그들의 인생을 수십 년간 꼬이게 한 왕년의 '의장님 행태'에 대해 석고대죄하는 게 먼저였다.

김정은의 '분단고착용 두 국가론'은 핵무기를 앞세우면서 기존 노선(민족통일정책과 민주기지론에 따른 남한 해방)을 추진하지 않겠다는 입장으로 보인다. 통일이 남한과의 체제경쟁에서 밀린 상태에서 '남에 의한 북 흡수통일'로 다가오는 만큼 부담스럽다는 입장이다.

여전히 '북한식 좌파민족주의 노선'을 추종하는 주사파가 있다면 이번 기회에 실효성을 갖는 서독 노선으로 전향하는 게 현명할 것이다. 당위적인 통일을 내세우지 않으면서도 실질적인 통일에 성공한 서독 노선에서 시사점을 배울 필요가 있다.

서독은 '동독과의 통일'이 아닌 '선(先)서방유럽과의 통합'을 추구했다. 그 이유는 소련 사회주의체제가 존재하면서 동독에 영향을 미치는 한 통일은 불가능하다고 판단했기 때문이다. 따라서 소련 해체 후 동독이 스스로 무너진 다음 서독에 원조를 요구하기에 이르자 서독 정부는 동독의 민주정부 수립을 전제로 흡수·통합했다.

따라서 임종석이 밝힌 '두 국가론'의 정책과제에서 '헌법 3조 영토조항 폐기' '국가보안법 폐기' '통일부 정리'는 빼면서 '잠정적 두 국가론'을 검토할 필요가 있다.

무리하게 통일 그 자체를 추진해 완충지대를 요구하는 중국의 반발을 사기보다 중국이 흔들릴 때까지 아시아·태평양, 동북아 지역의 '민주평화론'을 강화하면서 '자유공화주의'를 확산하는 '사실상의 통일(de facto unification)' 정책을 견지할 필요가 있다

윤미향을 옹호한 우상호, 반일민족주의를 비판한 이용수

2024년 11월 14일 일본군위안부 피해자 후원금 횡령 등 혐의로 기소된 윤미향 전 의원이 대법원에서 징역 1년 6개월에 집행유예 3년을 선고받았다. 기소 4년 2개월 만에 최종 결론이 나왔지만, 윤 전 의원은 재판을 받으며 국회의원 임기(4년)를 모두 마쳤다.

대법원 2부(주심 김상환 대법관)는 이날 업무상 횡령, 사기 등 8개 혐의로 기소된 윤 전 의원에 대해 이같이 선고한 원심을 확정했다. 대법원은 "원심의 유죄 판단에 증거 재판주의, 무죄추정의 원칙, 공모관계 등에 관한 법리를 오해하고 판단을 누락한 잘못이 없다"고 밝혔다.

이 사건은 2020년 5월 위안부 피해자인 이용수 할머니가 윤 전 의원에 대해 "30년 동안 할머니들을 이용해 먹었다"고 폭로하면서 불거졌다. 그해 4월 총선에서 더불어시민당(민주당 위성정당) 비례대표로 당선됐던 윤 전 의원은 국회의원 임기 시작 전부터 수사를 받았다.

2020년 5월 27일 더불어민주당 우상호 의원은 이용수 할머니가 기자회견을 통해 윤미향 당선인을 비판한 데 대해 "윤 당선인이 할머니의 분노를 유발한 것이 동기"라고 밝혔다.

우 의원은 이날 민주당 당선인 워크숍에서 기자들과 만나 "할머니의 분노는 '내가 정치를 하고 싶었는데 나를 못 하게 하고 네가 하느냐, 이 배신자야'로 요약할 수 있다"면서 이같이 말했다. 하지만 우상호 의원이 윤미향 당선인 의혹에 대해 "이용수 할머니가 화났다고 사퇴시킬 수는 없지 않느냐"고 했다.

결국 이런 의혹에도 불구하고, 윤미향 당선인은 국회의원이 되었다. 그러나 우상호 의원이 윤미향과 정의기억연대의 운동방식과 회계투명성의 문제점 및 공직자로서 부적절성을 지적한 이용수 할머니의 절규를 끝내 외면한 것은 불공정하고 비상식적인 처사였다.

민주당 지도부는 당시 윤미향 당선인의 즉각 사퇴를 결정하지 못했다. 민주당 지도부는 부동산 투기의혹 등을 받았던 양정숙 당선자의 제명처리와 비교해 볼 때, 윤미향에 대한 거취를 신속하게 결정하지 못한 것은 이상했다. 무엇이 '윤미향 사퇴론'을 방해했었을까? 대략 세 가지로 보인다.

첫째는 정치적 재판과 사법적 재판을 구별하지 못하거나 정치적 재판 관행에 대한 비일관된 내로남불적 태도 때문이다. 삼권분립의 공화국에서는 입법부는 사법부의 사법재판과 별도로 정치적 재판을 할 수 있음에도 불구하고 그렇게 하지 않은 점은 모순이다.

즉, 대통령, 장관, 법관, 국회의원 등 공직자에 대한 탄핵소추를 하거나 국민여론을 형성하여 부적절한 공직자의 사퇴를 압박한다. 이런 정치적 재판의 목적은 사실관계 및 유무죄에 대한 판단과 형사처벌을 목적으로 하는 사법재판과 달리 민의를 배신한 부적절한 공직자를 공직에서 배제하는 '공직박탈'이 주요 목적이다.

그래서 정당과 언론 및 시민사회는 공직에 부적합하다는 정황과 이에 대한 적절한 국민적 공감대만 있으면 정치적 재판으로 공직을 박탈할 수 있다. 박근혜 대통령에 대한 탄핵소추는 정치적 재판의 대표적인 예이다.

사실관계와 유무죄를 따지는 검찰수사와 사법적 절차 없이 '박근혜 퇴진'에 앞장섰던 진보세력들이 윤미향 비리에 대한 태도에서 정치적 재판 대신 사법절차를 따지며 지켜보자는 것은 오랫동안 민주화운동이 만들어낸 정치관행의 상식에서 벗어나는 일이었다.

윤미향 사퇴를 바라는 국민여론이 70%가 넘는데도 민주당이 이를 외면한 것은 민의보다 당리당략이 먼저라는 것을 보여준다. 이런 민주당의 태도는 내로남불의 전형으로 진영논리에 갇혀 있음을 보여준다.

둘째는 당내 586 정치인들이 시대착오적인 반일민족주의 운동노선을 공유하고 있기 때문이다. '토착왜구', '신친일파' 등을 언급하는 언행의 증가는 당시 민주당의 분위기를 잘 보여준다. 민주화를 시작한 지 한 세대가 넘어 1인당 GNP가 5만 불을 기대하는 21세기 글로벌 한국의 시기를 여전히 '식민지 일제 강점기'로 착각하는 오류를 범하고 있다.

셋째는 당내 586 운동권의 기득권을 유지하는 인적 네트워크의 작용 때문이다. 이른바, 586 운동권들의 자기 식구 챙기기와 감싸주기가 작동하고 있다. 이런 네트워크가 작동한 단적인 예는 2020년 5월 27일 우상호 의원의 언행이다. 우 의원은 "이용수 할머니가 정치를 하고 싶었는데 윤미향이 먼저 국회의원이 되니 화가 나서 이러신다"고 하면서 "할머니가 화났다고 윤미향을 사퇴시킬 수는 없다"고 발언했다.

그는 "이용수 할머니의 분노를 유발한 동기는 '네가(윤미향) 나를 정치 못하게 하더니 네가 하느냐'인데 이건 해결이 안 된다"며 "같이 고생했던 사람들이 국회에 들어가면 좋지라는 마음이 아니라 이분은 특이하게 이걸 배신의 프레임으로 정했다"고 해서 논란을 일으켰다.

윤미향의 회계부정과 직권남용 의혹을 폭로한 이용수 할머니의 내부고발을 국회의원이 못된 시기심 때문에 그런 것으로 덮으려는 시도는 너무 예의 없고 야비하며 비인도적이다. 비상식적이다. 누가 과연 2012년 공천에서 이용수 할머니를 배제하고, 2020년 공천에서 윤미향을 올렸을까? 왜 이용수는 국회의원이 못 되고, 윤미향은 국회의원이 될 수 있었던 것일까?

비례대표가 언제부터 운동권 출신들의 나눠먹기 통로가 되었을까? 또한 시민단체 활동가들의 전유물로 사용되었을까? 비례대표 당선자의 이력과 진영논리적 태도 등 여러 정황들을 볼 때, 586 운동권 출신들의 인적 네트워크가 작동하고 있다는 것을 부정하기 어렵다.

이용수 할머니는 우상호 의원의 속된 말처럼, 이용수 본인이 정치를 하고 싶었는데 윤미향이 먼저 국회의원이 되어서 화를 내고 윤미향과 정의연을 고발한 것일까? 아닌 듯하다. 이용수 할머니 역시 국회의원이 되지 못한 서운한 감정이 전혀 없다고는 볼 수 없을 것이다. 그러나 그것이 이번 사태를 드러내는 한 계기일 수는 있겠지만 그게 전부는 아니라는 점이다.

오히려 윤미향보다 이용수 할머니가 위안부문제의 합리적 해결을 위해 제도정치권 참여에 대한 생각을 먼저 진지하게 시작했다고 보는 게 맞다. 이용수의 제도정치권 참여와 관련한 이해를 위해서는 그의 전체적인 이력과 다양한 발언 속에서 위안부문제를 해결하기 위한 운동노선에 대한 태도를 읽는 것이 필요하다.

당시 윤미향사태에서 많은 사람들이 궁금해하는 것 중 하나는 위안부문제를 해결하기 위해서는 정치권에 나가는 것이 당연한데, 이용수 할머니가 왜 30년 동지인 윤미향의 정치권 참여를 돕기는커녕 '배신'으로 보는가 하는 대목이다. 이에 대한 설득력 있는 설명이 필요하다. 이것은 결국 이용수의 정치참여에 대한 이해와 함께 윤미향과 다른 이용수의 운동노선과 정치노선으로 설명될 수밖에 없다.

윤미향과 정대협 노선에 대한 이용수 할머니의 비판은 10년 전부터 본격화된 것으로 보인다. 미국의 위안부 피해자 인권단체인 '배상과 교육을 위한 위안부 행동(CARE)' 김현정 대표 명의의 페이스북 계정에는 "이용수 할머니가 미국에 올 때마다 정대협(한국정신대문제대책협의회), 윤미향에 대한 문제의식을 저희에게 털어놓은 지가 벌써 10년이 다 돼간다"는 내용이 올라와 있다.

그 전문에는 "(이용수는) 위안부운동이 정파적으로, 조직이기주의로 가는 것을 눈치채고 정대협과 나눔의 집에도 소속되는 걸 거부하면서 독립적으로 활동을 펼쳐왔다"며 "그랬기 때문에 미국에서 눈부신 활동을 할 수 있었다"고 언급되어 있다.

그리고 2015년경 윤미향과 다른 이용수의 생각은 보다 차별화된 운동노선의 정립으로 나아갔다. 2015년 4월 25일 워싱턴포스트는 4월 26일부터 공식일정이 시작되는 아베 신조 일본 총리의 방미를 앞두고 2차 세계 대전 당시 자신이 겪었던 '성노예'로서의 삶을 이야기하러 온 이용수의 삶과 노선을 소개했다.

거기에서 이용수는 "나는 그들(일본정부)에게 결코 위안을 주고 싶지 않다"며 "그들은 나를 강제로 끌어갔고 행복하게 살고 결혼하고 가족을 가질 권리를 모두 빼앗아버렸다"고 밝혔다. 그리고 이용수와 워싱턴 정신대대책위원회의 이정실 회장은 워싱턴포스트에 "우리는 일본을 모욕하거나 공격하려는 게 아니다"라며 "위안부문제가 평화적으로 해결되기를 바랄 뿐"이라고 뜻을 밝혔다.

또한 그들은 "우리가 요구하는 것은 아베 총리가 과거사를 인정하고 공식적인 사과를 하라는 것"이라며 "그러면 우리도 이 모임을 해체하고 앞으로 전진해 나갈 것"이라고 표명했다. 이런 언급들은 이용수 노선의 목표와 방식을 뚜렷하게 보여준다.

이러한 지난 10년간의 이력에서 이용수 할머니의 위안부 운동노선과 제도정치권 참여에 대한 태도를 이해할 필요가 있다. 그 선상에서 2012년 민주당 비례대표 공천을 신청한 이용수의 모습과 윤미향 당선인의 정치권 진출과 관련해서 "(윤 당선인이) 30년이나 한 (위안부 관련 활동을) 하루아침에 배신하고, 사리사욕을 차려 국회에 가는 것 아닌가"라며 "하루아침에 팽개치고 자기 마음대로 했다. 이런 사람을 어떻게 국회의원을 시키느냐. 이 나라는 법도 없느냐, 윤 당선인은 죄(죗값)를 받아야 한다"고 반응한 배경을 이해할 수 있을 것이다.

특히, 노컷뉴스가 2020년 5월 27일 공개한 2012년 3월 8일 이뤄진 윤 당선인과 이용수의 통화 녹취록은 이용수가 2012년 당시 왜 국회의원이 되려고 했는지 그리고 윤미향과 어떤 갈등이 있었는지 잘 보여준다.

당시 이용수는 민주통합당 대구시당에서 기자회견을 열고 "위안부문제를 해결하지 않고는 도저히 죽을 수 없다"며 민주통합당 비례대표 출마를 선언했다. 녹취록에 따르면 이용수에게 윤 당선인은 "국회의원을 안 해도 할 수 있는 것 아니냐"고 말했다. 윤 당선인은 또 '(이용수의) 총선 출마를 다른 위안부 할머니들이 싫어한다'는 취지의 말도 했다.

윤 당선인의 반대에 대해 이용수는 "다른 할머니들이 뭐하는데(무엇 때문에) 기분 나빠 하느냐. 나는 그런 것 때문에 할 것 안 하고 (그러지는 않는다)"고 말했다. 이어 이용수는 "언제 죽을지 모르는데 (위안부문제를) 해결하고 죽어야 한다"며 "죽어가는 사람들이 안타깝다"고 말했다. 그리고 이용수는 자신의 출마 의지를 꺾으려는 윤 당선인에 대해 "국회의원이 되면 월급은 다 좋은 일에 할(쓸) 것"이라며 "(네가) 걱정되면 '할머니 건강이 걱정된다'고만 하면 된다"고도 말했다.

그리고 이용수는 서울 일본대사관 앞 수요집회가 열렸던 2012년 3월 14일 민주통합당 비례대표 출마를 선언했다. 당시 그는 출마의 변으로 "국회에 나가 당당히 위안부문제를 해결하고 북한과 아시아의 여성인권문제 해결을 위해 노력하겠다"고 했다. 민주통합당은 2012년 3월 20일 40번까지 순번을 발표했지만, 이 할머니는 순번 안에 들지 못했다.

8년 전 이용수에게 '국회에 가지 않아도 위안부문제를 해결할 수 있다'고 말했던 윤 당선인은 지난 3월 민주당의 비례대표용 연합정당인 더불어시민당 비례대표 후보 7번을 받았다. 윤 당선인은 이용수의 국회의원 출마를 만류했다는 것에 대해 "구체적인 정황은 기억나질 않는다"며 "아마 할머니가 진짜로 국회의원을 하고자 한다라고 받아들이지 않았고 별 중요치 않게 받아들이고 말씀을 드렸던 것 같다"고 했다.

윤 당선인은 국회의원 진출과 관련해서 "이용수 할머니께 연락드렸다. 시민당 비례 후보로 나가게 됐다고 하니 '잘했다. 가서 우리 문제 풀어야지. 같이 하자'라고 했다"고 주장했다. 하지만 이것은 이용수의 입장과는 다르다. 윤 당선인은 당연히 이용수 등 할머니들과 상의하여 동의를 받거나 동의를 받지 못할 땐 멈추는 게 상식적이었을 것이다.

이용수는 기자회견문으로 밝혔듯이, "30년을 함께 하고도 의리 없이 하루아침에 배신했다. 배신당한 게 너무 분했다, 사리사욕을 채워서 마음대로 국회의원 비례대표로 나갔다, 출마와 관련해 얘기도 없었고 자기 마음대로 하는 거니까 제가 무엇을 더 용서하느냐"고 울분을 터트릴 수밖에 없었다.

그렇다면 이용수가 지난 10년 전부터 고민했던 윤미향과 정대협의 문제점 그리고 위안부문제의 합리적 해결을 위한 노선은 무엇으로 요약할 수 있을까? 이것은 그의 기자회견문 내용에서 잘 드러난다.

우선 조직의 의사결정과정과 운영과 관련해서 다음 내용은 운동의 주체인 피해 할머니들을 단체 활동가들이 얼마나 소외시켜 왔는지를 잘 보여준다. 즉, 이 단체가 피해자 개별 중심이 아닌 활동가와 조직 중심으로 이뤄졌고, 이것이 문제가 되었음을 보여준다.

이용수는 윤 당선인을 두고 "만 가지를 속이고 이용하고… 제가 말은 다 못한다"며 "재주는 곰이 넘고 돈은 되사람(되놈·중국인을 낮춰 부르는 말)이 챙긴 것 아니냐"고 말하기도 했다. 그리고 "부끄러웠다. 왜 모금하는지 몰랐다. 배가 고픈데 맛있는 것을 사달라고 해도 '돈 없다'고 답했다"는 이용수의 언급은 기부금 모금에서부터 그 분배에 이르기까지, 단체의 조직운영이 피해 할머니들의 개별 인권과 복지에 얼마나 무관심했는가를 보여준다. 이것은 조직운영이 근본적으로 피해 할머니가 아니라 활동가와 조직지도부 중심으로 주객이 전도되었기 때문에 나타난 결과다.

이어서 위안부문제를 해결하기 위한 이용수의 정치노선은 무엇일까? 이것 역시 기자회견문 중 윤미향과 정대협 운동노선에 대한 비판적 언급에서 잘 드러난다.

이용수는 "학생들이 (수요집회에 참가하기 위해) 귀한 돈과 시간을 쓰지만, 집회는 증오와 상처만 가르친다"면서 "이제부터는 올바른 역사교육을 받은 한국과 일본의 젊은이들이 친하게 지내면서 대화를 해야 문제가 해결된다"(1차 기자회견)고 했다. 그래서 "데모 방식을 바꿔야 한다"(2차 기자회견)고 분명하게 언급했다.

특히, 이용수는 2차 기자회견문 내용에서 자신의 위안부 해결을 위한 현실인식에 따른 진단과 더불어 정치노선을 좀 더 구체적으로 제시하고 있다. 즉, "저는 지난번 기자회견과 입장문을 통해 지금까지 해온 방식으로는 문제의 해결은 여전히 요원하다는 말씀을 감히 국민 여러분께 말씀드리며, 앞으로 개선해야 할 것들에 대해 말씀드렸습니다"라고 밝히고 있다.

그는 "(정대협 등이) 김복동 할머니 등 위안부 피해자를 국내외로 끌고 다니며 모금의 대상으로 활용했다"고 비판하면서 "데모(시위) 방식을 바꾸고 한국과 일본의 학생들이 서로 왕래하면서 제대로 된 역사를 알 수 있도록 교육해야 한다고 본다"고 말했다.

또한 이용수는 '시민 주도 방식', '30년 투쟁의 성과 계승', '과정의 투명성 확보' 3가지 원칙도 제시했다. 그러면서 평화인권교육관 건립, 소수 명망가나 외부의 힘에 의존하지 않는 새로운 역량 준비, 투명성과 개방성에 기반한 운영 체계 마련 등 6가지의 문제해결 방향을 제시했다.

이용수는 왜 30년 동지인 윤미향을 사리사욕을 추구한 배신자라고 규정하면서 이에 분노했던 것일까? 어쩌다가 이런 차이가 발생했을까? 둘 간의 운동노선과 정치노선의 차이로 보는 게 적절하다.

이용수는 위안부문제를 한일 간의 대결전으로 보는 윤미향과 정의연의 주류 노선인 반일민족주의와 반일국가주의 관점에서 벗어나서 개별 피해자들의 인권과 시민권 회복을 기초로 초국가적이고 탈국가적인 아시아 시민들의 연대로 문제해결을 찾고자 하였다.

그는 증오하는 한일전의 대립구도하에서는 일본=가해국=악행, 한국=피해국=선행 구도가 성립되고, 이런 구도가 되면, 일본 내 진보적 시민단체와 시민들의 입지를 줄이면서 한국 내 다양한 개별의견의 표출을 어렵게 하고 억압되기 때문에 문제해결이 어렵다는 것을 깨달았다.

이용수가 윤미향과 다른 생각을 하게 된 결정적 배경에는 30년 정대협과 정의연의 운동이 반일민족주의 운동에서는 성공하였으나 그로 인해서 개별 피해할머니들의 다양한 목소리가 반영되면서 개별 피해자의 인권회복과 시민권보장 그리고 한일 시민사회 간의 교류와 협력에는 상대적으로 실패했다는 것을 인식했기 때문으로 보인다.

그래서 이용수는 2차 기자회견문에서도 밝혔듯이, 위안부 피해자 문제해결의 해법으로 현실적이고 실현 가능한 방안을 한일 양국 정부와 시민사회가 책임성을 갖고 조속히 같이 머리를 맞댈 것을 촉구한 바 있다.

이용수는 두 번의 배신을 당했다. 한번은 주권을 일본에게 빼앗긴 무능한 조국 조선의 위정자들에게, 다른 한번은 윤미향과 정의연의 반일민족주의 운동 노선에 배신을 당했다.

배신감에 울부짖는 이용수의 절규는 『예루살렘의 아이히만』을 쓴 미국의 정치학자 한나 아렌트의 언급대로, 국가와 정치공동체에 참여할 수 있는 시민권을 빼앗겨서 보편적 인권보장을 주장할 수 없는, '권리를 가질 권리(right to have rights)'를 주장할 수 없는 무국적자의 헐벗은 생명의 모습을 보여준다.

즉, 국가를 빼앗긴 조선 위정자들의 무능으로 인해 시민권을 박탈당한 채 인간의 존엄과 인권을 보호받지 못한 연약한 생명들은 전쟁국가 군대의 도구로 끌려가 끔찍하고, 헐벗은 상처뿐인 삶을 살았다.

그리고 그런 헐벗은 생명들은 겨우 해방되어 상처뿐인 몸을 추스르기 위해 정대협/정의연에 소속되었지만 거기에서도 치유를 위한 시민권의 회복과 인간다움을 온전하게 보장받기는커녕 운동의 이념으로 반일민족주의를 앞세우는 운동권 조직의 도구적 수단으로 이용되면서 많은 의사결정에서 소외되는 상처를 입었다.

이용수의 절규는 피해자 할머니들의 고통스런 처지에 공감하지 못하고 소통능력이 부족한 반일민족주의 운동권이 저지르고 있는 '악의 평범성'에 경종을 울리고 있다.

위안부 해법에 대한 이용수의 새로운 노선 제안은 한나 아렌트의 입장에서 보면, 단일한 반일민족주의를 내세우는 운동권 조직 중심의 '작업(work)'에서 벗어나서 피해 할머니들의 다양한 목소리가 드러나는 가운데 한일 시민들이 서로 교류와 협력하는 시민연대의 공론장을 펼치면서 화해와 회복으로 나아가는 '행위(action)'로 이해된다.

윤미향은 나눔소식지(98/3) 〈해결운동의 과정과 전망〉에서 "죄를 인정하지 않는 동정금을 받는다면, 피해자는 일본의 정치가들과 우익들이 그동안 내뱉었듯이 '자원해서 나간 공창'이 되는 것이요, 일본은 면죄부를 받게 되는 결과를 초래하게 될 것이다"라고 언급했다.

윤미향의 이런 주장은 '반일민족주의'로 무장한 운동조직 논리를 위해 여성을 순결과 정조의 대상으로 보는 '가부장주의적 여성관'의 전형으로 보인다.

이런 측면에서 보면, 정대협(정의연)을 중심으로 한 한국의 위안부 운동은 피해자의 개별적 '인권보호'에 방점이 찍힌 게 아니라 NL(민족해방)파와 가부장적인 여성주의운동가들이 결합한 성향이 강하다.

윤미향 비례대표 포스터 슬로건이 "21대 총선은 한일전이다"인 것처럼, 그는 이웃나라에 대한 증오를 부추기는 반일민족주의를 선동전략으로 사용하여 한일 시민사회의 교류와 협력보다는 반일감정을 이용해왔던 게 사실이다. 과연 위안부 피해자 문제를 푸는 해법의 바람직한 상은 무엇일까? 반일민족주의일까? 아니면 피해자의 인권과 시민권 회복일까?

2018년 평창올림픽에서 "민족주의와 국가주의를 넘어서는 시민적 연민, 우정, 연대"를 보여준 이상화와 고다이라의 뜨거운 포옹처럼, 한일 양국과 아시아 시민들은 아래로부터 시민사회의 연대와 연민을 통해 반일(反日)과 혐한(嫌韓)을 넘어 안중근 의사가 말한 '동양평화론'처럼 공동번영의 길을 찾을 필요가 있다.

이런 측면에서 민족주의와 공화주의 애국심의 차이에 대해서도 살펴볼 필요가 있다. 드골 전 프랑스 대통령은 한마디로 "애국심은 자기 국민에 대한 사랑을 우선시하는 것이고, 민족주의 또는 국수주의는 다른 나라 국민에 대한 증오를 우선시하는 것"이라고 요약한 바 있다.

공화주의 애국심은 정치공동체에 참여할 수 있는 '권리를 가질 권리'인 시민권과 인권보장을 주는 국가의 소속감에 따른 애정과 사랑이다. 하지만 민족주의는 국가 내부의 결집을 위해 권리를 갖지 못한 피해자들의 시민권 보장과 인권보호보다는 외부를 차별하고 배제하면서 증오감을 불러일으키는 것을 우선한다.

토착왜구라는 표현은 반일민족주의를 부추기고 일본의 혐한감정을 불러오는 차별의 언어이다. 21세기 세계화, 탈냉전, 정보화 등 교류와 협력의 시대에서는 "친일대 반일", "친북대 반북"을 넘어야 한다. 시대착오적인 민족주의가 아닌 '민주공화주의'를 기초로 한 안중근의 동양평화론처럼 한중일이 연대하는 평화와 번영의 공동체로 갈 필요가 있다.

건전한 상식을 가진 시민들은 공직자가 된 윤미향이 과거 정의연 시절 불투명하게 회계를 관리한 것에 의문을 가지고 있다. 상대적으로 비영리적이며 비정파적이어야 할 NGO와 시민단체들이 공직자가 된 윤미향의 허물과 위선을 비판하지 않고 두둔하는 행태는 커다란 오점이다.

제도정치권의 부패와 타락을 막는 민주주의 최후의 보루는 깨어 있는 시민들의 조직된 힘이다. 깨어 있는 시민들의 조직된 힘인 풀뿌리 시민결사체가 민주주의의 타락을 막는 제도정치의 파수꾼인데, 이 파수꾼이 투명하지 않고 부패한다면 민주주의는 무너질 수밖에 없다.

'박원순식 서울형 주민자치모델' 옹호한 하승창과 전상직의 비판

2021년 말에 오세훈 서울시장이 "서울시의 곳간이 시민단체 전용 ATM(현금자동지급)으로 전락했다"고 비판하며 '박원순식 서울형 주민자치모델' 관련 사업을 전면 폐기하고 서울시 25개 자치구에 지원할 관련 예산을 전액 삭감한 바 있다. 이로 인해 서울시 25개 자치구 산하 185개 동 주민자치회와 주민자치회로의 전환을 앞둔 주민자치위원회의 동력이 무력화될 수밖에 없었다.

당시 갈등의 배경에는 이른바 '박원순식 서울형 주민자치모델'의 핵심기관인 '중간지원조직'에 대한 오세훈 시장의 불신에서 기인한다. 월간중앙(202112호)이 보도한 서울시 감사위원회가 작성한 '마을공동체 사업 운영실태 점검 결과 보고서'에 따르면, 2020년 총 집행액 83억 원 중 중간지원조직 인건비·운영비가 44억 원(53%)을 차지한다. 사업비는 39억 원(47%)에 그쳤다. 사업비 중에서 시민이 체감할 수 있는 주민공모사업 예산 비중은 고작 16억 원(전체 예산 대비

19%)에 불과했다.

당시 중간지원조직의 인건비를 삭감하겠다는 오 시장의 이런 인식과 조치에 대해 생계보장과 중간조직의 정당성을 주장하는 시민단체들이 강력하게 반발하는 것은 어찌 보면 당연했다.

2021년 10월 20일 100여 개 시민사회단체가 '퇴행적인 오세훈 서울시정 정상화를 위한 시민행동'을 조직하고 릴레이 기자회견을 여는가 하면, 11월 4일에는 전국 1170개 시민·지역사회단체가 오 시장의 발언을 '시민단체 폄훼'로 규정하고 집회와 시장 면담 요구 등 집단행동에 돌입한 바 있다.

당시 오세훈 시장의 시민단체 예산지원 삭감을 반대하면서 중간지원조직의 정당성을 주장하는 대표적인 인물은 586 운동권 및 시민단체 출신의 하승창 전 청와대 사회혁신수석이다. 그는 9월 16일 "오세훈 시장의 주장은 틀렸다"(이로운넷)라는 글을 통해 자신의 반론입장을 밝혔다.

그는 "중간지원조직은 기관과 단체가 위탁받아 운영하면서 필요한 사회서비스를 제공하는 것이지 위탁받은 단체로 돈이 재배분되는 일은 없다. 그런 일이 있다면 관련 공무원도 그 책임을 피할 수 없다"며 "그걸 마치 시민단체들에 돈을 배분하는 중간통로처럼 표현한 것은 세상의 변화에 무지하거나 의도적인 왜곡을 통해 자신을 드러내려는 정치적 술수에 불과하다"고 지적했다.

또한 그는 "오세훈 시장의 재임시절에 배분되는 민간보조금을 받던 단체와 박원순 전 시장 재임시절 배분받은 단체의 성격의 차이는 두 시장의 가치와 정책의 방향의 차이에 따른 것이다. 내가 주는 것은 옳고 박 전 시장 재임시절 보조금은 틀렸는가?"라고 반론을 제기했다.

그리고 그는 "지난 10년 동안 민간위탁으로 시설을 운영하던 기관과 단체가 100% 완벽하게 정책을 집행했다고는 할 수 없을 것이다. 잘못도 있고, 오류가 있을 수 있다"고 보면서 "구체적으로 어떤 단체가 얼마를 가져갔는지를 밝히면 될 일이고, 어느 민간위탁기관이 돈을 시민단체에게 주었는지 밝히면 될 일"이라고 지적했다.

아울러 그는 "이미 벌써 몇 번씩 감사하고 있지 않은가? 몇 번씩 감사해도 별다른 큰 잘못이 안 나오니 답답했는지 모르겠다"며 "그렇다고 이런 식의 치졸한 정치적 책략으로 시민단체를 희생양 삼아 자신의 정치적 목표를 이루려 하는 것은 행정과 시민사회 모두를, 나아가 우리 공동체 내의 사회적 신뢰를 파괴하는 몰상식한 행위로 당장 중단되어야 마땅한 일종의 정치보복"이라고 밝혔다.

이런 하승창의 시각에 반론하는 또 다른 시각으로는 전상직 한국주민자치중앙회 대표회장이 있다. 그는 이번 갈등사태의 본질을 "권력집단화된 시민단체가 서울시 예산을 받고 인원·조직·자산을 늘려 주민자치회의 주민을 지배하려는 것"에서 찾고 있다.

그는 이 같은 시민단체의 문제점은 '박원순식 서울형 주민자치회 모델'에서 필연적으로 나올 수밖에 없다고 비판한다. 그는 "주민도, 자치도 없이 관변 시민단체만 있는 서울시 주민자치회"라는 칼럼(시사저널, 12월 14일)을 통해 이같이 밝혔다.

전상직 회장은 "서울형 주민자치회는 자치회가 할 일을 주민들이 스스로 결정하는 것이 아니라 실행하기 버거운 정도의 임무를 조례로 강요했고, 주민의 결정과는 관계없는 시민단체의 일을 자치회에서 시행하기를 강요하고 있다"고 본다.

또한 그는 "주민자치회 활동에도 서울시 마을공동체종합지원센터(서마종)-마을자치지원센터(마자센터)-동주민자치지원관(지원관) 체계로 깊숙이 그리고 세세히 관여하고 있다"며 "회의 의제도 정해서 보내고 심지어 식사 장소까지도 지원관이 정한다는 것은 주민자치회가 시민단체의 식민지에 지나지 않는다는 것을 명백하게 드러내주고 있다"고 비판한다.

그리고 그는 "박원순의 서울형 주민자치회는 시민단체의 지배체계를 구축하기 위한 것이다. 서울형 주민자치회는 '주민의 회'도 '자치의 회'도 아니다"며 "수직적으로는 서마종-마자센터-지원관으로 구축된 시민단체에 의해 지배되는 하부조직에 불과하다"고 진단한다.

또한 그는 "박원순 전 시장의 서울형 주민자치회는 주체인 주민들도 소외시켰지만 서울의 시-구-동도 주민자치 현장을 위탁이라는 형식으로 시민단체에 내주고 소외되고 말았다"고 비판한다.

이어서 그는 "여당이 장악한 의회가 주민자치회를 설치·운영할 수 있는 권리를 시민단체에 위탁했고, 운영에 필요한 인력과 예산도 시민단체에 위탁했다. 자치단체도 강 건너 불 보듯 할 수밖에 없으며 무력화된 주민자치회는 아예 시민단체에 종속될 수밖에 없었다"며 "이렇게 서울형 주민자치는 주민자치를 파괴하고 있다. 그래서 서울형 주민자치회에는 시민단체만 있다"고 성토한다.

아울러 그는 "박원순 전 시장의 서울형 주민자치회는 새로운 계급을 형성하고 있다. 가장 상부에 시민단체의 시민이 있고 중간을 지나서 하부에 주민이 있다"며 "상부에서 권력화된 시민단체는 서울시의 경우처럼 지원받은 예산을 인건비로 해서 조직을 유지·확장하거나 예산으로 자산을 늘리거나 권한으로 세력화를 지속할 것"이라며 주민자치회를 지배하고 있는 권력화된 시민단체의 예산지원은 불필요하다고 주장한다.

이상과 같이 오세훈의 주장, 하승창의 주장, 전상직의 주장 중 누구의 주장이 맞는 것일까? 각각의 주장을 들어보면 100%는 아니지만 부분적으로 일리가 있다. 그렇다면 도대체 무엇이 문제일까? 어디서부터 문제가 꼬인 것일까? 전상직의 주장에 따르면, '박원순식 서울형 주민자치회 모델'에서는 주민자치회 위에 상부기관으로서 위상을 갖는 중간지원조직의 존재는 필연적이다.

그렇다면 인과론적으로 볼 때 '박원순식 서울형 주민자치회 모델'은 어디로부터 영향을 받은 것일까?

꼬리에 꼬리를 물고 이것을 추적해보면, 결국 2013년 제정된 『지방분권 및 지방행정체제 개편에 관한 특별법』(이하 특별법)과 2019년 8월 23일 개정된 행안부의 『주민자치회 시범실시 및 설치·운영에 관한 조례 표준』(이하 행안부 주민자치회 시범조례) 간의 충돌에서 빚어진 것이 구조적인 원인으로 보인다.

즉, 주민자치회와 중간지원조직의 잘못된 만남은 행안부 표준조례가 모법인 특별법에서 벗어나 있기 때문에 필연적으로 발생할 수밖에 없다.

2013년 특별법에 따라 행정안전부는 지자체의 조례 제·개정에 도움을 준다는 명분으로 2013년 6월부터 행안부 주민자치회 시범조례를 배포해왔다.

문제가 된 부분은 첫째, 특별법 제27조에 명시된 “풀뿌리자치의 활성화와 민주적 참여의식 고양을 위하여 읍·면·동에 해당 행정구역의 주민으로 구성되는 주민자치회”라는 구절이 2019년 행안부 주민자치회 시범조례 1조의 “읍·면·동(또는 동, 읍·면)에 두는 주민자치회”로 바뀌면서 ‘해당 행정구역의 주민으로 구성되는’이라는 부분이 빠져 주민자치회가 ‘주민이 회원이 아닌 조직’ 또는 ‘일부 위원으로만 구성된 조직’으로 전락할 가능성을 열어 두었다는 점이다.

둘째, 2019년 행안부 주민자치회 시범조례 제21조(지방자치단체의 지원)에 명시된 “시장(또는 군수·구청장)은 필요하다고 인정하는 경우에는 관련 법인 또는 단체 등으로 하여금 주민자치회의 설치·운영을 지원하게 할 수 있다”는 민간단체의 지원 조항이 의도하지 않게 주민자치회의 자생성과 충돌한다는 점이다. 국회가 2013년 특별법과 2019년 행안부 표준조례의 충돌에서 빚어진 잘못된 조항들을 바로잡을 대안으로 독자적인 “주민자치회법”을 제정했어야 마땅했을 것이다.

유감스럽게도 국회차원의 주민자치회법이 제정되지 않음에 따라 주민자치회와 중간지원조직 간의 관계설정이 새롭게 정립되지 못하는 한계를 노출할 수밖에 없었다. 즉, 주민자치회가 존립하기 이전에는 중간지원조직이 마을공동체 활성화를 위한 지원조직으로서 큰 위상을 가질 수밖에 없었다.

하지만 주민자치회가 지역주민모임, 비영리단체(NPO), 비정부기구(NGO), 시민단체 등 다양한 마을공동체와 네트워크의 허브기구라는 위상으로 등장한 만큼 거기에 맞게 중간지원조직의 위상은 주민자치회의 보조기구로서 위상정립을 새롭게 시도했어야 마땅했을 것이다. 그런데 유감스럽게도 그렇게 하지 못했다. 그것이 당시 갈등사태를 불러온 원인으로 보는 게 적절하다.

중간지원조직과 주민자치회가 충돌하게 하는 현 행안부 주민자치회 시범조례의 문제점을 개선하기 위해서는 국회 차원의 주민자치회법을 제정해 중간지원조직을 주민자치회 산하로 들어가도록 위치 설정을 했어야 마땅하다.

이에 중간지원조직의 예산도 주민자치회와 주민자치협의회에 직접 지급하게끔 했어야 마땅했다. '박원순식 서울형 주민자치회 모델'처럼 서울시 마을공동체종합지원센터(서마종)–자치구 마을자치지원센터(마자센터)–동주민자치지원관으로 연결되는 중간지원조직의 성격이 주민자치회 위에 군림하거나 명령하는 상부기관이 아니라 주민들의 이해와 요구에 봉사하는 주민자치회의 보조기구로서 복무하도록 설계했어야 했다. 특히, 교육 역시 중간지원조직의 요구가 아니라 주민자치회가 스스로 필요와 방법을 선택하도록 보조했어야 했다.

주민자치회와 마을공동체간의 차이점은 무엇일까? 주민자치회와 지역공동체의 차이점을 구분한 남재걸 단국대 교수의 지적(THE PUBLIC NEWS 2019년 1월 3일 자 〈주민자치 활성화를 위한 제언〉)을 응용하여 이해할 필요가 있다.

그의 언급을 응용해보면, 주민자치회는 기존의 주민자치위원회를 대체하는 '통리반의 주민자치회 조직'으로 현행 '지방자치분권 및 지방행정체제 개편에 관한 특별법'(이하 특별법)에 규정된 읍면동 해당 지역의 주민자치조직이고, 반면 마을공동체는 지역 사회단체, 관변단체, 주민조직, 비영리단체(NPO), 비정부단체(NGO) 등에 참여하는 '주민들의 결사체'로 정의할 수 있다.

마을공동체와 다른 주민자치회의 위상에 대해서는 주민자치회의 목적이 특별법 27조에 "풀뿌리 자치의 활성화와 민주적 참여의식 고양"이라고 규정되어 있듯이 주민자치회의 정체성을 '개인 및 공동의 자유에 기초한 연대주의'라는 미국식 공화주의 전통에서 살펴보는 게 좋다. 이런 관점에서 주민자치회와 중간지원조직 관계에 대한 잘못된 제도설계를 성찰해야 한다.

핵심적으로 서울시장과 각구 구청장의 "민간 법인·단체의 위탁 사항"과 관련된 조례의 문제점을 시정해야 할 것이다. 예를 들어보면, 서울특별시 마을공동체 활성화 지원 조례 10조(③시장은 종합지원센터를 효율적으로 운영하기 위하여 관련 법인이나 단체 등에 위탁할 수 있다)는 조항 그리고 서울특별시 광진구 주민자치회 설치 및 운영에 관한 조례 제24조의 "(지방자치단체의 지원) ④구청장이 필요하다고 인정하는 경우 지원조직의 운영을 법인 또는 단체에게 위탁할 수 있다"는 조항을 반드시 바로 잡아야 할 것이다.

이제는 주민자치회가 설치되어 활성화되고 있는 만큼 중간지원조직의 위상 역시 풀뿌리에서 자라나는 '주민자치회'의 역량강화를 위한 보조기구로 바라볼 필요가 있다. 그동안 사용해온 '마을 만들기 콘셉트'에서 벗어나 '주민자치회 가꾸기(마을 가꾸기) 콘셉트'로 노선

변경을 검토해야 한다. 주민자치회는 위계적 중심(center)이 있는 중간지원조직의 돈과 행정 그리고 활동가들의 목적의식과 같은 외부 주입으로 만들어지지 않는다는 것을 인정해야 할 것이다.

특히, 주민자치회는 마을공동체들의 네트워크이자 허브로서 주민들의 다양한 욕구와 동기에 의한 다양한 결사체를 이루며 탈중심적이고 자생적인 힘으로 자라난다는 관점으로 인식을 전환해야 할 것이다.

다양한 마을공동체의 네트워크이자 허브인 주민자치회는 위로부터 만들어지도록(making down) 해서는 안 되고 아래로부터 스스로 자라나도록(growing up) 가꾸는 데 매진해야 할 것이다. 이에 시민활동가들은 '메이커(maker)'의 역할이 아닌 '정원사(gardener)'의 역할에 충실할 필요가 있다.

586에게 영향을 준 김구 선생의 무한세계관과 한계

586 운동권에게 영향을 미친 김구 선생의 세계관을 비판적으로 이해하는 것은 중요하다. 저항시인 이육사는 1936년 〈청포도〉라는 시에서 나라를 잃은 설움과 향수, 그리고 암울한 민족의 현실을 극복하고 밝은 내일을 기다리는 마음을 노래했다.

오늘날 대한민국으로 나라를 되찾아 세계 선진국 반열에 올랐지만 우리 정치권은 여전히 '친일 매국 타령'과 '친북 추종 노선'을 쏟아내고 있어 자유민주공화국의 앞날을 어둡게 하고 있다.

한국은 2023년 1인당 국민소득이 일본을 넘어섰고, 올 상반기 수출액은 일본 턱밑까지 올라갔다. 제조업·영화·엔터테인먼트 등 많은 분야에서 일본을 따라잡거나 추월했다. 일본 편에 붙어 나라를 팔아먹고 국익을 훼손하는 매국 친일파가 지금 대한민국 어디에 있단 말인가. 있지도 않은 허깨비를 세워 때리는 '친일몰이'로 정치적 이득을 취하려는 정쟁세력만 존재할 뿐이다.

광복절이나 남북대화 행사가 시대착오적인 파당주의로 흘러가지 않도록 정치권의 인식 변화가 절실하다. 무엇을 고민해야 할까. '반일은 애국, 친일은 변절·배신자'라는 병리적 대결구도가 형성된 배경에 김구 선생이 상징하는 '민족주의 프레임'이 일부 있는 만큼, 이번 기회에 그의 세계관과 리더십을 사실적으로 가늠해보는 작업이 필요하다. 특히, 5개 종교로 개종한 김구가 이승만 노선을 어떻게 보았을까 추론해볼 필요가 있다.

유교도였던 김구 선생은 1893년 과거시험에 낙방하고 유·불·도를 통합한 동학교도로 개종했다. 19세 때 황해도 꼬마접주로 동학운동을 벌였다. 명성황후 시해 사건에 대한 저항으로 일본 순사를 살해한 뒤 감방생활을 하다 탈옥해 공주 마곡사에선 승려생활을 했다.

1903년경 김구는 친구 우종서의 권유로 기독교로 개종하고 1905년 서울 상동교회에서 을사조약 철회를 위한 상소운동을 전개한다. 그리고 그는 1949년 6월 26일 안두희의 테러 공격을 받고 죽음을 앞둔 상황에서 베드로라는 세례명을 받으며 천주교도가 됐다.

김구 선생이 다섯 번의 개종과 전향에 대해 명시적으로 언급한 바는 없지만 그에게 종교는 목적이 아니라 독립운동을 위한 방법론이 아니었나 추론할 수 있다. 최기영 교수(서강대 사학과)도 청년 김구는 종교 자체에 감화돼 입교했다기보다 자신의 생각을 뒷받침해줄 사상과 공간을 찾아 방황했다고 봤다.

5대 종교를 섭렵할 수 있는 능력을 가진 김구는 어떤 세계관을 가졌을까? 우선 무한한 신의 능력인 '신성(神性)' 앞에 인간은 유한하고 불완전하며 연약하다는 '청교도적 유한세계관'은 아닌 것 같다.

아마도 '유한한 인성'과 '무한한 신성'을 섞어 인간도 수양을 통해 신의 반열에 오를 수 있는 '무한세계관'을 바탕으로 '성인군자형 리더십'을 추구했을 가능성이 크다. '우상숭배 타파', '신의구원예정설', '직업소명설'같이 유한세계관을 전제로 칼뱅이 전개한 청교도적인 세계관과 거리가 멀다.

그렇다면 김구는 일찍이 청교도 정신에 충만한 기독교로 전향해 개화사상으로 무장하고, 미국 유학에서 영미식 보통법과 만국공법 등 서구식 유한세계관을 갖게 된 이승만의 정치노선을 어떻게 봤을까? 변화된 20세기 미국과 소련의 패권적 질서를 인정하지 않고 19세기 중화 질서에 기초한 소중화 관점에 서서 이승만을 소인배나 위정척사, 이단의 대상으로 보지 않았을까.

김구는 일제, 미·소 냉전 시기 이승만과 함께 투쟁했지만 항상 같은 노선을 취한 것은 아니다. 그들은 1945년 12월 모스크바 3상회의의 한국 관련 결정사항을 신탁통치로 규정하고 좌파·공산주의 진영의 '찬탁운동'에 맞서 우파진영의 '반탁운동'으로 협력했었다.

그러나 끝내 '단독정부 수립론', '통일론'을 놓고 갈라서며 대립했다. 무한세계관 성향의 김구는 유아독존형 리더십, 패권주의형 리더십으로 흐르기 쉽다. 몇 가지 단서를 찾아보면 다음과 같다.

첫째, 김구 선생이 친일파의 범위를 매우 광범위하게 규정한 점은 유아독존형 리더십을 잘 보여준다. 1946년 11월 7일 『일본 다이어리(Japan Diary)』에 마크 게인(Mark Gayn)이 남긴 자료(433쪽)에 따르면, 김구 선생은 "한국 내에 있던 사람들은 사실상 모두 일제 협력자다. 그들은 모조리 감옥에 가야 한다"고 발언했다.

이런 발언은 김구 선생의 무한세계관에 따른 유아독존형 리더십을 보여준다. 김구는 '선악의 이분법'에 따라 자신이 서 있는 해외 독립지사의 선의를 부각시키기 위해 국내파들을 모두 친일파로 보고 악마화하면서 그 범위를 넓게 규정하는 오류를 범했던 것으로 보인다.

이 부분은 논쟁사항이다. 해외 민족지사들에게 독립운동자금을 만들어주던 사람들은 여건상 국내를 떠나지도 못하면서 일제의 압제와 수탈 속에서 독립을 지원했던 국내파 민중이다.

일제 지배하에서 국내에 있었던 국내파들을 친일 부역자로 보고 모조리 감옥에 보내겠다는 김구 선생의 시각은 '해외 독립지사=애국자=선이고, 국내 민중파=친일파·변절자=악'이라는 이분법적 선악관을 만들어낸다.

친일파의 범위를 국내에 있는 모든 국민으로 넓히는 김구의 이분법적 시각은 민족지사들의 과도한 선민의식, 특권의식, 보상의식을 반영한 것으로 보인다. 김구 선생과 같은 인식이라면, 박정희 독재정부 시절 해외 망명정부를 세우지 않고 국내에 있었던 모든 사람은 모조리 독재 협력자라고 비난받게 된다.

둘째는 김구 선생의 패권주의형 리더십은 '단독정부 수립론(단정론)'에서 잘 드러난다. 김구는 '찬탁–반탁 논쟁'에서 '찬탁'으로 돌아서면서, 소련 스탈린의 지령에 따라 '북한인민정부 수립'을 주도하고 있는 김일성에 맞서 '단정론'을 주장하는 이승만 노선에 정면으로 반대했다. 이어 김일성과 '남북협상'을 전개하면서 1948년 수립된 대한민국 정부의 반공 노선에 협조하지 않는 태도를 명확히 드러냈다.

당시 상황을 보면, 두 차례 미소공동위원회의 결렬에 따라 1948년 초 한반도의 총선거를 감독해 신생 정부 수립을 이루려던 유엔 한국임시위원단은 38선을 넘지 못했다. 소련이 이들의 입북을 거절했기 때문이다. 반면 김구는 2월10일 많은 사람의 심금을 울린 성명서 '삼천만 동포에게 읍고(泣告)함'을 발표하고 통일정부를 세워야 한다고 강력하게 주장했다.

이어 1948년 4월 19일 38선을 넘어 북으로 갔고, 평양에서 열린 남북연석회의에 참석해 남북에서 외국군이 철수한 뒤 통일정부를 수립해야 한다고 밝혔다. 특히 김구는 4월 30일 "남북정당사회단체 지도자들은 우리 강토에서 외국 군대가 철퇴한 후 내전이 발생할 수 없다는 것을 확인한다"고 김일성과 함께 공동성명서를 발표했다. 하지만 불과 2년 후 북한의 남침이 일어났다.

김구의 패권주의형 리더십과 태도는 1948년 7월 11일 오전 11시 경교장을 방문한 주한 중화민국 공사 유어만(劉馭萬)과 김구(金九)의 대화 비망록(Record of Conversation between Kim Gu and Liu Yuwan: July 11, 1948 Wilson Center)에서 잘 드러난다.

이 비망록은 이승만 정부에 협력할 것을 권유한 장개석 총통의 뜻을 전하면서 평양 방문에 관해 두 사람이 나눈 대화를 기록한 극비문서다. 이 비망록은 2015년 6월 24일 미국 우드로윌슨센터가 '북한국제문서 프로젝트' 보고서로 공개했으며 현재 이화장에 보관되고 있다.

이 비망록에서 김구는 자신의 북한 방문에 대해 다음과 같이 설명한다.

"내가 남북지도자회의에 갔던 동기의 하나는 북한에서 실제로 일어나고 있는 일들을 알아보기 위해서였습니다. 비록 공산주의자들이 앞으로 3년 동안 북한군의 확장을 중지하고, 그동안 남한에서 모든 노력을 기울이더라도 공산군의 현재 수준에 대응할 만한 병력을 건설하기란 불가능합니다. 소련인들은 비난받지 않고 아주 손쉽게 그 병력을 남한으로 투입시켜 한순간에 여기에서 정부를 수립하고 인민공화국을 선포할 것입니다."

비망록에서 드러난 김구의 발언은 충격적이다. 왜냐하면 김일성과 함께 발표한 4월 30일 공동성명서 내용을 뒤집고 있기 때문이다. 김구는 자신이 북한에 가봤더니 소련의 지원을 받는 북한군이 남침해 남한을 무너뜨리리라는 것을 확신하게 되었다고 유어만에게 말하고 있다.

이 발언은 김구가 김일성과 함께 합의했던 공동성명서의 내용과 완전히 배치된다. 김구와 김규식은 4월 30일 4개 항으로 구성된 '남북조선 제정당 사회단체 공동성명서'를 발표하며 남북협상이 엄청난 성과를 냈다고 자화자찬했었다.

하지만 이 극비문서는 김구가, 북한이 머지않아 소련의 도움으로

남침할 걸 알면서도 대중을 향해서는 절대 그럴 일 없을 것이라며 '주한미군 철수'를 주장했다는 점을 보여준다. 문서는 김구가 왜 대한민국 정부에 참여하지 않았는지에 대해 합리적인 추론을 할 수 있게 해준다. '곧 멸망할 나라에 왜 참여하느냐'는 해석이다. 대세(大勢)는 북한 주도의 통일로 기울어졌기 때문에 굳이 이승만과 손잡을 필요가 없다는 해석이다.

이 부분은 논란거리다. 아직 결론을 내기에 이르다. 김구의 세계관과 리더십을 이해하는 것은 결코 쉽지 않다. 쉽게 단정할 수 없다. 좌우 이데올로기나 특정한 관점에 얽매여 한쪽으로 몰아가는 식의 태도는 피해야 한다. 다양한 의견 제시와 더 많은 토론, 무엇보다 사실의 새로운 발견들이 필요하다.

586 정치의 불행은 어디에서 오는가?

최근 미국의 유명 작가 마크 맨슨이 한국을 여행한 뒤 제작한 영상에서 한국의 정신건강 위기를 진단하며 '세계에서 가장 우울한 나라'라고 지적했다.

영상에서 맨슨은 "전쟁 후 20세기의 경제성장은 선택의 문제가 아닌 생존의 문제였다"며 "한국은 북한의 위협 아래 정부는 최대한 빨리 성장하지 않으면 안 됐고, 이를 위해 잔인한 교육시스템을 만들어야 했다. 그 결과 한국 젊은이들에게 엄청난 부담을 안겼다"고 짚었다.

특히 맨슨은 한국이 뿌리 깊은 유교문화와 자본주의의 단점을 극대화한 점이 안타깝다고 강조했다. 그는 “유교문화에서는 개인이 없다. 모든 것이 가족 중심으로 이뤄진다”며 “당신이 희생할 의지나 능력이 적을수록 더 많은 수치와 심판을 받는다”고 했다.

이어 “한국은 불행히도 유교의 가장 나쁜 부분인 수치심과 판단력을 유지하면서 가장 좋은 부분인 가족, 지역사회와의 친밀감은 버린 것 같다”며 “자본주의 최악의 측면인 물질주의와 돈벌이에 대한 노력은 채택하면서 자기표현과 개인주의는 무시했다”고 분석했다. 그러면서 그는 “상충되는 가치관의 조합이 엄청난 스트레스와 절망으로 이어지는 것 같다”고 진단했다.

이렇듯, 맨슨은 한국 시민의 우울과 절망을 말하고 있다. 우리의 불행은 어디서 오는 것일까? 고대 시민과 비교해 볼 때, 여러 이유가 있을 것이다. 고대 아테네, 로마 시민들은 자신의 타고난 능력과 재주를 잘 키우고 닦아서 공동체와 국가에 중히 쓰는 것을 행복으로 여기고 열심히 정치에 참여했다.

그들은 정치참여를 최고의 덕성으로 여겼다. 또한 그들은 공공의 의사결정을 하는 정치생활에 참여하면서 대화와 토론을 즐겼다. 그리고 그들은 대화와 토론으로 공공의 일에 참여하면서 삶의 보람과 행복을 느꼈다. 또한 자기운명을 자기 스스로 결정했기에 행복했다.

하지만 현대의 우리들은 불행하다. 왜냐하면 고대 시민과 다른 삶을 살고 있기 때문이다. 대략 불행한 이유는 이렇다. 현대 우리들은, 정치는 소수의 대표자에게 맡기고 자신들은 돈 버는 일에 생존에 사적인 일에 몰두하고 있다. 자신의 삶과 운명에 관한 일들을 자신이 아닌 소수의 정치가와 대표자들에게 맡기고 있다.

그러니 헬조선, 수저계급론, N포세대, 청년실업, 일자리부족, 비정규직, 이혼, 자살 등 모든 불행이 이런 대표자의 배신에서 시작된다. 어찌 보면 우리 운명을 우리 자신이 아닌 소수의 정치가와 대표자에게 맡기는 순간부터, 시민참여라는 덕성을 포기한 순간부터, 대화와 토론을 포기한 순간부터 불행이 시작된 것은 자연스러운 일인지도 모른다.

그렇다면 우리를 대표하는 소수의 정치인들은 행복한가? 그들도 마찬가지로 불행하다. 그들은 대화와 토론을 통한 공공선 추구는 없고, 진보와 보수라는 진영논리의 파당과 파벌을 만들고 패거리를 지어 일방적 주장만을 서로에게 강요하면서 국민을 쪼개고 나라를 다수파와 소수파로 분열시켜 내우외환의 위기에 빠뜨리고 있다.

우리가 사는 대한민국을 내우외환의 위기에 빠뜨리는 정치권을 국민들이 불신하고 분노의 부메랑을 던지는 것은 당연하다. 이런 부메랑을 맞고 불행하지 않을 정치권이 어디 있겠는가.

정치권은 국민의 빈곤한 삶과 생활상의 불편 문제에 대한 개선방법을 놓고 싸우는 게 아니라 민생과 거리가 먼 친일파 척결과 반국가세력 척결과 같은 자신들만의 시대착오적인 이념을 갖고 싸운다. 당초 우리 헌법이 상정하고 있는 의회주의의 핵심은 대화와 토론을 통해 숙의하고 합의하면서 다수파와 소수파를 쪼개지 않고 '비지배적 공화상태'에 도달하는 것이었다.

그러나 어찌된 일인지, 요즘 한국의 민주주의는 중우정으로 빠져들고 있다. 어떤 이는 민주주의를 '다수결'로 해석하고, 어떤 이는 다수결을 '소수파를 무시하는 다수파의 독재'라고 하면서 민주주의를 '소수결'이라고 말한다. 다수파와 소수파로 갈리면서 서로 죽기 살기로 싸우는 '타락한 중우정'을 민주주의 본령으로 삼고 있는 것은 참으로 불행한 일이다.

더욱더 비판적 시민정신과 반대로 가는 팬덤정치는 우리 정치를 불행하게 만든다. 우리는 권력을 통제하여 권력으로부터 자유로워지기 위해 대표자를 뽑는 선거경쟁의 민주주의를 한다. 그런데 정당원과 지지자들이 무조건적인 진영논리와 승리지상주의의 늪에 빠진 '빠'가 되어 권력자에 대해 우상숭배를 하고 있다. 권력중독의 노예와 표 찍는 기계처럼, 예속화된 주체와 소외된 시민으로 전락하고 있다.

좌절한 사람들에게 군중심리에 의한 '빠'운동과 팬덤정치는 무력감에서 벗어날 수 있는 중요한 도피처가 된다. 열등감이 클수록 행동은 광적인 경향을 드러낸다. 중요한 것은 맹신자들은 정작 자신의 병적인 심리는 외면하면서 이웃의 일에 간섭하고 세상사를 농단하려든다는 것이다.

'빠'운동이 정당과 정치운동과 결합되어 '빠시즘'이 되면 전체주의가 될 가능성이 열린다. 수신제가(修身齊家)도 안된 얼치기와 맹신자들이 치국평천하(治國平天下)를 하겠다는 과대망상으로 이어지는 것이다.

조선 사대부와 그리스 시민들은 공공의 일에 참여하는 일, 즉 공사(公私)를 구분하는 공사관에서 달랐다. 그리스 시민들은 공과 사를 크게 구분했다. 그들은 가정에서 노예와 여자 등을 가부장적으로 지배하는 방식인 '주인의 가정 지배(despotike arche, despotism)'와 폴리스에서 동등한 자유시민들 간의 지배인 '정치적 지배(politike arche)'를 구분했다.

그리스 시민들은 이 정치적 지배가 공직을 번갈아 맡으면서 치자와 피치자 간의 갭을 줄이는 '비지배 방식의 탁월성'으로 이해했다. 그들은 치자가 지배받고 복종하는 것을 배워야 했다. 왜냐하면 훌륭한 시민은 자유민답게 지배할 줄 알고, 자유민답게 복종할 줄 아는 '비지배적 방식'이 시민의 탁월성을 보여주는 모습이었기 때문이다.

하지만 조선 사대부들은 공사를 크게 구분하지 않았다. 이른바 '수신제가치국평천하'를 주장했다. 그래서 '치국평천하'라는 공적영역을 '수신제가'라는 사적영역의 연장선으로 이해했다. 국가와 천하의 공적 일을 자기 몸과 가정을 관리하는 가정통치술의 연장으로 바라보았다. 그래서 집에서 좋은 아빠가 되는 능력과 자질을 국가 지도자의 능력과 자질수준을 구분하지 못하고 등치시켰다.

그래서 국가통치 능력과 국민과의 공감·소통 능력보다도 개인의 도덕성과 품성을 향상시키는 '도덕수양론'을 더 많이 따지게 됐다. 이러한 미분화된 공사관으로 인해 '나라 일에 대한 통치술'을 '가정관리술' 정도로 축소되었다.

이것은 사대부의 '성인군자정치'로 그리고 전 국민을 혈연가족의 일계로 보는 '가족국가'와 '어버이 수령국가'로 정당화하여, 동등한 자유민들을 '어버이 가정국가'의 노예처럼 다루는 '참주정치(tyranny, 타락한 왕조정치)로 연결시켰다.

우리나라는 민주화를 시작한 지 37년이 지났지만 우리 정치의 헤

게모니를 잡고 있는 586 정치인의 행태는 여전히 조선 사대부의 유교 습속을 닮았다. 그들을 움직이는 동력은 여전히 출세와 부동산 그리고 자식세습과 입신양명이다. 주변에게 인정받고 족보와 묘비명에 경력과 스펙 한 줄 올리기에 바쁘다.

대한민국 시민들이 21세기 글로벌 선진국 시민이 되려면, '내 마음속 공평한 관찰자'라는 양심의 목소리에서 '행복'을 찾는 청교도의 직업소명윤리처럼, 누가 알아주던 그렇지 않던 간에 평상시 하던 대로 해온 대로 시민참여와 공적활동을 자유롭게 하는 게 필요하다.

대한민국이 586 정치를 지배하고 있는 유교적 입신양명의 출세정치에서 벗어날 필요가 있다. 공직에 나가면 더 부자연스럽고 견제를 받으면서 할 수 있는 게 더 없는데도 이것을 입신출세와 입신양명으로 연결시켜 낭패를 보는 일은 줄여야 할 것이다. 더 이상 수신제가와 치국평천하를 곧바로 연결시키지 않도록 하는 공사분리에 대한 관점을 분명히 세울 필요가 있다.

2. 새로운 과제

한국에서 민족주의와 공화주의의 구별

일제의 식민지배와 독립투쟁을 경험한 한국인은 나라사랑의 방법론으로 민족주의(nationalism)와 공화주의적 애국주의(republican patriotism)를 구별하지 않고 같은 것으로 생각하는 경우가 많다. 하지만 이 둘은 크게 두 가지 점에서 다르다.

첫째, 전자는 우리의 단결과 우월성을 강조하기 위해 내부의 문제점과 개선점을 토론하지 않고 맹목적으로 우리의 정체성을 옹호하고 무조건 충성하려는 경향이 있다. 하지만 후자는 자유로운 법과 제도를 가진 좋은 국가를 만드는 '조건적 사랑'이기에, 위대하고 영광스런 행동에 찬사를 보내고 자긍심을 갖기도 하지만 수치스럽고 부끄러운 행동과 관련된 내부 문제점에 대해서는 연민을 갖고 차이와 이견을 토론하여 개선점을 찾는 경향이 있다.

둘째, 전자는 우리 내부의 단결을 위해 상대국을 혐오하거나 증오하거나 적(敵)으로 삼아 공격하는 경향이 있다. 하지만 후자는 상대국을 혐오하거나 증오하거나 적(敵)으로 공격하기보다는 민주공화국과 같은 인류 보편적인 법과 제도 및 자유와 시민권을 향상시키는 것에 대해 애정과 자긍심을 갖고, 이것을 주변 이웃나라와 함께 공유하고 연대하는 것을 추구하기에 협력적이고 방어적인 경향이 있다.

이상과 같이 양자의 차이에 대해서는 드골 전 프랑스 대통령이 언급한 대로, "애국심은 자기 국민에 대한 사랑을 우선시하는 것이고, 민족주의 또는 국수주의는 다른 나라 국민에 대한 증오를 우선시하는 것"으로 요약할 수 있다.

즉, 공화주의적 애국주의는 자유와 시민권을 보장하는 나라에 대한 소속감을 갖고 시민답게 행동하려는 사랑과 애정의 태도를 갖는다. 하지만 민족주의는 공동체 내부의 배타적 결집을 위해 외부의 적을 만들어 증오감과 적대감을 불러일으키는 것을 우선하기에 내부 시민들의 다양성과 자유를 억압하는 태도를 갖는다.

전자와 후자의 차이에 기초하여 3.1독립운동의 정신이 드러나 있는 독립선언문과 헌법전문을 읽어보면 민족주의와 공화주의적 애국주의의 차이를 확연하게 구분할 수 있다. 우리 헌법정신의 기원인 3.1 독립선언문은 '공화주의적 애국주의'를 잘 설명하고 있다.

"…일본의 무도함을 꾸짖으려는 것도 아닙니다. 스스로를 채찍질하고 격려하기에 바쁜 우리는 남을 원망할 겨를이 없습니다. 현재를 꼼꼼히 준비하기에 급한 우리는 묵은 옛일을 응징하고 잘못을 가릴 겨를이 없습니다. 오늘 우리에게 주어진 임무는 오직 자기 건설이 있을 뿐이지, 결코 남을 파괴하는 데 있는 것이 아닙니다."

공화주의적 애국주의는 우리 헌법 전문에 "모든 사회적 폐습과 불의를 타파하며, 자율과 조화를 바탕으로 자유민주적 기본질서를 더욱 확고히 하여… 밖으로는 항구적인 세계평화와 인류공영에 이바지함으로써 우리들과 우리들의 자손의 안전과 자유와 행복을 영원히 확보할 것"으로 잘 표현되어 있다.

한마디로 말해서, 공화주의적 애국주의는 자유와 권리를 빼앗긴 헐벗은 사람들이 공화국 시민으로서 누리는 공동의 자유를 추구하기에 '연민의 공화주의(patriotism with compassion)'를 지향할 수밖에 없다.

따라서 공화주의적 애국주의를 조금 더 풍부하게 이해하기 위해서는 마키아벨리가 언급했던 것처럼, 지배하고자 하는 계급인 귀족과 지배하기도 지배받기도 싫은 계급인 민중 간의 계급투쟁과 타협의 관점에서, 특히 전쟁 속에서 형성되는 계급타협인 '전우애 관점'에서 탄생한 것으로 보는 것이 의미가 있다. 즉, 공화주의는 각 시대마다 전쟁 속 계급타협 속에서 탄생한 전우애로 무장한 시민전사의 전투적 행동을 통해 자라난 것으로 이해하는 관점이 필요하다.

공화주의를 쉽게 이해하는 방법

공화주의(republicanism)를 쉽게 이해하는 방법 중의 하나는 민주주의(democracy)를 너무 좋게만 생각하지 않고 그 의의와 한계를 밝히면서 그 한계를 보완하는 대안으로 공화주의를 생각하는 것이다.

민주주의는 다수결의 전횡이나 다수결의 독재로 소수파를 배제하거나 우중정치(포퓰리즘, 전체주의, 민중독재)로 타락하는 경향이 있다. 이런 한계를 충분한 숙의와 토론을 통해 통합하거나 처지가 다른 존재의 다양성과 이질성을 공존의 자유와 평등을 위해 공존시키려는 혼합정적인 태도가 공화주의의 본질이다.

586 운동권들의 기득권과 위선 및 부패가 드러나는 현 상황에서 586들이 '민주 대 반민주', '친일 대 반일', '진보 대 보수'라는 프레임을 고집스럽게 사용하는 이유가 뭘까? 586의 상징인 민주화를 부각하는 민주주의 프레임으로 독점함으로써 자신의 경쟁자들을 반민주세력으로 밀어내고 586의 위선과 허물을 방어하면서 586 기득권을 지키려는 전략 때문이다.

헌법을 개정한다면 헌법 1조 3항이 필요하다

공화주의 관점에서 보면 헌법 1조 1항과 1조 2항이 모순될 수 있다. 헌법 1조 1항(① 대한민국은 민주공화국이다)은 공화정으로 번역되는 리퍼블릭(republic)의 원리를 설명하고 있다. 그런데 헌법 1조

2항(② 대한민국의 주권은 국민에게 있고, 모든 권력은 국민으로부터 나온다)은 민주주의 혹은 민주정으로 번역되는 데모크라시(democracy)의 원리를 설명하고 있다.

1항인 리퍼블릭과 2항인 데모크라시가 같지 않다면 둘 간의 모순을 해소하기 위해서는 3항이 필요하다. 예를 들면 '민주공화국의 권력은 주민자치와 대의제를 통해 실현되며 공권력은 법률에 따라 행사한다' 등으로 모순을 해소할 필요가 있다.

데모크라시의 원리는 국민주권주의와 다수결의 원리를 기본으로 하지만 리퍼블릭의 원리는 가로축 분립(입법, 사법, 행정)과 세로축 분립(주민, 지방, 연방) 등의 권력분립, 그리고 권력기관 간의 견제와 균형, 대의제, 시민참여, 공공선의 추구 등을 기본으로 삼아 운영하기 때문이다.

민주시민교육 보충하는 공화시민교육

우리 사회는 민주화 이후 37년의 시간 속에서 세계화, 정보화, 후기산업화, 탈물질화, 탈냉전화 등으로 표현되는 21세기 전환기적 시대상황 속에 심화된 '사회이익의 파편화'로 인해 그동안 우리사회를 지배적으로 대변해왔던 '권리 중심의 시민권(citizenship) 패러다임'이 한계에 봉착해서 많은 폐해를 유발하고 있다. 그 패러다임의 한계란 대체 어떤 것인가?

그것은 마치 민주화가 되면 사람들 사이의 관계가 더욱 수평적이고 민주적으로 변화되기 때문에 사회적 폭력과 갈등이 줄어들어야 할 것 같은데, 실제 현실은 오히려 반대로 사회적 폭력과 갈등이 증가하는 현상과 유사한 이치다. 그 이유는 뭘까?

여러 의견이 있지만 그 핵심에는 개인의 권리의식은 매우 높아졌지만 상대적으로 상대방의 권리를 인정하는 의무, 책무, 연대, 배려 등의 시민적 덕성이 균형있게 성숙하지 않아서 권리와 권리 간의 충돌을 해소하거나 조정할 수 없기 때문으로 보인다. 개인 간의 권리 갈등을 조정할 자율적 힘이 없다면 당연히 사회적 갈등과 폭력은 더욱 증가하여 민주화의 역설과 딜레마에 빠질 수밖에 없다.

다시 말해서 상대방을 존중하거나 배려하지 않고 자신의 권리만을 강조하는 권리 중심의 시민권(citizenship) 패러다임은, 21세기 전환기적 시대상황 속에서 자유주의와 다원주의 사조와 더불어 사회 이익을 더욱 파편화시킴으로써 사회통합과 국가통합을 어렵게 했다는 점이다. 따라서 권리와 권리 간의 충돌을 해소하고 통합하는 데 한계를 보이는 것은 너무 당연한 것으로 평가된다.

이에 학술적 차원에서 그 대안으로 검토되고 있는 것이 '시민성(civility) 패러다임'이다. '시민성 패러다임'은 자신의 권리가 상대의 권리를 침해하지 않고 균형과 조화를 이루도록 권리와 의무, 권리와 책무, 권리와 배려, 권리와 연대간에 균형을 이루도록 하는 시민적 덕성을 강조하는 패러다임이다. 시민성 패러다임은 권리의식을 강조하는 '민주시민교육'과 달리 시민적 덕성 함양에 초점을 맞춘다는 점에서 '공화시민교육'과 친화적이다.

'시민권(citizenship)' 중심에서 '시민성(civility)' 중심으로 교육패러다임을 전환하자는 이야기는 새로운 것은 아니다. 이미 조희연 서울시교육감이 천명한 바 있다. 2024년 7월 28일 조희연 서울시교육감은 국회 교육위원회 전체회의에서 서이초등학교 교사의 죽음을 계기로 폭발한 교권침해의 심각성을 논의하면서 "권리와 책임의 균형이 필요하다는 의견을 제시"하며 학생인권조례가 교권추락에 일정 영향을 미쳤음을 인정한 바 있다.

또한 조 교육감은 시민성 패러다임에 대해 지난 6월 28일 한겨레와의 인터뷰에서 "제가 내건 혁신교육의 가장 핵심이 민주시민교육인데, 저는 이걸 훨씬 확장하려고 생각하고 있습니다. '공화적 민주시민교육'으로 확장해야 하고, 다른 한편으론 '민족적 민주시민' 육성의 관점을 넘어서 지구 전체를 공동체의 단위로 보고 '세계시민형 민주시민'을 육성하는 방향으로 확장해야 한다고 생각합니다"라고 답한 바 있다.

시민권 중심에서 시민성 중심으로 교육패러다임을 전환한다면 그 효과는 교육뿐만 아니라 정치 영역에서도 매우 클 것으로 예상된다. 특히, 여야 간에 그리고 진보와 보수 진영 간에 진영논리를 해소하는 데 탁월한 효과가 있을 것이다.

왜냐하면 진영논리는 상대의 권리를 존중하지 않고 조롱하거나 악마화하는 것을 통해 자기 권리와 이익 및 정당성을 확인하려 드는 권리 중심의 시민권 패러다임과 친화적이고, 이 때문에 발생하는 현상이기 때문이다.

반대로 시민성 패러다임에서 강조하는 상대의 권리를 존중하고 인정하고 배려한다면 결코 상대를 적(敵)으로 상정하여 증오하거나 괴멸시키려고 하지 않을 것이고, 이에 진영논리가 줄어들 것이 너무 당연하기 때문이다.

물론 조희연 서울시교육감이 주창하는 것이 모두 다 적절한 것은 아니다. 아주 소소하지만 시민성을 강화하자는 차원에서 시민교육이란 명칭 앞에 '민주'라는 단어를 붙이지 않고 빼는 방안을 생각해 볼 필요가 있다.

왜냐하면 민주시민교육이란 명칭은 그 탄생 배경상 시민성보다 시민권을 강조하는 경향이 크기 때문이다. 또한 '민주'를 붙이는 것은 시민교육이 추구해왔던 '보이스텔스바흐 3원칙'과도 충돌한다는 점에서 그렇다.

독일에서 보이스텔스바흐 3원칙이 도입된 취지는 시민교육에서 정치편향성을 주입하지 말고 논쟁과 토론을 통해 학생들의 이해관계를 반영하도록 하자는 것이다. 그런데 민주라는 수식어가 붙으면 교육을 시작하기도 전에 '민주 대 반민주'라는 불필요한 선입견을 줄 수 있기 때문이다.

시민교육의 대중화와 실질화를 생각한다면 굳이 '민주'라는 말을 덧붙일 필요는 없을 것이다. '민주'라는 단어를 빼고, 시민교육안에 민주, 자유, 공화, 글로벌, 기후위기, 환경, 인권, 소수자, 약자 등의 내용을 채우면 별 무리가 없을 것이다.

능력주의 원인 찾아 극복하기

'부모찬스'에 분노하는 2030세대는 '능력주의'를 공정의 원리로 인식하는 경향이 있다. 이참에 능력주의가 공정한 원리인지에 대한 점검이 필요하다.

『능력주의 함정(The Meritocracy Trap)』이란 책을 쓴 대니얼 마코비츠는 능력주의가 세습 귀족주의에 대항하는 진보적 이데올로기였다고 본다. 그에 따르면 능력주의는 태어날 때 신분이 아니라 개인의 능력과 노력으로 성공할 수 있다는 원리로 20세기 초기 자본주의 사회에서 세습 귀족주의에 대항하는 진보적 이데올로기였다.

하지만 시간이 지나면서 부모의 경제력과 인적자본의 힘이 자손에게 대물림되고 계급화해 새롭게 신흥귀족을 만들면서 능력주의는 보수적 이데올로기로 전락했다. 저자는 능력주의가 심화하는 원인을 '엘리트 교육'과 '엘리트 중심의 고용'으로 본다. 즉, 과거 귀족이 땅과 재산을 통해 세습됐다면 현대 엘리트들은 자녀에게 제공되는 집중적인 엘리트 교육을 통해 계층세습이 된다고 진단한다.

그렇다면『공정이라는 착각(The Tyranny of Merit)』이란 책을 쓴 마이클 샌델 등이 비판적으로 보는 '능력주의'는 어디에서 온 것일까. 또 이것은 어떻게 극복될 수 있는 것일까. 진보지식인들이 능력주의를 비판하면서도 그것의 원인진단과 처방에 대해 더 깊은 논의를 진행하지 않는 것은 문제다.

특히 그들은 능력주의와 연관된 입시경쟁 지상주의, 서울대 지상주의, 전문가엘리트주의 등을 문제점으로 비판하지만, 그 원인진단에 소극적일 뿐만 아니라 그 해법 역시 개인 수준의 인성 및 인식개선 등 시민교육으로만 풀려고 하지 관료제도나 선거제도 개선(수평적인 의사소통방식)으로 풀려는 사람은 적다.

능력주의와 연관된 여러 경향은 관료제와 선거제가 존재하는 한 불가피한 측면이 있다. 관료제나 선거제가 요구하는 전문성 교육을 강조할수록 능력주의에서 벗어나기 힘들다. 능력주의는 위계서열의 결과물이다. 능력주의는 일반적으로 사농공상 직분의 차별, 성인군자와 소인배의 차별, 중앙과 지방의 차별, 관존민비의 차별, 남존여비의 차별을 정당화하면서 위계서열의 질서로 시민들의 삶을 지배한다.

그것은 어디에서 온 것일까. 그 시작은 이성=이상=선=성인=정상, 감정=현실=악=소인=비정상처럼 이분법적 선악구도로 감정을 차별하는 '이성주의' 세계관에서 온 것으로 보인다. 그 이성주의는 동양사상의 핵심인 '천인합일론'에서 본질적으로 드러난다.

성인군자가 되자는 주장처럼 하늘의 도와 인간의 덕을 하나로 연결해 위계서열을 정당화하는 천인합일의 무한세계관은 '천인분리론'에 따라 '세속적 시민'의 욕망과 자유를 창출한 청교도적 유한세계관과 근본적으로 다르다.

청교도적 세계관은 자유, 개인주의, 시장경제, 민주주의 등을 탄생시킨 영미식 경험론과 도덕감정론에 친화적이다. 따라서 '도덕과 법과 정의는 이성이 아니라 감정에서 나온다'고 보는 애덤 스미스의 주장처럼 '도덕감정론'과 같은 공감과 소통을 강조하는 유한세계관을 수용할 때 이성주의에 따른 능력주의를 극복할 수 있다. '감정의

민주화'로 이성주의를 극복해야 한다.

5·15 서울역 회군 책임자 진상규명이 필요하다

보통 '5·15 서울역 회군'이란 1980년 5월 15일 서울 지역 30개 대학 15만 명 이상의 대학생과 시민들이 계엄철폐와 신군부퇴진 등 민주화를 외치며 서울역 광장에서 시위를 이어가다 군부대 투입 및 유혈사태 우려를 들어 스스로 해산한 사건을 말한다.

『20년의 위기』와 『역사란 무엇인가』라는 명저를 남긴 영국의 국제정치학자이자 역사학자인 E. H. 카(Carr)는 '역사란 과거와 현재와의 끊임없는 대화'라고 말했다. 마찬가지로 역사와 관계되는 정치의 과제는 과거사의 아픔을 잊지 않고 대면하면서 과거를 극복해보기 위해 이해당사자들과 치열하게 대화하려는 시도이다.

이해당사자들이 과거사의 비극 앞에 진실을 고백하고 사과하고 용서하며 화해할 때, 비로소 이 비극이 복수를 위한 '응보적 정의'가 아니라 화해를 위한 '회복적 정의'로 온전하게 기억될 수 있을 것이다.

그래서 5·18 민주화운동을 피의 학살로 만든 전두환 신군부 일당과 싸우지 않고, 싸우겠다고 모인 15만 명의 대학생과 시민을 속수무책으로 흩어지게 만든 5·15 서울역 회군을 결정한 운동권 책임자가 누구인지에 대한 진상규명이 시급하다. 정치권이 합의하여 '서울역 회군 진상조사위'를 구성하여 '청문회 개최'를 실천할 필요가 있다.

서울역 회군을 결정했던 당시 지도부와 연관이 있는 운동단체에서 1984년에 발행한 〈민주화의 길 10호〉는 서울역 회군의 '전술적 오류'를 인정했다. 본문에서 "의심할 여지 없이 명백한 하나의 과오가 있다. 밀어붙여야 할 상황에서 후퇴를 결행했다는 전술상의 과오다"라고 표현했다. 하지만 그 책임자가 구체적으로 누구인지에 대해서는 소상히 밝히지 못하는 한계를 보여주고 있다.

일반적으로 서울지역 대학총학생회장단 회의에서 회군을 결정했다고 알려져 있으나 당시 현장에 참여했던 여러 사람들의 증언을 볼 때, 총학생회장단 회의는 개최되지 않은 것으로 밝혀지고 있다.

특히, 당시 전민노련·전민학련 사건으로 옥고를 치른 서울대생 이선근 씨의 증언에 의하면, 서울역 앞 집회현장이 한눈에 보이는 대우빌딩 21층 국제경제연구원에서 '운동권 비합지도부'가 비민주적으로 독단 결정하여 통보하였다는 의견도 있다.

5·15 서울역 회군에 대한 진상조사가 필요하다는 주장은 이번이 처음이 아니다. 문재인, 김부겸, 신계륜 등 많은 정치인들이 이미 간접적으로 진상규명의 필요성에 대해 공감한 바 있다.

2020년 5월 17일 문재인 전 대통령은, 1980년 5월 15일 서울역 집회 때 자신은 군(軍)에 '사즉생'의 각오로 맞서자는 입장이었지만 당시 학생운동 지도부의 '서울역 대회군' 결정으로 5.18 광주가 외롭게 싸우고 희생자가 발생한 데 대해 '죄책감'을 느꼈다고 밝힌 바 있다.

문재인 전 대통령은 서울역 회군과 관련 "그때 경희대 복학생 대표였는데, 나뿐 아니라 대체로 복학생 그룹들은 민주화로 가기 위한 마지막 관문이 군과 맞서는 것이기 때문에 '군이 투입되더라도 사즉생의 각오로 맞서야 한다, 그 고비를 넘어야 민주화를 이룰 수 있다, 국제사회가 주시하기 때문에 서울에서 대학생들을 상대로 가혹한 진압을 하기는 쉽지 않을 것이다'는 생각들을 가지고 있었다"고 언급했다.

김부겸 더불어민주당 전 의원은 2020년 5월 17일 "서울역 회군은 결정됐고, 시위를 풀어야 했다"면서 "광주의 비극은 서울역 회군에서 시작됐다. '서울의 봄'을 무산시킨 나는 그래서 부끄럽다"고 언급한 바 있다.

그는 "여기서 물러나면 다시는 기회가 오지 않을 것이다. 희생이 불가피하더라도 여기서 버티고 싸워야 한다. 아무리 신군부라 해도 쉽게 총부리를 국민에게 들이대지는 못할 것이라는 판단이었다"고 회고했다.

2020년 5월 24일 모 신문과의 인터뷰에서 당시 고려대 총학생회장이었던 신계륜 전 의원은 "시위가 정점에 달하던 시점에 갑자기 해산결정 소식을 들었다"며 "그 결정은 정말 황당했다"고 회고했다.

그는 서울역 회군 철수 결정에 대해서는 당시 서울대 지도부를 중심으로 이뤄졌다고 생각한다고 밝혔다. 더불어민주당 이해찬 전 대표가 당시 지도부의 한 축인 서울대 복학생협의회장이었다면서, 신 전 의원은 "서울대 복학생협의회 내에서의 의견도 철수 쪽으로 기운 것으로 알고 있다"고 언급했다.

2019년 5월 8일에는 '서울역 회군'을 둘러싸고 심재철 전 의원과 유시민 노무현재단 전 이사장이 진실공방을 벌인 적도 있다. 당시 유시민 서울대 대의원회 의장은 "자신은 시위해산에 반대했고, 심재철 서울대 총학생회장이 시위해산을 결정했다"고 발표한 것에 대해, 심재철 전 의원은 유 전 이사장이 1980년 6월 합수부에서 쓴 A4 용지 90쪽 분량의 운동권 내부 동향 자백진술서 내용 일부를 공개하면서 반론한 바 있다.

심 전 의원은 "유 이사장은 진술서에서 5월 15일 서울역으로 진출하기 직전 교내시위 때 자신은 '중립을 지켰다'고 진술한 바 있다"며 "그랬던 유 이사장이 학생들에게 '해산불가'를 선동했다는 것은 사실이 아니다"라고 주장했다.

586 정치인은 무엇을 해야 할까? 두 가지를 요구하고 있다. 첫째는 광주학살 책임자 진상규명이고, 둘째는 15만 명이 모인 서울역 시민과 학생을 퇴각시켜 광주시민군이 고립된 최후를 맞게 한 서울역 회군에 대한 책임자가 누구인지에 대한 진상규명이다. 586 정치인이 앞장서서 '서울역 회군 책임자 진상규명 조사위 구성'과 '청문회 개최'를 공약하면 어떨까? 그것이 실현되기를 희망한다.

가로축 민주화인 주민자치의 실질화가 필요하다

지난 21대 총선을 통해서 한국정치의 주류권력을 국민의힘에서 민주당으로 본격적으로 교체한 586그룹의 리더십의 문제점은 무엇일까? 그 핵심에는 그들이 엘리트권력을 통제하기 위한 입법-행정-사법 삼권분립의 가로축 권력과 중앙-지방-주민자치의 세로축 권력의 민주적 통제를 회피한 채, '중앙집권의 원리'로 개혁을 대신하는 불철저함을 보였다는 점이다.

한마디로 586그룹의 리더십은 '중앙집권의 원리'에 의존한 다수결을 관철하는 리더십이란 점이다. 그들은 '중앙집권의 원리'를 '주권재민의 원칙'(국민주권의 원리)으로 오해하거나 대화와 타협 그리고 숙의와 통합을 기초로 하는 민주주의 원리를 다수결의 관철로 대신하는 경향을 보였다는 점이다.

그래서 그들은 검찰개혁의 대안으로 '주권재민의 원칙'으로서 '민주적 통제'의 핵심인 사법부의 기소대배심제와 지방검사장 직선제 도입을 기피하고, '중앙집권의 원리'가 작동하는 공수처 설치로 대신하게 되었다.

그리고 586그룹의 리더십은 그동안 구두선처럼 지방분권과 지방자치를 주장했음에도 불구하고, 정작 정부가 제출한 개정안에 있었던 주민자치회 설립 근거와 지원 의무를 법적으로 보장하는 규정을 국회 논의과정에서 삭제하는 이중성을 보였다는 점이다.

그들은 국회의 지방자치법 논의에서 당초 주민들이 읍·면·동별로 주민자치회를 구성하여 운영할 수 있다는 '주민자치회 설치 및 지원 근거조항' 자체를 아예 삭제한 채 통과시켰다. 이로써 민주적 통제의 핵심장치인 주민자치회가 법적으로 무력화되었다. 이것은 주민자치권력을 통한 민주적 통제의 싹을 잘라내서 풀뿌리 자치권력과 경쟁하는 자신의 기득권적 권력을 노골적으로 방어한 것으로 해석된다.

주민자치회의 핵심인 주민총회는 주민들이 마을에 필요한 사업을 최종 의결하는 공론장이자 직접 민주주의의 장이다. 주민자치회는 읍·면·동 및 통·리 단위의 주민대표기구로, 매년 민주적 의사결정 과정을 통해 주민참여 예산 및 주민세 환급사업을 선정하고 주민총회에서 인준 받아 차기년도 자치계획을 수립한다.

주민자치회는 2013년 시범실시 이래 2023년 12월 말 현재까지 전국적으로 144개 시군구, 1,316개 읍면동으로 확산되어 운영되고 있다. 그동안 행안부 시범조례에 근거해 운영해온 주민자치회를 본격 실시하기 위해 지방자치법에 근거를 마련하고자 했으나 국회의원들이 반대하여 무산되었다. 법적인 주민자치회 없이 무슨 주민자치와 지방자치를 하겠다는 것인가. 이해할 수 없는 처사였다.

이상의 입법과정에서 그들이 보인 정황을 볼 때, 한국의 주류 엘리트정치는 586 운동권그룹이 주도하는 민주당과 청와대로 교체되었으나 중앙집권화된 권력은 행정부 내 검찰과 공수처의 설립에 따른 관료 증가와 이전투구의 증가로 더욱 강화되었고, 향후 더 강화될 것이란 점이다.

그들에 의해서, 가로축의 중앙권력은 삼권분립이 활성화되지 않아서 행정부의 권력은 사법부의 독립과 기소대배심제도로 견제를 받지 않고 있다. 그리고 세로축의 중앙권력 역시도 지방자치와 주민자치로 견제를 받지 않고 있다는 점이다. 특히, 세로축의 중앙권력을 견제할 통·리·읍·면·동의 주민자치회는 지방자치법에 반영되지 못한 채 외면을 받고 있는 게 사실이다.

586 운동권그룹이 주도한 입법과정과 정치과정을 볼 때, 586그룹 리더십의 한계를 요약하자면 민주적 통제보다는 중앙집권의 원리에 충실한 리더십이라는 점이다. 그래서 한국의 중앙집권화된 권력

과 관료조직은 마을자치 권력과 연방정부로, 사법부 독립과 기소대배심제로, 직선제 지방검사장으로, 민주적 통제방식으로 분쇄되지 않았다는 점이다.

그렇다면 이후 무엇을 어떻게 해야 할 것인가? 너무나 뻔하고 당연한 결론이지만, 586그룹의 리더십이 빠뜨린 민주적 통제를 강화해야 한다는 점이다. 읍면동장 직선제와 통리 단위에서의 주민자치회 설치, 사법부 독립과 기소대배심제도 도입, 지방검사장 직선제 쟁취 등의 개혁조치를 통해서 가로축, 세로축 권력의 민주적 통제를 위한 '제2의 민주화'가 필요하다.

'박원순식 서울형 주민자치모델'의 공동체주의 모순 극복

박원순 시장이 10년간 추진했던 관련 사업에 대한 평가는 진영논리적 시각이 강해서 객관성을 담보하기가 어렵다.

그렇다고 무조건 폐기한다면 10년간 국민의 엄청난 세금이 투여된 사업임에도 별다른 교훈이 없다는 점에서 낭비적 요소까지 있어 뒤끝이 개운하지 않고 찜찜하다. 이런 상황에서 관련 사업을 계속해야 하는지 말아야 하는지 결론이 나지 않은 것은 많은 혼란과 함께 세금 낭비 시비를 동반하기 때문에 마냥 이 문제를 외면해서는 곤란하다.

과연 우리 시민들은 주민자치와 공동체사업과의 바람직한 결합방식에서 '박원순식 서울형 주민자치모델 사업'의 본질적인 문제점을 제대로 드러내고 파악한 것일까? 그리고 그런 문제점의 원인진단과 함께 그것의 한계를 넘어설 새로운 대안을 충분하게 찾은 것일까?

이렇듯, '박원순식 서울형 주민자치모델 사업'에 대한 평가는 이런 질문들을 끊임없이 제기할 수밖에 없지만 사안이 워낙 민감하여 이것을 논하거나 다루기가 어려운 게 사실이다.

박원순 전 서울시장이 추진했던 서울시 마을공동체사업의 실태와 문제점을 찾고 극복하는 데 도움이 되는 참고서적은 없는 것일까? 다행히도 구현주 선생이 쓴 『공동체의 감수성: 공동체의 본질에 던지는 일곱 가지 질문』(2022, 북인더갭)이 있다.

이 책은 현재 오세훈 시장과 고 박원순 전 시장이 벌였던 마을공동체 사업노선을 둘러싼 논쟁('단순 폐기'냐 '단순 계승이냐')을 넘어서 건설적으로 해결하는 데 필요한 공동체기반의 정책노선을 새롭게 정립하는 데 많은 시사점을 준다.

구현주 선생은 이론적 차원에서 공동체주의가 바라보는 공동체론의 이론적 가정을 비판적으로 살펴보고 현대사회에서 공동체가 형성되기 힘든 이유가 무엇인지 다시 확인해보자고 제안한다. 즉, 그는 도시 공동체가 힘든 것은 도시화와 산업화의 결과가 아니라 '자본과 권력에 포섭된 도시화과정'이었기 때문에 문제라는 것을 분명히 하면서 다음과 같은 입장을 견지한다.

"공동체를 만들자는 구호가 곧 자연인으로 돌아가자로 받아들여진다. 도시와 공동체는 필연적으로 공존할 수 없으므로 도시를 버려야 한다. 그러나 거듭 강조하지만 사회문제는 단순히 도시화, 산업화의 결과가 아니다. 자본과 권력에 포섭된 도시화과정이 공동체를 해체하고 사회문제를 일으켰다는 (이론적) 전제를 우리가 공유해야 하는 전제이다.… 미란다 조셉의 설명처럼, 자본주의와 공동체가 공모관계라면 자본의 도시에서 나타나는 사회문제를 공동체가 해결하겠다는 발상은 고양이에게 생선을 맡기는 셈이다.… 바로 국가의 공동체 만들기야말로 국가체계를 정당화하는 데 공동체를 동원하는 정책일 뿐이라는 비판의 지점이다(p. 66–67).”

여기서 공동체주의적 접근이란 '박원순식 서울형 주민자치모델 사업'을 구체화한 〈2012년 서울특별시 마을공동체 기본계획(이하, 2012년 기본계획)〉에서 가정하고 있는 패러다임을 말한다.이 기본계획(41–42쪽)에서는 다음과 같은 공동체 비전과 전략을 밝히고 있다.

“'사람 사는 재미가 있는 정겨운 사회,' '서로 돕고 살아가는 지속 가능한 사회'를 비전으로 제시했는데, 구체적으로 일과 경쟁, 성장 중심의 가치로 저하된 삶의 질을 회복하기 위해 서로 협력하여야 한다는 점을 강조한다.… 상호협력이라는 공동체주의 전략으로 대응할 때 개인의 행복한 삶과 사회의 지속가능성이 보장된다. 이와 같은 설명은 서울시 마을공동체사업을 비롯한 정책사업의 배경일 뿐만 아니라 한국사회에서 진행되었던 다양한 사회운동들의 배경이 기도 하다.”

보통 학술적인 차원에서 공동체주의(communitarianism)는 이기적 개인주의에 대한 원자화현상을 비판하고, 우애적 감성과 강한 공동체를 강조하는 패러다임이다. 공동체의 시민으로서 자치에 참여하여 공공선과 공동체의 방향에 대한 토의를 강조하는 게 특징이다. 『강한 민주주의(strong democracy)』를 쓴 벤자민 바버(Barber)는 참여적 공동체주의를 강조하고, 합리적인 공적 토의에 참여하는 공민(a public)의 창출을 강조한다.

특히, 공동체주의가 주민자치를 강조하는 이유는 공동체의 업무를 주민 스스로의 책임 아래 자치와 자율에 의해 처리하는 자기통치(self-government)의 원칙을 강조하기 때문이다. 즉, 공동체주의가 강하게 반영된 직접민주주의는 공동체 주인인 주민이 주민투표, 주민발안, 주민소환, 주민총회를 통해 주민의 자기통치(self-rule)를 실현하면서 적극적 참여에 의한 진정한 자유실현을 강조하는 경향이 있다.

비록 그 시작은 달랐지만, 풀뿌리 단위에서 자발적인 공동체 활동과 제도적 차원의 주민자치라는 두 가지 흐름은 2000년대 들어와 정부와 지방자치단체가 '마을공동체 만들기 지원 조례' 등을 내놓으면서 하나의 흐름으로 합쳐지거나 통합되는 경향이 커졌다. 그 대표적인 것이 박원순 전 서울시장이 2013년부터 2022년까지 약 10년간 추진했던 '박원순식 서울형 주민자치모델 사업'이다.

공동체 활동의 출발은 가깝게는 민간을 중심으로 이루어졌던 1990년대 마을만들기 운동에서부터 그 기원을 찾아볼 수 있다. 대표적인 것이 마포구 성미산공동체이다. 주민자치는 기본적인 정책지향이나 내용 등에서는 공동체 활동과 유사하지만, 그 출발은 지방행정체계 개편에서 그 기원을 찾을 수 있다. 그 대표적인 것이 1999년 읍·면·동 사무소 폐지 논의 후 대안으로 나온 주민자치센터, 주민자치위원회, 주민자치회이다.

'박원순식 서울형 주민자치모델 사업'이 현실에서 강력하게 추진

될 수 있었던 것은 2012년에 제정된 '서울특별시 마을공동체 만들기 지원 등에 관한 조례' 때문이다. 이 조례는 제2조에서 "마을공동체란 주민 개인의 자유와 권리가 존중되며 상호대등한 관계 속에서 마을에 관한 일을 주민이 결정하고 추진하는 주민자치 공동체를 말한다"고 정의함으로써 마을공동체 활동이 주민자치와 결합할 수 있도록 설계되었다.

또한 이 조례는 주민자지회 설치단위가 서울시 25개 '자치구 단위'여서 마을공동체 사업도 당연히 이 자치구 단위로 추진되는 것이 합당했음에도 불구하고, 지난 10년간 서울시가 마중물 차원에서 엄청난 예산지원을 지속하도록 설계된 것이 특징이다.

이런 조례의 뒷받침에 따라 2012년 3월 '서울특별시 공동체 만들기 지원 등에 관한 조례'가 공포·시행됐고, 같은 해 9월에는 활동가들이 전문성을 갖고 마을공동체 활동을 지원하는 '서울 마을공동체 종합지원센터(이하 서마종)'를 개소했다.

구현주 선생은 책에서 주민자치회를 지원하는 중간지원조직의 위계구조화를 비판하고 있다. 그는 '중간지원조직'이 주민자치회의 상위기관으로 규정되면서 활동가와 주민관계가 갑-을 관계의 위계구조가 형성되었다고 본다.

즉, 서울시 중간지원조직과 자치구 중간지원조직이 형성한 위계적 계약관계는 또다시 자치구 중간지원조직이 주민에게 '완장'을 차는 형태로 나타난다. 중간지원조직의 존재 이유는 행정과 주민의 가교역할인데, 중간지원조직이 오히려 그 소통을 방해하거나 정보의 권한을 쥐고 흔들어서 공평하게 배분하지 못하는 역할을 했다고 비판한다.

구현주 선생은 중간지원조직이 민관의 가교역할이 아니라 주민 위 상위기관의 권력기구화로 진화하면서 마을권력은 '시민단체 활동가들의 리그'로 전락했다고 본다. 마을의 "빅마우스"가 된 시민단체는 권력을 독점하기 위해 '자기 사람 앉히기'에 혈안이 되기도 했다고 보고 있다. 직업형 마을일자리나 중간지원조직의 빈자리는 대체로 마을권력의 상위에 있는 시민단체들에 의해서 결정되어 시민단체 간의 알력다툼이 일상화되었다고 본다.

특히, 경력요건이 충족되지 않은 사람이 마을권력을 장악한 시민단체 추천으로 어공자리를 꿰차는 경우도 있어 결국 시민단체에 의해 장악된 마을권력은 정책의 일자리, 위탁운영 제도의 기득권을 지켜가면서 권력의 유지를 위해 새로운 주민의 진입을 막았다고 진단한다(p. 181). 즉, 주민자치와의 연계와 관련하여 주민참여가 이루어지기보다는 행정의 기획과 주도 속에서 주민은 동원되었다고 비판하고 있는 지점은 뼈아프다.

구현주 선생은 '박원순식 서울형 주민자치모델 사업'에 대한 예리한 비판에도 불구하고, 이 사업을 중단해야 하는 것인지 말아야 하는 것인지 명확하게 결론을 내지 못하고 있어 대안제시에 혼란을 주는 것이 약점이다. 그 이유는 무엇일까?

그것은 구 선생이 '박원순식 사업'의 실패가 곧 공동체주의적 접근의 실패인지 여부에 대해 판단하지 못하고 있기 때문으로 보인다. 만약 그것이 공동체주의적 접근의 실패라고 한다면 그것을 반복하지 말고 당장 멈추는 것이 바람직할 것이다. 당연히 대안은 공동체주의적 접근이 아닌 더 세련된 방식이 있을 수 있다. 예를 들면, 공화주의적 자치에 따른 공동체 사업의 결합으로 추진할 경우 새로운 대안이 나올 수 있다.

또한 중간지원조직에 의한 주민자치회의 지배간섭과 주민직선제로 선출되지 않는 주민자치회의 비민주성과 관치화의 문제점에 대해 비판하고 않고, 그 원인을 진단하거나 처방전을 제시하지 않는 것은 결정적인 약점으로 보인다.

박원순 전 시장의 '서울형 주민자치모델'이 주민직선제를 통한 자치위원 선출을 외면하여 주민자치회의 관치화를 부추기고, 또한 마을운동가와 자치위원들이 중간지원조직의 예산지원을 통해 박원순의 정치적 기반으로 활용되도록 도구적인 방식으로 설계된 것을 예리하게 비판할 필요가 있었다.

특히, 시민단체 활동가와 586 운동권들 역시 자신이 누려왔던 기득권과 운동권 상징자본을 위해 '박원순식 사업'에 무비판적으로 참여해서 도덕적 해이와 도덕적 타락에 빠진 것을 더 엄밀하게 비판하지 않은 점은 결정적인 하자로 보인다.

그렇다면 왜 구 선생은 주민자치와 공동체사업을 충돌하게 만드는 근본원인인 중간지원조직을 비판적으로 보면서 대안을 제시하지 못했을까? 하는 점이다. 다시 말해서 왜 공동체주의적 접근을 깔고 있는 '박원순식 서울형 주민자치모델 사업'이 중간지원조직이라는 '지도계몽조직'을 상정한 것을 근본적으로 들여다보지 못했는가의 문제이다.

이것의 배경에는 공동체주의를 너무 좋게 본 나머지 이론적으로 공동체주의가 가정하는 '적극적 자유'의 위험성을 간파하지 못했기 때문으로 보인다. '적극적 자유'를 강조하는 공동체주의의 위험성과 역으로 '소극적 자유'를 강조하는 자유주의의 위험성을 알고 그 대안으로 공화주의가 강조하는 '비지배적 자유'를 이해했더라면 다른 대안이 나올 수 있었을 것이다.

세상을 변화시키고자 하는 시민단체 활동가와 586 운동권에게 가장 어려운 것이 있다면 무엇일까? 그것은 자신이 믿고 있는 세계관이 틀릴 수 있다는 가정을 인정하는 것이다. 자신의 보는 시각과 주장하는 바가 옳지 않다면 어찌 강한 신념과 소신 및 적극적 자유의지가 생길 수 있을까? 자신이 추구하는 적극적 자유의지가 타인의 자유를 억압할 수 있다는 가정을 수용하기 힘들 것이다.

이상의 관점에서 볼 때, '박원순식 서울형 주민자치모델 사업'에서 상정했던 중간지원조직이라는 '지도계몽조직'은 마치 조선의 사대부들이 폐쇄적인 억압공동체를 만들기 위해 백성들을 교화시킨다는 명분으로 타인의 자유를 억압하고 지배했던 지배도구와 같은 것으로 적극 평가할 수 있다. 한마디로 말해서, 시민단체 활동가와 586 운동권이 차지하고 있는 중간지원조직의 역할은 조선시대 사대부의 교화 및 지배역할과 유사하다.

그래서 인구가 많은 도시와 큰 나라를 공동체주의로 운영하는 것은 적절하지 않다. 왜냐하면 그런 도시와 큰 나라에서 다양한 이익과 이해관계를 가진 파벌들의 존재가 불가피한데, 이런 상황 속에서 공동체주의는 목소리가 큰 '다수 파벌의 전횡(tyranny of majority)' 문제를 해결하기 어렵기 때문이다.

'소극적 자유'를 주장하는 이사야 벌린(Isaiah Berlin)은 『자유의 두 개념(Two Concepts of Liberty)』이란 저작을 통해 적극적 자유를 통한 사회정의를 주장하는 공동체주의의 위험성을 경고하고 있다.

이사야 벌린은 사회정의를 위한 민족해방, 계급해방, 인류해방을 추구하는 공동체주의는 결국 엘리트지배, 계급지배, 인종지배, 국가지배 등의 지배문제를 해결하기 어렵기 때문에 자신과 타인의 자유를 모두 파괴할 수 있다는 것이다.

즉, 적극적 자유에 의해 소극적 자유가 침해당할 수 있다는 시각이다. 그에 의하면, 인민민주주의와 직접민주주의와 같은 공동체주의처럼, 자아실현을 위한 자기지배를 강조하는 적극적 자유는 자기지배를 위한 자율적 규칙을 너무 나이브하게 긍정적으로 생각하는 모순이 있다.

따라서 공동체주의가 강조하는 적극적 자유의 위험성을 해결하기 위해서는 인구가 많은 행정단위에서는 공화주의가 강조하는 선거에 의한 대의제 운영이 불가피하다. 그렇다면 공화주의가 강조하는 '비지배적 자유'의 관점에서 공동체사업과 충돌하지 않는 주민자치회를 설계하려면 어떻게 하는 게 좋을까?

주민이 자치할 수 있는 적정규모의 인구와 면적을 고려하여 통리자치와 읍면동 자치를 구별하는 것이 필요하다. 공화주의 노선은 미국의 권력분립구조(주민자치-지방자치-연방정부)처럼, 공동성이 강한 기층단위에는 타운미팅(주민총회)과 같은 직접민주주의로 운영하고, 공공성이 강조되는 상급단위에는 대의민주주의를 결합시키는 것을 선호하는 경향이 있다.

직접민주주의에 입각한 '주민자치회'는 주민총회를 중심으로 하여 통리에 설치하는 것이 어울린다. 통리보다 큰 읍면동에서는 각 통리 단위 주민자치회 대표들이 모이는 '주민협치회'가 의회기능을 할 수 있도록 '통리회–읍면동회'의 이중구조로 설계하는 방안을 검토할 필요가 있다.

주민자치회법 제정에 나서야 한다

586 정치권은 '주민자치의 실질화'를 위한 법·제도 개선보다 2인 선거구냐, 3인 선거구냐 등 선거구 획정을 놓고 밥그릇 싸움에 열중해 '자기들끼리의 리그'라는 비판을 받는다.

그들은 소선거구제냐, 중선거구제냐를 놓고 유불리를 따질 뿐 읍면동, 통리반 해당 주민들의 삶의 문제나 주민자치회가 겪는 문제에는 관심이 없다. '주민자치 없는 주민자치회'의 문제점을 개선할 공약제시와 정책대결에는 소홀한 것이다.

지방선거가 지역과 주민이 주인이 되는 풀뿌리민주주의의 꽃인 만큼, 586 정치권은 주민자치를 실질화할 수 있는 공약 제시와 정책 대결에 집중하기를 바란다. 행안부가 제시한 '주민자치회 시범실시 및 설치 운영에 관한 표준조례안(이하 주민자치회 시범조례)'의 문제점을 바로 알고 개선하기를 기대한다.

그렇다면 현 주민자치회 시범조례의 문제점은 무엇일까. 첫째, 주민자치위원이 되려면 최소 6시간의 사전의무교육을 받도록 한 게 문제다. 이것은 위헌 소지가 크다. 한국주민자치중앙회·한국자치학회(회장 전상직)는 2021년 12월 30일 위헌소송을 청구했다.

청구인들은 "국회의원, 대통령의 출마자격에도 없는 6시간 사전 의무교육 이수를 주민자치위원에게만 시군구 조례로 강제한다"면서 "이는 공무담임권(헌법 제25조)과 평등권(헌법 제11조)을 침해하는 것"이라고 주장했다.

둘째, 주민자치회 구성원을 '주민' 대신 '위원'으로 대체해 주민참여를 배제한 게 문제다. 이 역시 주민의 '자치권'과 '결사의 자유권'을 침해한다. '지방분권법' 제27조는 주민자치회의 설치목적으로 "풀뿌리자치의 활성화와 민주적 참여의식 고양을 위하여 '읍면동 해당 행정구역의 주민'으로 구성되는 주민자치회를 둘 수 있다"로 명시했지만 현 주민자치회 시범조례는 이를 무시했다.

현행 주민자치회 시범조례는 주민자치회 구성방식에서 '주민직선제'와 같은 민주적 절차를 채택하고 있지 않아서 민주적 정당성을 결여하는 문제점이 있다. 즉, 주민자치회가 '해당구역의 주민'이 아니고 주민자치위원 공개모집에 신청하여 공개추첨으로 선정된 사람 중에서 읍·면·동장이 위촉한 소수(30명 이상 50명 이내)의 '위원'만으로 구성하도록 되어 있다는 점이다.

그렇다면 이와 같은 주민자치회 시범조례의 치명적 결함은 어디에서 왔을까. 원인은 두 가지로 보인다. 첫째, 행정안전부가 만든 '주민자치회 시범조례'가 '지방분권법'의 목적을 위배한 데서 기인한다. 이 주민자치 시범조례안이 주민자치회에 참여하는 '주민회원'을 명료하게 설정하지 않고 주민과 유리된 소수의 '위원'으로 대신하도록 방치해 주민자치회가 관변단체로 전락할 위험성을 키웠다.

둘째, 국회의 입법 부작위에서 기인한다. 그동안 정치권은 '지방분권법'을 계승하지 않고 모법에서 이탈한 행안부 시범조례안의 문제점을 방치했다. 586 정치권이 행정안전부가 만든 '주민자치회 시범조례'가 더 이상 주민자치회의 실질화를 왜곡하지 않도록 시급히 '주민자치회법' 제정에 나서야 할 것이다.

선진국 넘어 '팍스 코리아나'의 제국 건설 꿈 꿔야

지난 2021년 7월 2일 유엔무역개발회의(운크타드, UNCTAD)는 스위스 제네바 본부에서 열린 제68차 이사회에서 195개 회원국 만장일치로 한국의 지위를 기존 '개발도상국 그룹'에서 '선진국 그룹'으로 지위를 변경했다. 1964년 운크타드 창설 이래 개도국에서 선진국으로 지위가 변경된 나라는 우리나라가 처음이다.

이번 지위 변경은 한국이 국제사회에서 공식적으로 선진국 대우를 받게 되었다는 의미다. 외교부는 "이번 선진국 그룹 진출은 선진국과 개도국 모두로부터 한국의 위상을 명실상부하게 확인받고, 한국이 선진국과 개도국 간의 가교 역할이 가능한 성공 사례임을 인정받은 것"이라고 밝혔다.

이제는 대한민국이 국제사회의 공인된 선진국이 된 만큼 새로운 국가발전의 꿈을 꿀 필요가 있다. 그것은 대한민국이 민주공화국에 머물지 않고, "주민자치연방공화국"이라는 '보편제국(empire)' 건설을 추구하는 꿈이다. 여기서 '제국'이란 한마디로 팍스 코리아나(Pax Coreana) 정신을 추구하는 보편적인 문명국가를 말한다.

우리가 가진 '좋은 것'을 이웃나라들과 함께 나누려고 하는 개방된 마음을 가진 나라로 학술적으로는 '비지배적 자유'를 추구하는 '공화주의적 애국심'을 가진 문명국가(헌법제국)를 말한다.

'보편제국'이란 자국 시민과 주변국 이웃시민들에게 '공동의 자유'를 위해 시민권과 참정권을 차별없이 보편적으로 동일하게 보장하면서도 문화의 다양성을 점진적으로 수용하는 방식으로 '개방적인 연합국가(합중국)'를 만들고, 국가운영은 시민들의 적극적인 참여와 자발적 애국심으로 운영하는 공화주의적 국가패러다임을 말한다.

이런 '공화주의적 애국심'에 기초한 보편제국의 가능성은 이미 우리 헌법 전문에 다음과 같이 나와 있다. 그것은 "모든 사회적 폐습과 불의를 타파하며, 자율과 조화를 바탕으로 자유민주적 기본질서를 더욱 확고히 하여… 밖으로는 항구적인 세계평화와 인류공영에 이바지함으로써 우리들과 우리들의 자손의 안전과 자유와 행복을 영원히 확보할 것"으로 잘 표현되어 있다.

더욱더 이것은 우리 헌법정신의 기원인 3.1 독립선언문에도 잘 드러나고 있다. "…일본의 무도함을 꾸짖으려는 것도 아닙니다. 스스로를 채찍질하고 격려하기에 바쁜 우리는 남을 원망할 겨를이 없습니다. 현재를 꼼꼼히 준비하기에 급한 우리는 묵은 옛일을 응징하고 잘못을 가릴 겨를이 없습니다. 오늘 우리에게 주어진 임무는 오직 자기 건설이 있을 뿐이지, 결코 남을 파괴하는 데 있는 것이 아닙니다."

이 '팍스 코리아나'의 정신은 2019년 6월 1일 러시아에 이어 발트 3국을 공식 방문했던 문희상 국회의장의 발언에서 잘 드러난다. 당시 문희상 국회의장은 "동포 여러분의 힘을 합치고, 여야 없이 합치고, 남북을 합쳐 전 세계에 '팍스 코리아나' 시대를 만들자"고 제안하였다.

문희상 국회의장의 '팍스 코리아나 시대' 제안은, 산업화와 민주화에 성공한 뒤 촛불시민혁명으로 전 세계의 모범이 되고 있는 한국이 주변국들의 지지와 동의를 받는다면, '팍스 코리아나'의 시작으로 볼 수 있다는 것을 암시한다.

'팍스 코리아나'는 주변 패권국들에 의해 한반도의 주권이 유린되고 분단체제를 고착화한 우리의 허약했던 과거사를 극복하고, 자주적인 개방국가의 위상을 확립하여 번영과 평화로 나아가는 데 있어 매우 중요한 계기이자 전환점이 될 것이 분명하다.

그렇다면 우리가 '보편제국' 건설의 꿈을 가져야 하는 현실적 배경은 뭘까? 지금과 같이 폐쇄적인 혈연적·민족적 동질성 및 순수성에 기초하여 이민자들을 경계하고 차별하는 민족주의(nationalism)나 제국주의(imperialism)나 패권주의(hegemonism)로는 21세기 세계화와 다문화 시대에 부응하기 어렵기 때문이다.

로마제국이 로마공화정보다 더 관대한 시민권 부여정책을 폈고, 오스만트루크제국이 이민자에 대해 더 포용적인 정책을 폈던 경험과 같이, 대한민국은 인종, 종교, 언어, 소수자 등 다양한 이질성을 포용하는 '다문화시민국가'로의 비전을 가져야 할 것이다.

미국의 경제학자 리처드 플로리다(Richard Florida)가 흥미로운 연구결과를 발표한 바 있다. 그는 미국 지역별로 성소수자의 숫자와 IT산업 간의 상관관계가 정비례한다는 조사결과를 발표했다. 이것은 성소수자들을 배려하는 자유롭고 관용적인 지역에 많은 인재가 몰려들어서 경제적으로 생산성의 상승효과를 얻었다는 연구결과로 우리에게 시사하는 바가 크다.

우리가 보편제국으로 가기 위해서는 헌법정신을 충실하게 지키는 데 책임이 있는 정치권의 성숙부터 필요하다. 여야 정치권이 도덕적 선악의 이분법으로 자신은 옳고 우월하며 상대는 그르고 열등한 존재로 규정하여 상대를 차별하고 혐오하며 공격하는 진영논리와 혐오정치를 멈추고 이것과 절연해야 할 것이다.

여야 정치권이 서로 유한한 존재로서의 한계를 연민하면서 '공동의 자유'를 지키는 공화의 나라를 만드는 데 선의의 경쟁을 펼쳐야 할 것이다. 그동안 정치권이 빨갱이, 친일파로 딱지붙이며 상대를 공격하여 국가와 국민들을 대립과 갈등으로 분열시켰던 '혐오정치'를 극복해야 할 것이다.

빨갱이, 친일파라는 타자에 대한 혐오는 어떻게 만들어지고 공격의 대상이 되었을까? 아마도 차이와 다름이 불편함으로 다가오고 이것이 선악의 이분법에 따라 옳음의 우월성과 그름의 열등성으로 나눠지면서 열등성을 가진 존재는 괴멸되거나 타도되어도 되는 악마적 존재로 정당화되었던 것은 아닐까?

한국정치가 '어느 정치세력이 문명교류국가를 만드는 데 유능한가의 경쟁구도'로 가기 위해서는, 중국과 미국에 대한 사대주의 대(對)민족주의를 놓고 벌이는 진보 대 보수라는 진영구도를 넘어 '새로운 보편제국 건설'의 방법론을 놓고 논쟁하고 토론할 필요가 있다.

여야 정치권이 혐오정치를 멈춰야만 '제2의 한국전쟁'도 예방하고 막을 수 있다. 한반도는 21세기 미중 패권경쟁이 심화되는 한반도에서 미중의 대리전으로 '제2의 한국전쟁'이 발발할 가능성을 배제할 수 없다.

우리 정치권은 '제2의 한국전쟁'에 대비하여 자발적 애국심을 갖는 '국민개병제로의 군개혁'을 기본으로 하여, '동일노동 동일임금 연대임금제 실시', '노사정 고통분담 및 대타협' 등 정치, 경제, 사회, 문화 국정전반의 쇄신을 단행해야 할 것이다.

특히, 우리 정치권은 안보와 관련해서 영세중립국인 스위스의 '자치안보'를 배울 필요가 있다. 스위스는 '중립'이 아니라 '자립(自立)'과 '자강(自强)'을 실천하고 있다. 스위스는 주변에 프랑스, 독일, 이태리, 오스트리아 등 강대국이 있어도 여전히 영세중립국으로 전쟁과 분쟁에서 휘둘리지 않고 중립을 취하고 있는 강소국이다.

그렇다면 이런 스위스의 영세중립국의 원칙과 힘은 어디서 왔을까? 그것은 게마인데(기초자치단체)와 칸톤(광역자치단체) 중심의 주민자치의 전통에서 자라난 "내 나라는 내가 지킨다"는 무장 중심의 자결주의에서 왔다. 스위스 시민들의 자결주의는 국민개병제도를 통해 모든 시민이 전사라는 유비무환의 무장중립원칙을 전통으로 하고 있다.

자결주의로 무장한 스위스 시민에 대해 히틀러도 감히 침공하지 못했다. 영세중립국을 지키는 스위스 시민의 자결무장력은 사대교린과 소중화의 전통, 한미동맹에 의존하는 우리의 모습과 대조된다는 점에서 우리에게 주는 교훈이 크다. 보편제국 건설을 위한 주민자치에 정치권이 앞장서야 할 것이다.

미·중 패권경쟁 속 '제2의 한국전쟁' 막으려면

공화주의는 어떤 이념이나 개념보다는 전쟁 속 계급타협인 전우애를 통해 설명하는 것이 적실성이 크다. 한국은 분단위협과 미·중 강대국들의 패권전쟁의 위협 속에 놓여 있다. 이에 한반도에서 미·중 강대국의 대리전쟁으로 '제2의 한국전쟁'이 일어날 가능성이 크다.

불확실성 속에서 한반도가 미국의 아시아지역 방위선에서 제외되는 '애치슨라인(Acheson line)'이 다시 부활한다면, '제2의 한국전쟁'과 같은 위기상황이 발생할 수 있다.

애치슨라인은 1950년 1월 12일 미국 국무장관 애치슨이 전미국신문기자협회에서 행한 '아시아에서의 위기'라는 연설에서 밝힌 개념으로, 미국의 방위선을 알류샨열도–일본–오키나와–필리핀을 연결하는 선으로 정하고, 방위선 밖의 한국과 대만 등의 안보와 관련된 군사적 공격에 대해 보장할 수 없다는 내용이다. 이것은 6·25전쟁의 발발을 묵인하는 결과를 가져왔다는 비판을 받았다.

만약 '제2의 한국전쟁'이 일어난다면 한국의 상위소득 10% 내외의 상층자본가와 상층노동자들의 타격은 매우 클 것이다. 평상시 상층자본가와 상층노동자들이 노동시장의 이중성 차별에 따라 임금과 복지차별이 심한 비정규직 노동자와 여성 노동자들에게 시민권을 보장하고 타협하여 신뢰를 조성해놓지 않는다면, 유사시 상위소득 10%의 재산이 지켜질 가능성은 매우 적을 것이다.

이른바, 헬조선의 흙수저 자식이라고 자조하고 있는 비정규직 노동자와 여성노동자들을 계속해서 차별하게 된다면 유사시 전투력과 애국심을 발휘하지 않고, 외국 군대에 투항할 수도 있다. 이에 우리는 애국심 대오에서 비정규직 노동자들의 이탈을 막고, 시민들의 인명과 재산을 지키기 위해서라도, 스웨덴의 노사정이 타협했던 것처럼 우선적으로 '동일노동 동일임금 연대임금제'부터 실시하는 것이 합리적이다.

공화주의를 한국정치의 비전으로 제시하는 이유는 그동안 대안으로 상정되었던 자유주의와 자유지상주의 및 다원주의가 전환기적 시대상황 속에서 사회이익을 더욱 파편화시킴으로써 국민통합과 국가통합에 더 많은 한계를 노정시키고 있다는 판단 때문이다. 공화주의에 기초한 한국정치의 비전에 대해 제언해보면 다음과 같다.

첫째, 국민개병제로의 국방개혁을 실현해야 한다. 국민개병제는 미중 패권전쟁을 막아내고 한반도에서 전쟁발생 시 승리할 수 있는 핵심기술이다, 현행 '국가징병제'에서 '국민개병제'로의 전환을 통해 국가혁신과 애국심의 동력을 확보해야 한다.

특히, 군대 내 상관의 부당한 명령은 당연히 거부해야 하고 오히려 이행하면 처벌하는 것이 마땅하다. 1980년 군별 하나회가 주동한 12.12 쿠데타도 부당한 명령을 이행했기에 주동자들은 처벌받았다.

군인이 군인기본법의 목적대로 헌법과 법률에 따라 국가를 방위하고, 민주주의를 수호하며, 국민의 생명과 재산을 보호하는 등 국군의 강령에 충실할 수 있도록 하려면 상관의 부당한 명령인지 아닌지에 대해 이의를 제기할 수 있는 권리(항변권과 이의제기권)와 절차를 군인기본법에 명문화하는 것이 필요하다.

둘째, 독자적인 문명교류국가의 정체성으로 '아시아 방파제론'을 실천해야 한다. 미국과 중국의 줄서기 강요에서 벗어나기 위해서는 한국이 '동아시아 방파제' 역할을 함으로써 중국에는 한반도가 미국의 중국진출 통로가 되지 않을 것임을, 그리고 미국과 일본에는 한미일 동맹의 전력자산을 방어하는 아시아의 방패제가 될 것임을 설득해야 한다.

특히, 한국이 한일관계를 '반일민족주의'가 아니라 보편제국을 추구하는 '팍스 코리아나'의 관점에서 미래지향적으로 가져가야 한다. 그렇게 해야만 하는 이유는 무엇인가? 대만해협의 분쟁에 따라 미·중 패권전쟁의 대리전으로 '제2의 한국전쟁'이 일어난다면, 북한의 동맹인 중국 공산당 인민해방군이 참전하게 되고 38선을 넘을 수도 있다.

한국은 한미동맹과 미일동맹의 관계에 따라 일본과 함께 이를 막아낼 수밖에 없다. 한국이 한일관계를 '반일민족주의'가 아니라 아픈 과거사를 넘어 미래지향적으로 가져가야 할 이유는 이런 순망치한 관계 때문이다.

셋째, 경제개혁과 관련해서는 스웨덴식 제3의길(노사정 대타협, 산업평화와 기업민주주의, 동일노동, 동일임금, 연대임금제)과 함께 민주적인 종업원지주회사 활성화, 연기금 주주권 행사 강화 등을 실현해야 한다.

넷째, 정치개혁과 관련해서는 주민자치에 기초한 연방제, 시민참여형 네트워크정당으로 정당개혁, 의원 자율성과 숙의성 제고로 국회개혁, 국민참여경선제 법제화, 양원제 개헌 등을 실천해야 한다.

특히, 정치양극화를 막기 위한 국회 양원제도를 부활해야 한다. 국민의 다양한 의견을 모으고 이익을 통합할 수 있는 절차적 제도인 양원제도는 2공화국 헌법에는 있었다. 하지만 군사쿠데타에 의해 3공화국을 연 박정희 정권이 양원제도를 폐지하였다. 만약에 현행 헌법에 양원제도가 있었더라면 견제와 균형의 원리에 따라 극한대결의 정치를 막고, 결국 12·3 비상계엄도 막았을 것이다.

다섯째, 사회교육개혁과 관련해서는 제3섹타 영역(자선단체, 봉사단체, 주창단체, 사회적 기업, 협동조합 등)의 활성화, 공화시민교육(진로체험교육, 현장체험학습) 등을 실천해야 한다.

정치양극화 원인 극복과 중도수렴의 정치

정치양극화란 단순히 진보와 보수가 이념적으로, 당파적으로, 정서적으로 갈라지는 게 아니라 정당 간 또는 정당 내부의 중간지대(Middle Ground, Gray Zone)에 있는 중도 성향의 유권자 비율이 줄어들면서 진보는 극진보로, 보수는 극보수로 극단적으로 쏠리면서 양쪽 극단의 입장만 과대 대표되는 현상을 말한다. 즉, 정치양극화란 정치적 경쟁이 일반유권자와 중도층을 겨냥하기보다는 극단적인 양쪽 끝을 향해 치우치는 분극화 현상으로서 민주주의의 정상화를 위해서는 반드시 극복의 대상이 되어야 함을 의미한다.

정치양극화는 진영 내부의 차이와 이견 및 다양성을 억압하면서 하나의 동질성으로 결집하는 대신 상대진영을 타도하고 괴멸해야 할 적대세력과 증오·혐오세력으로 둔갑시키기 때문에 합리적인 대화와 토론을 불가능하게 만든다.

정치양극화는 외부에 가상의 적을 만들어 내부가 결집하는 폐쇄적인 감정공동체를 형성하기 때문에 비민주적이고 반정치적인 규범을 가질 수밖에 없다. 이념적 양극화와 당파적 양극화 및 정서적 양극화로 확대되는 정치양극화는 우리 사회의 분열과 갈등을 조장하는 주범이 된 지 오래됐다. 하지만 극복하긴 힘들다.

왜냐하면 정치양극화란 개념의 정의, 실체, 원인진단과 처방에 대해 사람들마다 인식차이가 크고 합의하기 어렵기 때문이다. 정치양극화를 극복하기 위해서는 우선 원인진단부터 공감할 필요가 있다. 우리보다 앞서 정치양극화가 시작된 미국의 경험에서 시사점을 찾을 필요가 있다. 학계에서 논의된 양극화 원인에 대한 설명은 크게 두 가지 관점이 경쟁한다.

첫 번째 관점은 정치권이 먼저 진영대결로 양극화를 시작해 차례로 언론, 시민단체, 지식인을 끌어들이고 동원하면서 국민들에게까지 전염돼 정치양극화가 확산했다는 시각이다. 즉, 정치엘리트들이 국민의 양극화를 만들었다는 시각이다.

두 번째 관점은 소득불평등과 빈부격차에 따른 국민들의 경제적 양극화가 정치권에 전달돼 정치엘리트의 양극화가 발생했다는 관점이다. 즉, 경제적 양극화에 빠진 국민들이 정치엘리트의 양극화를 만들었다는 시각이다.

그렇다면 위 두 가지 시각 가운데 어느 것이 한국정치 양극화의 원인을 설명하는 데 적절할까. 많은 여론조사에서 '양당 모두를 지지하지 않는다'고 답한 '30%대 무당파 비율 존재' 그리고 '40%대 중도성향 비율 존재'를 볼 때 첫 번째 관점이 더 적절하다.

유권자들이 양극화했다면 다수의 무당파와 중도는 존재하기 힘들기 때문이다. 두 번째 관점이라면 경제양극화를 반영한 정치양극화는 민의의 자연스러운 대변이기 때문에 더 이상 문제 될 게 없다.

첫 번째 관점이 양극화의 본질이라면 정치양극화의 해법은 의외로 간단하다. 정치권이 강성지지층에게 호소하는 '전략적 극단주의'를 멈추고 '중도수렴 전략'으로 돌아가 중도층을 대변하는 것이 해법의 실마리다. 우선 극단적 유튜브에 출연하거나 '증오발언'을 한 정치인에게 공천에서 불이익을 주는 방안을 초당적으로 시행하는 것이 필요하다.

한국행정연구원이 밝힌 '한국의 정치양극화 현황과 제도적 대안에 관한 국민인식 조사'에서 볼 때 양당제가 원인이라면 왜 '소선거구제'를 선호하는 의견이 55.4%나 되겠는가. 또한 바람직한 정당체제에 대한 답변에서 '양당제, 다당제 사이에 큰 차이가 없다'는 의견이 왜 56.2%나 되고, 다당제와 친화적인 비례대표 확대에 부정적인 의견이 51.1%나 되겠는가.

그리고 '중위투표자 정리(median voter theorem)'로 유명한 경제학자 앤서니 다운스가 왜 '극단적인 양당제'가 아닌 중도수렴의 '온건한 양당제'에서 정치양극화가 개선돼 정치안정화와 민주주의 안정을 달성할 수 있다고 주장했겠는가.

많은 정치학자에 따르면 정치양극화는 국민들의 정서와 이념은 중도로 수렴하는데 정치엘리트들이 민심과 다르게 '강성지지층 결집'을 위한 '전략적 극단주의'를 추구할 때 발생한다. 이런 진단이 정치양극화의 본질이라면 그 해법은 간단하다. 중도층 민심을 배제하거나 잘게 쪼개는 전략적 극단주의를 멈추고 다양성의 담지자인 중도적 유권자층에게 다가가는 '중도화 전략'이 필요하다.

이 점에서 정치양극화의 원인을 '외부 양당제'에서 찾기보다는 중도화를 막는 '정당 내부 공천 및 규율방식'에서 찾고 이를 개선하는 게 급선무다. 정의당이 '민주당 이중대 노선'과 '진보 대 보수의 이분법'을 폐기할 때, 그리고 여야가 당론의 이름으로 한목소리를 내게 하고 이를 어길 경우 공천 불이익을 주는 '강제당론제'를 폐지할 때 다양성이 실현된다. 특히 당대표와 대통령 측근 중심의 공천방식을 폐지하고 미국식 오픈프라이머리를 도입할 때 다양성이 실현된다.

갈수록 사회이익이 파편화되면서 정치양극화가 심화되는 상황에서 다당제를 활성화시키는 연동형비례제 대표제나 대통령 결선투표제 도입은 신중해야 한다. 전광훈 태극기 세력, 이석기 세력 등 극단적인 좌우세력이 존재하는 상황에서 연동형비례제와 대통령 결선투표제 도입은 이들의 집권가능성을 키워서 민주주의와 민주공화국을 위협할 수도 있다는 점 때문이다. 이에 대한 각별한 주의가 필요하다.

12.3 비상계엄사태 이후 양쪽 진영 간의 정치양극화와 정서적 양극화는 극에 달한 것으로 보인다. 상대진영을 대화와 타협의 존재

가 아닌 타도, 괴멸, 척결로 보면서 심리적 내전상태에 빠져 있는 게 2025년 정치양극화 현상의 현실이다. 살벌한 내전상태의 정서적 양극화를 해소하고 민주주의를 정상화하기 위한 실마리를 어디에서 찾아야 할 것인가?

상대를 극우, 파시스트, 좌익빨갱이, 종북좌파 등으로 악마화하면서 마녀사냥 하는 혐오·증오발언부터 자제하는 게 필요하다. 진영논리에 영향을 받는 정치권과 시민들은 중간지대에 있는 중도층 유권자로부터 인정받고 공감받기 위한 겸손과 절제속에서 상대에 대한 혐오감을 줄이면서 동료시민으로서 동감의식을 확대하는 포용적 언어사용이 필요할 것이다.